高速铁路新技术系列教材——机车车辆

高速动车组概论

李芾　安琪　王华　编著

西南交通大学出版社
·成　都·

图书在版编目（CIP）数据

高速动车组概论 / 李芾，安琪，工华编著. —成都：西南交通大学出版社，2008.7（2017.7 重印）
（高速铁路新技术系列教材. 机车车辆）
ISBN 978-7-81104-937-4

Ⅰ. 高… Ⅱ. ①李…②安…③王… Ⅲ. 高速列车：动车－高等学校－教材 Ⅳ. U266

中国版本图书馆 CIP 数据核字（2008）第 093522 号

高速铁路新技术系列教材——机车车辆
高速动车组概论
李芾　安琪　王华　编著
*
责任编辑　孟苏成
封面设计　本格设计
西南交通大学出版社出版发行
四川省成都市金牛区交大路 111 号西南交通大学创新大厦 21 楼
邮政编码：610031　发行部电话：028-87600564
http: //www.xnjdcbs.com
四川森林印务有限责任公司印刷
*
成品尺寸：185 mm × 260 mm　　印张：11.5
字数：287 千字
2008 年 7 月第 1 版　　2017 年 7 月第 9 次印刷
ISBN 978-7-81104-937-4
定价：27.00 元

前　言

近年来，随着我国国民经济的飞速发展，铁路运能与运量之间的矛盾日益突出。中国铁路是世界铁路的重要组成部分，以占世界 6% 的路网长度完成了近 1/4 的世界铁路客、货运周转量。进一步挖掘铁路运能是当今中国铁路亟待解决的重要问题，而提速、重载是进一步扩大铁路运能最为有效的手段。动车组是铁路高速客运最为有效的运输工具之一。随着我国铁路装备技术水平的发展，“和谐号”CRH 系列动车组在既有线运行速度已经达到 200 km/h，部分区段最高运行速度甚至达到 250 km/h。2007 年 4 月 18 日铁路第六次提速调图后，我国既有铁路 160 km/h 及以上提速区段延展里程达到 1.4 万 km，其中，200 km/h 线路延展里程达到 6 003 km，250 km/h 线路延展里程达到 846 km。随着提速战略的不断深入，时速 350 km/h 的动车组将于 2008 年在京津城际客运专线运行。全长 1 318 km 的京沪高速铁路也已于 2008 年 4 月 18 日动工，其设计列车运行速度为 350 km/h。同时，根据“中长期铁路网规划”，至 2020 年，我国铁路客运专线里程将达到 18 000 km。铁路客运专线建设和动车组技术的飞速发展对人才培养提出了新的要求，为此，西南交通大学机车车辆工程系组织编写了《高速动车组概论》一书。

本书共八章，从世界铁路与高速铁路的发展历程入手，首先介绍了日本、法国、德国以及其他国家和地区高速铁路与高速动车组的发展历程和现状，以国产“和谐号”CRH_2 型动车组为主线，兼顾其他车型，分别介绍了高速动车组总体与转向架技术、制动技术、牵引传动技术、网络系统和车辆设备，最后对高速动车组动力学与结构强度进行了概述。本书编著工作由李芾教授和安琪博士共同完成。铁道部运输局、劳动和卫生司，西南交通大学成人教育学院、铁路机车司机培训考试中心对本书的完成给予了大力支持。相关机车车辆工厂为本书的编写提供了丰富的资料。编著过程中，西南交通大学机车车辆工程系傅茂海研究员、米彩盈教授、倪文波教授、卜继玲副教授、黄运华副教授提出了大量宝贵的意见和建议，周张义博士、王宏林硕士、张良威硕士对本书的完成给予了大力协助，特此表示诚挚的谢意。此外，本书部分章节参考了铁路机车司机培训考试中心组织编写的《高速动车组技术》相关内容，借此机会向作者和本书其他参考文献的编著者表示衷心的感谢！

受作者水平和时间所限，疏漏不足之处在所难免，恳请各位读者提出宝贵的意见与建议。

编著者

2008 年 6 月于四川成都

前 言

目　　录

第一章　绪　　论

1804 年，英国人 R.Trevithick 发明了具有实用意义的蒸汽机车“Peny-Darran”，并在钢铁厂 15 km 的铁路线上进行牵引 10 t 货物列车试验。试验虽不算完全成功，但为蒸汽机作为牵引动力应用于轨道交通运输奠定了基础。此后，蒸汽机车在欧洲国家得到了快速发展，到 1818 年，德国、法国等国家也相继试验成功蒸汽机车。最具有标志性意义的是 1825 年 9 月 25 日，世界上第一条长 34 km 的商业化运营铁路在英国的 Stockton 至 Darlington 之间开通。英国人 G. Stephenson 成功地用其发明的蒸汽机车，牵引一列编组 38 辆客车、载有 600 余名乘客的列车运行，其最高速度达 24 km/h。该列车的成功试运，开创了世界铁路运输发展的新纪元。1829 年，G. Stephenson 发明了第一台多烟管蒸汽机车“Rocket”，使蒸汽机车的功率和效率有了极大的提高。欧美国家开始大力发展铁路运输，铁路线路如雨后春笋般快速增长。自 19 世纪中后期开始，铁路以其快速、运量大及安全可靠等特点在全球范围内迅速发展，成为人类最为重要的交通运输工具之一，为世界各国的经济发展起到了十分重要的作用。20 世纪初期是世界铁路发展的巅峰时期，全球铁路总长已超过 120 万 km，客、货运周转量的 60% 以上均由铁路完成。以美国为例，1926 年其铁路的总长近 38 万 km，完成了 78% 的客运周转量和 61%的货运周转量。

进入 20 世纪 30 年代以后，随着高速公路、航空及管道运输的相继崛起，世界交通进入了多元化的发展时期。自 1924 年世界第一条高速公路在意大利建成后，欧、美、日等国家和地区开始发展公路运输，并逐步形成路网。航空工业在第二次世界大战后开始向民用领域转移，为航空运输的发展创造了条件。与此同时，大量的原油需求为管道运输提供了发展空间。其他交通运输方式的飞速发展使铁路的客、货运量及市场份额开始大幅度下降，在客运方面尤为突出，铁路运输开始受到前所未有的严峻挑战。以美国为例，到 20 世纪 60 年代，其客、货运周转量已不足 40%；而到 80 年代，铁路客、货运周转量分别为 1% 和 38%。西欧国家的情况也基本相同，到 20 世纪 60 年代其客、货运周转量已不足 35%，而到 80 年代，客、货运周转量分别为 12% 和 23%。世界铁路从巅峰步入低谷，并大有退出历史舞台的趋势。

与高速公路和航空运输相比，铁路虽然是既节省能源又对环境污染最少的交通运输工具，但其运行速度低和旅行时间长的特点使其在与高速公路和航空运输的竞争中处于相对劣势。铁路运输要改变这一被动局面，提速势在必行。1964 年 10 月 1 日清晨 6 时，日本东京车站 9 号站台，随着发车铃声的响起，世界第一列高速列车“光”号缓缓起动，并逐渐加速到 210 km/h，朝着终点站新大阪飞驰而去。新干线列车的成功运营彻底粉碎了“铁路处于夕阳时代”的悲观论调，世界铁路从此开始步入高速时代。世界各国一般将最高运行速度在 200 km/h 以上的铁路称为高速铁路。自开通以来，日本东海道新干线客运量迅速上升，使该地区的民航几乎停运，这带来了巨大的经济效益和社会效益，高速铁路逐渐显示出其旺盛的生命力。

同日本相比，其他国家高速铁路的商业化发展则相对滞后。自20世纪80年代开始，随着环境保护意识的提高以及能源问题日渐突出，各国家和地区开始大力发展一直处于低迷的铁路运输。继日本之后，法国、德国、西班牙、意大利、瑞典、韩国等国家的高速铁路相继新建或改建完成，并与既有线路联网运行，客运量增加十分明显。我国台湾地区也于2006年成功地开通了台北至高雄的高速铁路。各国和地区竞相采用各种先进技术，根据各自的具体条件选择适合本国或地区特点的高速铁路发展模式和装备技术体系，以最优的方式满足旅客出行需要。高速度给铁路运输重新带来了可观的客流和效益，同时也进一步刺激着铁路相关技术不断创新，带动了多领域、多学科共同进步。可以说，高速铁路大大推动了世界制造业的振兴与发展。

第一节　世界高速铁路与高速动车组发展概况

一、日本高速铁路——新干线（Shinkansen）

日本的铁路始于19世纪中期。岛国日本人口密度大，能源匮乏，铁路运输在该国具有举足轻重的特殊地位，为日本经济的发展起到了重要作用。日本铁路的主要轨距是1 067 mm，全长约27 300 km。20世纪50年代，日本经济在经历了战后的萧条后迅速崛起，其东海道沿线经济发展最为迅速，东京、横滨、名古屋、京都、大阪等沿线城市聚集了全国41%的人口，工业生产值占到全国的70%，这使仅占全国路网长度2.9%的窄轨铁路东海道线需要承担路网近四分之一的客货运量，虽经电气化改造仍无法满足经济发展的需要。日本迫切需要增建新线以满足运能与运量之间的突出矛盾。经过长时间的争论与论证后，日本决定修建准轨铁路干线，新线将能够满足列车以200 km/h以上速度运行的需要，并在1964年10月10日东京奥运会开幕前通车。1959年4月20日，东海道新干线开工仪式在新丹那隧道东口举行，世界上第一条高速铁路的建设正式开始。与此同时，日本国铁也开始了车辆、信号等相关技术的研究。1964年10月1日，东海道新干线正式投入商业运营。此后，日本又相继修建了山阳、东北、上越、北陆新干线高速铁路和山形、秋田两条小型新干线，新干线高速铁路总长度为2 049.1 km，小型新干线长度为275.9 km。目前，新干线列车最高运行速度达到300 km/h，新干线客运量占到全国路网的30.3%，收入约占总收入的45%。运营40余年来，尽管地震等自然灾害频繁发生，新干线始终保持着旅客死亡事故为零的纪录，列车平均晚点保持在1 min以内。

随着新干线网络的不断扩大，为了在不同的线路条件下提高列车运行速度和乘客的舒适度，降低列车对环境的影响，相关企业与研究机构在0系（见图1.1）、100系、200系、100N系列车的基础上先后开发了300系、400系、500系（见图1.2）、700系（见图1.3）、800系、E1系、E2系（见图1.4）、E3系、E4系等新干线列车和WIN350、300X、STAR21、FASTECH E954系等试验列车，共有20余种新干线用电动车组投入运用或试验。其最突出的特点是从0系开始，新干线所采用的高速列车均是以动力分散型高速动车组形式投入运用。其中0系、100系、200系、100N系和400系采用交-直电传动系统，其他列车则采用交-直-交电传动系统。

日本新干线列车经历了40余年的发展，不断采用先进技术，使高速电动车组各方面的性能日益完善，新干线的发展也可以说是世界高速铁路发展的缩影。“新干线”在一定程度上已经成为世界高速铁路的代名词，其英文音译 Shinkansen 也早已成为英语专有名词，由此可见其对世界高速铁路发展的深远影响。

图 1.1　新干线 0 系动车组

图 1.2　新干线 500 系动车组

图 1.3　新干线 700 系动车组

图 1.4　新干线 E2 系动车组

日本新干线高速动车组主要车型参数见表 1.1。

表 1.1　日本新干线列车基本参数

车型	0 系	100 系列	200 系	300 系	500 系	700 系	E1 系	E2 系	E3 系	E4 系
编组	16M	12M4T，其中包括双层拖车 2 辆	12M	10M6T	16M	12M4T	6M6T 双层	6M2T 双层	4M1T 双层	4M4T 双层
定员/人	1 398	1 321	885	1 323	1 324	1 323	1 235	629	270	817
编组总重/t	967	925	758	710	700	708	760	405	237	424
编组总长/m	400.3	402.1	400.3	402.1	404	404.7	302.1	201.4	107.65	201.4
最高运行速度/km · h^{-1}	220	230	240（东北） 275（上越）	270	300(山阳) 270(东海道)	285(山阳) 270(东海道)	240	275	275（东北） 130（秋田）	240
总功率/kW	11 840	11 040	11 040	12 000	18 240	13 200	9 840	7 200	4 800	6 720
供电制式	AC25 kV、60 Hz	AC25 kV、60 Hz	AC25 kV、60 Hz	AC25 kV、60 Hz	AC25 kV、60 Hz	AC25 kV、60 Hz	AC25 kV、50 Hz	AC25 kV、50 Hz AC25 kV、60 Hz	AC25 kV、50 Hz AC20 kV、50 Hz	AC25 kV、50 Hz
制动方式	电阻制动、电磁直通空气制动	电阻制动、电气指令空气制动、涡流盘制动	电阻制动、电气指令空气制动	再生制动、涡流制动、电气指令空气制动	交流再生制动、电气指令铝合金盘形制动	再生制动、涡流制动、电气指令空气制动	交流再生制动、电气指令空气制动	交流再生制动、电气指令空气制动	交流再生制动、电气指令空气制动	交流再生制动、电气指令空气制动
制造年代	1964—1986	1985—1991	1980—1990	1990—	1995—	1997—	1994—	1995—	1995—	1997—

二、法国高速铁路与 TGV 高速列车（Train à Grande Vitesse）

作为世界铁路运输最为发达的国家之一，早在 1955 年 3 月 29 日，法国就创造了电力机车牵引列车 331 km/h 的试验速度记录；1967 年 5 月，CC-6500 型电力机车牵引客车实现了最高速度 200 km/h 的商业运行。然而，到 20 世纪 70 年代，迅速发展的公路和航空运输使法国铁路受到了前所未有的冲击，传统铁路越来越不能适应现代社会对铁路旅客运输的需要。

自 1967 年起，法国国营铁路公司（SNCF）开始着手研究高速运输。1969 年，法国国营铁路公司向政府申报了修建巴黎—里昂高速铁路的可行性研究报告。在经过政府论证后，东南线高速铁路于 1976 年被宣布为公用事业，并于 1981 年实现部分通车。此后，法国相继修建了大西洋线、北方线、东南延伸线、巴黎地区联络线、地中海线等高速铁路，高速铁路路网规模达到 1 576 km，列车最高商业运行速度为 270～350 km/h。

在设计制造高速动车组方面，法国首先是尝试将航空用燃气涡轮发动机用于铁路动车组。1969 年 11 月，法国研制成功了第一代 ETG 型燃气轮动车组，最高试验速度达到 248 km/h。此后，为了进一步提高燃气轮动车组的质量，又研制出第二代 ETG 型燃气轮动车组，最高试验速度为 260 km/h。为了配合在巴黎—里昂建设高速铁路，还研制了第三代 TGV-001 型燃气轮动车组，5 节编组，1972 年最高试验速度达到 381 km/h。1973 年，中东战争引起第一次世界石油危机后，法国开始将高速动车组技术政策转向电力牵引，并率先在欧洲实行将速度、环保意识、充分利用能源、高新技术以及经济可靠性综合考虑的技术方针。1973 年，法国研制出第一列 Z7001 电动车组，1975 年最高试验速度达到 309 km/h。自 1976 年开始，法国开始着力研究交-直传动的 TGV-PSE 动车组，并在 1981 年 9 月投入运用。此后，法国先后研制了交-直-交传动的 TGV-A、TGV-R、TGV-2N(见图 1.5)、TGV-TMST、西班牙 AVE、TGV-PBKA、TGV-K 等型号的高速动车组。其中，TGV-A 325 号车组（见图 1.6）于 1990 年 5 月在大西洋线创造了 515.3 km/h 轮轨系统高速行车的世界纪录。在保持了 17 年后，该纪录再次被打破。2007 年 4 月 3 日，法国试验动车组 V150 创造了 574.8 km/h 的高速铁路试验速度新纪录，该动车组如图 1.7 所示。为降低轴重，法国对动力分散型电动车组进行了大量研究，1988 年，Alstom 着手对动力分散型电动车组 AGV 进行研究，首列试验样车 Elisa 于 2001 年投入试验运行。在通过大量试验验证确定动车组主要技术参数后，首列 AGV 动力分散型电动车组已于 2008 年 2 月 5 日在 Alstom La Rochelle 工厂下线，并投入试验运行，该车最高运行速度可达 360 km/h，如图 1.8 所示。

图 1.5　TGV-2N 动车组

图 1.6　创造 515.3 km/h 记录的 TGV-A 325 动车组

图 1.7　法国 V150 型试验动车组

图 1.8　法国 AGV 动力分散型电动车组

法国 TGV 高速动车组主要参数见表 1.2。

表 1.2　法国 TGV 高速动车组基本参数

车型	第一代	第二代						第三代
	TGV-PSE	TGV-A	TGV-R	TGV-TMST	AVE	TGV-PBKA	TGV-K	TGV-2N
编组	L+8T+L	L+10T+L	L+8T+L	L+9T+9T+L	L+8T+L	L+8T+L	L+18T+L	L+8T+L（双层）
定员/人	368	485	377	794	329	377	1 000	545
编组总重/t	418	479	416	787	420	418	774	424
编组总长/m	200.12	237.59	200.20	393.72	200	200	387.43	200.19
最高运行速度/km·h^{-1}	270	300	300	300	300	300	300	300
总功率/kW	6 960	8 800	8 800	12 240	8 800	8 800	13 200	8 800
供电制式	AC 25 kV、50 Hz DC 1.5 kV AC15 kV、$16\frac{2}{3}$ Hz	AC 25 kV、50 Hz DC 1.5 kV	AC25 kV、50 Hz DC 1.5 kV DC 3 kV	AC 25 kV、50 Hz DC 3 kV DC 750 V	AC 25 kV、50 Hz DC 3 kV	AC 25 kV、50 Hz DC1.5 kV DC 3 kV AC15 kV、$16\frac{2}{3}$ Hz	AC25 kV、50 Hz	AC25 kV、50 Hz DC 1.5 kV
制动方式	电阻制动 盘形制动 闸瓦制动	电阻制动 盘形制动 闸瓦制动	电阻制动 盘形制动 闸瓦制动	电阻制动 再生制动 盘形制动 闸瓦制动	电阻制动 盘形制动 闸瓦制动	电阻制动 盘形制动 闸瓦制动	电阻制动 再生制动 盘形制动 闸瓦制动	电阻制动 盘形制动 闸瓦制动
投入运营时间	1981	1989	1993	1994	1992	1997	2001	1996

三、德国高速铁路与 ICE 高速列车（Inter City Express）

德国是一个铁路历史悠久的国家，其第一条铁路于 1835 年在纽伦堡—菲尔特间开通；1901 年，由西门子（SIEMENS）公司和哈尔斯科公司生产的电力机车创造了 162.5 km/h 的速度记录；1932 年，柏林—汉堡间运行的“汉堡飞人”内燃动车最高速度达到 165 km/h；1936 年 5 月 11 日，德国采用建设系列 05 型 Borsig 蒸汽机车牵引客车，创造了 200.4 km/h 的新速度记录；战后，德国已经开始运行最高速度为 200 km/h 的快速列车。

与大多数欧洲国家一样，德国铁路在 20 世纪 60 年代也不得不面对公路和航空运输带来的巨大压力。德国的政治家比其他欧洲国家更早地认识到了铁路的重要性：早在 1970 年，联邦德国政府技术研究部就开始组织对未来长途运输系统新技术的研究。但是在发展高速铁路采用磁悬浮技术还是轮轨技术的问题上，德国经过了旷日持久的讨论，影响了德国铁路高速化的进程，使得1973年和1976年动工修建的两条高速新线进展缓慢。直到20世纪80年代中期，联邦德国政府才意识到以往政策的失误，而法国TGV列车的成功运营也刺激着素以高技术著称的德国，联邦德国政府加快了发展高速铁路的步伐。

1982年5月13日，联邦德国铁路成立董事会，决定修建高速铁路，并于1982年7月动工。1982年8月，联邦铁路投资1 200万马克，试制ICE试验型城间快车。1985年，2动3拖的ICE/V试验型高速电动车组试制成功，同年，其最高试验速度达到317 km/h。1988年5月，ICE/V型试验列车在汉诺威—维尔茨堡间创造了406.9 km/h的高速动车组速度记录。在ICE/V的基础上，1985年12月联邦铁路确定了ICE设计任务书，1986年开始试制ICE1型高速动车组（见图1.9），1990年7月试制完成并于1991年6月2日以280 km/h的速度正式投入运行。

1991年德国统一后，德国政府决定修建柏林—汉诺威的高速铁路，同时开始了第二代ICE高速动车组——ICE2（见图1.10）的开发。1996年，该型动车组投入运用。

图1.9　ICE1动车组

图1.10　ICE2动车组

德国铁路于1995年开始动工修建科隆—法兰克福的高速铁路，由于该线路最高运行速度提高到300 km/h，线路最大坡度达到40‰，既有的ICE1、ICE2型列车已经不能满足运行需要。为此，德国铁路于1994年向工业界订购了50列ICE3型动力分散电动车组（见图1.11）。1997年，ICE3型电动车组投入运行。

为了在既有线路实现列车运行速度的提高，德国铁路还开发了ICE-T（见图1.12）和ICE-TD型摆式动车组。目前，运行速度达到350 km/h的Velaro高速电动车组也已研制成功。

经过近30年的发展，目前德国已建成柏林—汉诺威—维尔茨堡、科隆—法兰克福、曼海姆—斯图加特三条高速铁路，路网规模达到917 km，并有多条高速铁路正在建设。

图1.11　ICE3动车组

图1.12　ICE-T动车组

德国 ICE 高速动车组主要参数见表 1.3。

表 1.3　德国 ICE 高速动车组主要参数

车型	ICE/V	ICE1	ICE2	ICE3（403）	ICEM（406）	ICE-T
编组	2L3T、动力集中	2L12T、动力集中	1L7T、动力集中	4M4T、动力分散	4M4T、动力分散	2M5T、动力分散
定员/人	87	669	391	415（441）*	404（431）*	381
编组总重/t	307	835	441	443	468	402
编组总长/m	114	357.92	205.40	200.00	200.00	184.40
最高运行速度/$km \cdot h^{-1}$	300	280	280	330	330（220）	230
总功率/kW	8 400	9 600	4 800	8 000	8 000（交）/4 300（直）	4 000
供电制式	AC15 kV、$16\frac{2}{3}$ Hz	AC15 kV、$16\frac{2}{3}$ Hz	AC15 kV、$16\frac{2}{3}$ Hz	AC15 kV、$16\frac{2}{3}$ Hz	AC 25 kV、50 Hz DC1.5 kV DC 3 kV AC15 kV、$16\frac{2}{3}$ Hz	AC 25 kV、50 Hz DC1.5 kV DC 3 kV AC15 kV、$16\frac{2}{3}$ Hz
制动方式	再生制动 线性涡流制动 盘形制动	再生制动 盘形制动 磁轨制动	再生制动 盘形制动 磁轨制动	再生制动 线性涡流制动 盘形制动	再生制动 线性涡流制动 盘形制动	再生制动 盘形制动 磁轨制动
投入运营时间	1982—1985	1985—	1996—	1997—	1997—	1997—

注：* ICE3 和 ICEM 型动车组在 2000 年将二等车定员增加，头等车定员减少，括号中数字是其增减后的定员。

四、其他国家高速铁路与新一代高速动车组发展概况

由于高速铁路具有良好的经济促进作用，西班牙、意大利、瑞典、韩国、比利时、荷兰、英国和美国等国家都纷纷研究高速铁路技术，先后发展了一系列的高速动车组。

意大利铁路早在 20 世纪 50 年代的 Settebello 电动车组上就获得了最高速度达 200 km/h 的运行经验，在 20 世纪 80 年代初计划建设高速铁路网的同时着手研制高速动车组。1989 年春，ETRX500 型试验列车在罗马—佛罗伦萨试验时速度达到 316 km/h。随后，意大利又开发了“预生产型”ETRY500 列车，经试验后于 1991 年投入运行。随后，正式生产的 ETR500 试验列车（见图 1.13）于 1995 年开始供货并投入运用。同时，意大利铁路还开发了摆式列车 Pendolino。Fiat 公司在 1967 年就开始对摆式车体的理论和系统进行研究，1974 年试制成第一代摆式动车组 ETR401，并于 1976 年开始试用。鉴于 ETR401 在运用中的良好效果，随后，第二代 ETR450，第三代 ETR460、ETR470、ETR480 摆式列车以及动力分散型的 ETR600 动车组（见图 1.14）相继研制成功并投入运用。

瑞典铁路主要通过采用摆式列车实现高速化。瑞典铁路的主要特点是弯道多、曲线半径小。鉴于其铁路现状，瑞典国有铁路（SJ）和 ABB 公司经过多年的研究实验，研制成功了 X2000 型摆式列车，并于 1990 年投入运用。此后，瑞典还研制了 XZ、XCE 等型号的摆式列车。1994 年 4 月，瑞典国铁与我国铁道部决定合作研究利用 X2000 动车组在中国既有线路实施提速的可能性。经过研究与谈判，1996 年双方决定瑞典 ADtranz 公司为中国制造一列 X2000 动车组。1998 年 1 月 15 日，列车运抵天津新港，随即被送至中国铁道科学研究院环行线进行系统性能实验，同年 8 月在广深线完成安全评估试验，并于 1998 年 8 月 28 日正式在广深线投入运用（见图 1.15）。

西班牙在长 471 km 的马德里—塞维利亚的高速铁路主要采用从德、法两国购置的 AVE（Alta Velocidad Espanola）动车组（见图 1.16）和由 S252 型电力机车牵引的 Talgo 摆式列车（见图 1.17）进行商业化运行。二次世界大战后，西班牙开始着手研制 Talgo 列车，1950 年，由美国车辆及铸造公司制造的 Talgo 列车投入运行。在此基础上，西班牙又先后研制了 TalgoⅡ、TalgoⅢ、Talgo-Pendular 等列车。1998 年 4 月，西班牙铁路与德国 ADtranz、SIEMENS 及西班牙 Talgo 公司签订了合同，研究开发 Talgo350 摆式列车，样车于 2000 年底研制完成，并于 2001 年 2 月 24 日达到 359 km/h 的最高试验速度。近年来，西班牙还向 SIEMENS 订购了动力分散型的 Velaro 高速动车组（见图 1.18）。

韩国于 20 世纪 90 年代初期引进了法国 TGV 高速动车组（见图 1.19，韩国 KTX 高速列车），其高速铁路于 2004 年 4 月 1 日在首尔—釜山间开通运营。在此基础上，韩国设计、制造了 HSR 高速动车组（见图 1.20），该车仍然为动力集中模式。为进一步提高列车运行速度，韩国已将开发 400 km/h 动力分散型动车组列入计划。

图 1.13 意大利 ETR500 高速列车

图 1.14 意大利 ETR600 高速列车

图 1.15 在广深线运用的 X2000 摆式列车

图 1.16 西班牙 AVE 高速列车

图 1.17 西班牙 Talgo 高速列车

图 1.18 西班牙 Velaro 高速列车

图 1.19　韩国 KTX 高速列车

图 1.20　韩国 HSR 高速列车

意大利、瑞典、西班牙主要高速动车组基本参数如表 1.4 所示。

表 1.4　意大利、瑞典、西班牙高速动车组基本参数

国家	意大利		瑞典	西班牙	
车型	ETR500	ETR450	X2000	AVE	S252 牵引 Talgo 列车
编组	2L11T、动力集中	4M+1T+4M	1M+5T	M+8T+M	—
定员/人	600 ~ 663	386	292	329	—
编组总重/t	660	444.5	343	421.5	—
编组总长/m	329	—	140	200.144	—
最高运行速度/$km \cdot h^{-1}$	300	250	210	300	220
总功率/kW	8 800	5 000	4 000	8 800（交）/5 400（直）	5 600
供电制式	AC 25 kV、50 Hz DC 3 kV	DC 3 kV	AC 15 kV、$16\frac{2}{3}$ Hz	AC 25 kV、50 Hz DC 3 kV	AC 25 kV、50 Hz DC 3 kV
制动方式	再生制动 电阻制动 盘形制动	电阻制动 盘形制动	再生制动 盘形制动 磁轨制动	电阻制动 闸瓦制动 盘形制动	闸瓦制动
运用年代	1989—	1988—	1990—	—	—

进入 21 世纪后，高速铁路运行速度高、对环境影响小等优点更加突出，各国已开始对最高运行速度达 350 km/h 以上的下一代高速动车组进行研究。SIEMENS、BOMBARDIER 等公司已完成了各自新一代动车组的方案设计，如图 1.21、1.22 所示。此外，阿根廷、俄罗斯等国家也已着手规划高速铁路，并计划在 10 年内投入运营。

图 1.21　SIEMENS Venturio 高速动车组

图 1.22　BOMBARDIER ZEFIRO 高速动车组

第二节 高速铁路的基本特点与技术条件

经过40多年的发展，高速铁路在激烈的客运市场中以其突出的优势在世界诸多经济发达的国家和地区迅速发展。世界高速铁路总里程已经突破5 000 km，高速列车通过既有线实现的服务里程在20 000 km以上。高速铁路之所以在短时间内取得如此发展，其根本原因在于基于轮轨系统的高速铁路充分发挥了既先进、又实用的特点。高速铁路是当今时代发展和经济、技术进步的体现，势必在今后取得更大的进步。

从总体看，高速铁路具有以下基本特点：

(1) 高速铁路是当代高新技术的集成。高速铁路是庞大而复杂的现代化系统工程。20世纪中后期，科学技术蓬勃发展，以计算机及其应用、微电子技术、电力电子技术、现代控制技术和新材料、复合材料技术为代表的新兴产业迅猛发展。高速铁路正是建立在这些相关领域基础上，综合协调，集成创新而取得的成果。因此，高速铁路实现了高质量及高稳定性的土建工程、性能优越的高速列车、先进可靠的列车运行控制系统、高效的运输组织和管理体系的综合。只有各子系统之间良好的配合与优化，才能实现高速铁路系统的整体最优。同时，高速铁路的发展也促进了计算机、通信、材料等相关行业的进步，使全球技术创新与进步的步伐大大加快。

(2) 高速度是高速铁路技术的核心。追求更高的速度是促使高速铁路技术兴起并获得迅猛发展的根本原因，建设高速铁路系统所采用的一切新技术都是围绕高速度展开的。综观世界高速铁路的发展历史，列车运营速度不断提高，从最初日本新干线0系列车的210 km/h，到今天以300 km/h运行的列车奔驰在欧洲大陆，这正是铁路技术不断发展的体现。只有高速度才能缩短旅客的旅行时间，才能使铁路赢得市场。因此，高速铁路最高运行速度在轮轨系统允许范围内还将获得提高，国外厂商已经着手研制最高运行速度在350 km/h以上的高速列车。

(3) 系统动力学与安全问题更加突出。速度的提高是高速列车区别于普通铁路列车最根本的特征，但这也使列车轮轨间相互动力作用、列车空气动力学、列车弓网关系、车辆各部件疲劳损伤等问题更加突出。以日本新干线早期的100系列车为例，该动车组运行时需要同时升起6个受电弓，高速运行将大大加剧弓-网系统的振动，而两受电弓之间较小的距离将使振动尚未完全衰减的馈流线在短时间内再次受到激励，加剧了系统中各部件的相互作用，造成馈流线磨损严重，受电弓频繁离线也降低了车辆电气装置的寿命。同时，安全是铁路运输永恒的主题，在如此高速的情况下一旦发生事故将造成灾难性的后果。如果这些类似的问题无法得到解决，不仅会使高速铁路系统稳定性降低，还将影响到旅客的乘坐舒适性和安全性，最终将影响高速铁路的经济优势。因此，需要采用新技术、新方法对高速铁路系统进行分析，以争取在设计阶段消除各种影响系统综合性能的隐患。

(4) 高速铁路具有良好的经济优势和社会效益。与其他运输方式相比较，高速铁路具有运输能力大、安全性好、运行受气候影响小、能耗少、占用土地省、工程造价低、环境影响小等特点。在世界石油等常规能源开始显现出危机、环境污染日益严重的今天，高速铁路具有良好的经济优势。同时，高速铁路的兴建将迅速带动沿线经济的发展与进步，具有良好的社会效益。

各国主要高速铁路技术条件如表 1.5 所示。

表 1.5 各国主要高速铁路技术条件

国 家	日 本	日 本	法 国	德 国
运用线路	东海道新干线	山阳新干线	地中海线	科隆—法兰克福
投入运行时间	1964.10.1	新大阪—冈山：1972.3.15 冈山—博多：1992.3.10	2001	2002.8
营业里程/km	515.4	553.7	295	219
最高运行速度/km·h^{-1}	270	300	350	330
最大坡度/‰	15	15	35	40
最小曲线半径/m	2 500	4 000，困难 3 500	7 000～7 700，困难 6 400	3 500，困难 3 350
线间距/m	4.2	4.3	4.8	4.5
最大允许超高/mm	200	185/180	180	170
允许欠超高/mm	110	90	55	150
复线隧道面积/m^2	64	64	—	—
运用车型	0 系、100 系、300 系、500 系、700 系	0 系、100 系、300 系、500 系、700 系	TGV-2N	ICE3

第三节 高速铁路线路概述

一、高速铁路线路的基本特点

线路是列车运行的基础，高速运行的列车要求线路具有高平顺性、高稳定性、高精度、小残变和少维修性，并要有良好的环境保护性。只有这样，才能保证列车运行的高速、平稳和安全。

高速铁路线路主要具有以下基本特征：

（1）高平顺性。轮轨相互作用的理论指出，轨道不平顺所引起的轮轨动力响应及其对行车安全性、平稳性和乘车舒适性的影响随速度的提高而增大。因此，对于高速铁路要求具有高平顺性的轨道。

（2）高稳定性。稳定、沉降小且沉降均匀的平顺路基是高平顺性轨道的基础。其稳定性好主要需要控制路基的“变形”，并要求桥梁具有足够大的刚度。

（3）高精度、小残变、少维修。轨道铺设的初始不平顺是运营后不平顺发生、发展、恶化的根源，因此，要求轨道初始铺设时具有高精度。同时，由于高速动车组频繁及强烈的冲击载荷作用，要保证运营后仍然具有高平顺性，则必须保证铺设时的小残余变形。只有这样，才能保证线路的少维修量。

（4）宽大、独行的线路空间。列车高速运行时将带动周围空气流动，形成一种特定的非常流场，威胁沿线工作人员和站台旅客的安全，对线路两侧建筑物也有破坏作用。1998 年我国在京广线许昌—小商桥间进行高速试验时，试验列车与南宁—西安的旅客列车交会时将客车（22 型客车）车窗玻璃吸下并击打在试验车车体上。因此，需要在高速线路上增大线间距离和旅客的安全退避距离，并采用全封闭线路。

(5) 高标准的环境保护。高速铁路需要强调线路本身与环境的完美结合。当列车速度超过 250 km/h 后，来自轮轨、弓网相互作用以及与空气摩擦产生的噪音是让人无法忍受的，因此，需要设置隔音墙等降噪设施。

此外，高速铁路还要求在开通时即以最高速度运行，并需要有严密的轨道状态检测和防灾安全监控措施。

二、高速铁路线路的主要技术参数

列车与线路是相互依存、相互适应的关系，列车是载体，线路是基础。高速铁路对线路的要求较一般线路更高，标准也更严格。

铁路线路平面是由直线和曲线组成的，曲线由圆曲线和缓和曲线组成。曲线线路能较好地适应地形的变化，减少工程量，但也有使列车运行速度降低、增加轮轨磨耗等缺点。高速铁路列车运行速度高，对线路曲线有严格的要求。

1. 曲线超高度及欠超高

列车在曲线上运行时，会产生离心力 J:

$$J=\frac{mv^2}{R}=\frac{Gv^2}{gR}$$

式中，m 为列车的质量，kg；G 为 列车的重量，kg；v 为 列车运行速度，m/s；g 为 重力加速度，取 $g=9.81\ \text{m/s}^2$；R 为曲线半径，m。

为了平衡列车通过曲线时的离心力，必须把曲线外轨加高，称为曲线超高。计算曲线外轨的理论超高度，一般采用下列公式：

$$h=11.8\times\frac{v_R^2}{R}$$

式中，v_R 为 通过曲线时各次列车的平均速度，km/h；设计新线时，可采用 $v_R=0.8v_{max}$。

最大超高度的选择应保证列车停在曲线上而遇到大风时，也不致使列车颠覆。目前，除日本东海道新干线规定最大超高度为 200 mm 外，日本其余各线及法国高速干线的最大超高度为 180 mm，德国第一期、第二期高速线路最大超高度为 85 mm，第三期为 170 mm。我国《京沪高速铁路设计暂行规定》中规定实设最大超高允许值为 180 mm。

曲线外轨超高度是一个定值。对于速度较高的车，会产生未被平衡的离心加速度；对于速度较低的车，会产生剩余的向心加速度。未被平衡的离心加速度和未被平衡的向心加速度统称为未平衡加速度，可以理解为外轨超高度不足（欠超高）或外轨超高度过大（过超高）所产生的。欠超高和过超高统称为未被平衡的超高度。

为了保证行车安全、旅客舒适度和轨道的稳定性，必须对未被平衡的超高度加以限制。各国规定，欠超高的数值大致在 60～130 mm。不同国家技术要求不同，所允许的最大欠超高也有所区别。我国《京沪高速铁路设计暂行规定》中规定了欠超高允许值，如表 1.6 所示。

表 1.6 欠超高允许值 mm

条 件	舒适度良好	舒适度一般	舒适度较差
欠超高允许值	40	80	110

2. 最小曲线半径

最小曲线半径为线路平面设计时允许选用的曲线最小值。最小曲线半径的选定主要考虑列车的运行速度。对于高速客运专线，由于列车速度比较单一，最小曲线半径可以用下式确定：

$$R_{min}=\frac{11.8\times v_{max}^2}{h_m+h_Q}$$

式中，R_{min} 为最小曲线半径，m；v_{max} 为列车最大运行速度，m/s；h_m 为线路实设超高值，mm；h_Q 为允许的欠超高值，mm。

由于高速铁路列车运行速度高，要求最小曲线半径较一般线路更大，并随线路运行速度的提高而增大。除早期日本东海道新干线最小曲线半径为 2 500 m 外，现国外高速铁路最小曲线半径一般为 4 000 m 以上，新建线路推荐值为 6 000～7 000 m。几个主要国家高速铁路最小曲线半径如表 1.7 所示。我国《京沪高速铁路设计暂行规定》中规定最小曲线半径一般为 7 000 m，困难条件下为 5 500 m。

表 1.7 几个主要国家高速铁路最小曲线半径 m

法国		日本				德国	意大利
TGV 东南线	TGV 大西洋线	东海道	山阳	东北	上越		
4 000（3 200）	6 000（4 000）	2 500（2 000）	4 000（3 500）	4 000	4 000	3 500（3 350）	3 000

注：括号内的数字为部分区间所采用的最小曲线半径。

3. 缓和曲线和夹直线长度

为减小轮轨间相互作用，便于设置曲线外轨超高，满足行车安全和旅客舒适度的要求，在直线和圆曲线之间设置缓和曲线。

普通铁路曲线型超高缓和曲线、高速铁路直线超高型缓和曲线一般采用三次抛物线型，高速铁路曲线超高型缓和曲线一般采用一波正弦型、半波正弦型、四-三-四型或七次四项式型。

缓和曲线的长度对行车安全和舒适度有直接影响。太短，不利于行车安全和舒适平稳性；太长，又给设置和养护带来困难。缓和曲线长度应根据曲线超高度、列车运行速度、欠超高等综合考虑。一些国外高速铁路缓和曲线的主要技术条件如表 1.8 所示。我国《京沪高速铁路设计暂行规定》中根据曲线半径和地形等规定了不同曲线半径下的缓和曲线推荐长度和最小长度，对于大型车站两端减、加速等限速地段，还需要根据设计速度来规定不同曲线半径下的缓和曲线推荐长度、最小长度及个别最小长度。

表 1.8　部分国家高速铁路缓和曲线主要技术条件

国　家	线　别	客车最高速度 /km·h^{-1}	货车最高速度 /km·h^{-1}	缓和曲线	
				线　形	长度 l 计算公式/m
日　本	东海道新干线	210	—	正弦	$l_1=1.0h$，$l_2=0.006\ 2hv$ $l_3=0.0075h_Q v$
	山阳新干线	260	—	正弦	$l_1=1.0h$，$l_2=0.009\ 7hv$ $l_3=0.011\ 7h_Q v$
法　国	巴黎—里昂 巴黎—图鲁兹	250～300 200	70～120	三次抛物线	$l=h/i$
德　国	慕尼黑—奥格斯堡	200	80～120	S 曲线或正弦	$l=0.01hv\sim0.012hv$
意大利	罗马—佛罗伦萨	250	80	—	$l=h$

注：h 为曲线超高度，mm；v 为列车最高运行速度，km/h；h_Q 为欠超高，mm；i 为超高变更率。

列车通过同向或反向曲线，以及 S 形曲线时，线路对车辆的冲击以及未平衡的横向加速度变化频繁。为使列车平稳、安全运行，必须在同向曲线或反向曲线间加入一段夹直线。

夹直线应尽可能长，特别是高速铁路更应如此。世界各国高速铁路规定的最小夹直线长度如下：

法国：　$$l_{夹}=\frac{v_{max}}{2}$$

式中，v_{max} 为列车最高运行速度，km/h。

德国：　$$l_{夹}=0.4v_{max}$$

日本铁路规定夹直线最小长度：一般为 100 m，速度低于 110 km/h，可取为 50 m。

我国也对夹直线最小长度做出了规定，可按下式计算：

一般条件下：　$l_{夹}\geqslant 0.8v_{max}$

困难条件下：　$l_{夹}\geqslant 0.6v_{max}$

4. 线路间距

线路间距即为两条线路中心线间的距离。在高速复线铁路上，当两列车相遇时，将产生强大的空气压力波（风压）。为避免这种风压造成损害，高速铁路应选取适当的线路间距。

世界各国经过大量研究和试验，都确定了最小的线路间距，几个主要国家高速线路的最小线路间距如下：

日本：区间线路为 4.2 m，车站内为 4.6 m；

法国：4.2 m；

德国：4.5 m；

我国《京沪高速铁路设计暂行规定》中规定正线线间距为 5.0 m。

5. 竖曲线半径

为了保证列车通过变坡点时的运行安全和旅客的舒适度，一般用竖曲线来连接两个相邻的坡段。竖曲线的半径与列车运行速度有关，列车运行速度越高，竖曲线半径越大。竖曲线半径一般采用下式计算：

$$R_S = \frac{v^2}{3.6^2 \times a_S}$$

式中，R_S 为竖曲线半径，m；v 为 列车运行速度，m/s；a_S 为竖曲线离心加速度，m/s^2，一般为 0.08～0.5 m/s^2。

世界主要国家高速铁路竖曲线半径如下：

法国 TGV 东南线的竖曲线半径采用 25 000 m，TGV 大西洋线采用 16 000 m；

日本除东海道新干线采用 10 000 m 外，其余各线均采用 15 000 m；

我国线路根据不同设计速度，竖曲线半径按表 1.9 选用。

表 1.9 我国竖曲线半径选用标准

V_{max}/km·h^{-1}	300 以上	250～300	160～250	160 以下
竖曲线半径/m	25 000	20 000	15 000	10 000

6. 其他线路参数

除以上参数外，高速铁路还需要考虑限界、坡度、路基等线路参数。

对于限界，需要考虑在高速机车车辆限界的基础上的各种安全裕量、轨道维修抬高量、接触网形式以及施工误差，等等，按最不利组合确定。我国京沪高速铁路的建筑限界基本尺寸如图 1.23 所示。

线路的最大坡度在一定的自然条件下对线路的走向、长度、工程投资、运营费用、牵引重量及输送能力都有较大影响。各国高速铁路根据不同的运输组织模式和地形条件的不同，采用的最大坡度也不一样。

高速铁路要求路基刚度大，平顺性好。因此一般采用大基床厚度或整体道床，并严格控制沉降。

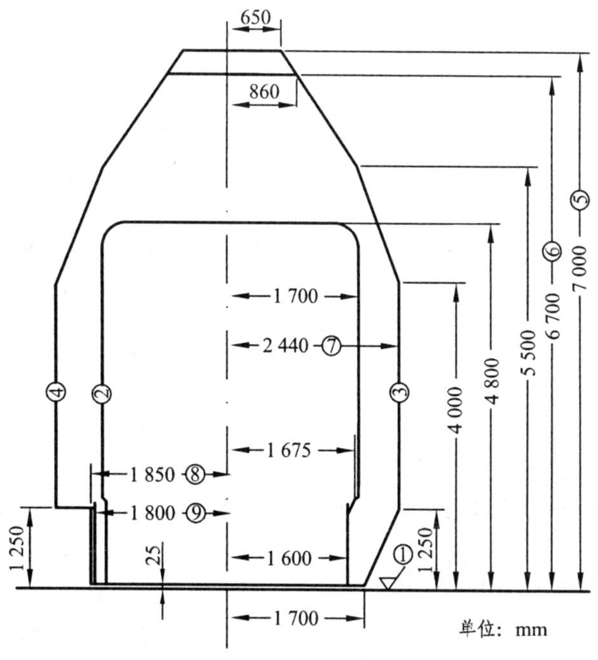

图 1.23 京沪高速铁路建筑接近限界基本尺寸及轮廓

高速铁路应该采用大重量钢轨，日本、法国、德国均采用 60 kg/m 的钢轨。

采用单开可动心轨大号码道岔能够提高通过速度，目前法国高速铁路采用的高速道岔最高侧向通过速度可以达到 230 km/h。

此外，高速铁路还应该对于轨道不平顺分别设置不同的管理值，以便按照不同的程序予以处理。

三、高速铁路线路的养护、维修及运用管理

良好的养护与维修是高速铁路系统运转的基础。目前，世界各国高速铁路在进行养护维修时一般均采用通过轨道检查车在一定周期内对线路进行检测，按照线路损坏的程度进行线路养护。更换钢轨、道岔、道床则按照一定的时间周期或通过重量进行。进行维修时一般采用大型养路机械施工。

各国高速铁路一般在相应区段配置检修基地，基地内设置车库，给油给水设备，材料装卸设备和油脂处理设备。

各国高速铁路一般均预留施工作业时间，以法国高速铁路网为例，其日常维修和线路封锁时间在白天为 1.5 h，夜间为 5 h。

四、高速铁路桥梁

高速铁路采用全封闭行车模式，线路平纵面参数限制严格并要求具有轨道高平顺性，导致桥梁比例明显加大。高速铁路桥梁具有以下特征：

(1) 梁体有足够大的竖向刚度、横向刚度和抗扭刚度，限制温差和混凝土徐变产生的上拱变形，以保证线路的高平顺性和避免不良的车-桥动力响应。

(2) 桥梁墩台应该具有足够大的纵向刚度，以限制桥上无缝轨道的附加应力和起动、制动时梁轨之间的相对位移，保证线路稳定。

(3) 桥型选择应尽量避免增设无缝线路伸缩调节器。

(4) 桥梁结构及结构布置应符合耐久性要求，并便于检查和维修。

现代高速铁路桥梁一般采用混凝土结构，桥上采用无碴轨道道床。

五、高速铁路隧道

列车进入隧道时，原来占据着隧道空间的空气将被迅速排开。空气的黏性以及隧道、列车表面的摩擦阻力使排开的空气不能像隧道外那样及时、顺畅地沿列车两侧和上部形成绕流。造成列车运行前方空气受到压缩，而尾部形成负压，产生压力波动。这种压力波动又以声速传播至隧道口，形成反射波，回传、叠加，诱发一系列对运营产生负面影响的空气动力效应，如旅客体感不适、列车运行阻力增加、引起隧道口爆破噪声、危害隧道口建筑等。

改变列车形状、改善车辆密封性能等均可以缓解和减小隧道空气动力效应对运营的影响，但最根本的解决办法是改变隧道结构，如增大隧道断面尺寸、设置隧道口缓冲区等。

六、高速铁路牵引供电设备

高速铁路采用弓网受流的电气化牵引，其牵引供电设备包括牵引变电所和接触网两大部分。牵引变电所是系统的核心，要求其具有较高的可靠性。接触网是牵引供电系统的主动脉，

其功能是通过与受电弓在运行中的接触将电能传递到高速动车组。在受流过程中，要求尽量减少弓-网系统的冲击、振动与磨耗，受电弓受流稳定，离线率低。

列车运行速度的提高将造成弓网之间振动加剧，并引发弓网噪声。世界各国一般通过改变接触网悬挂方式或改进受电弓结构提高受流质量。在接触网悬挂方式上，各国一般采用复链形悬挂或弹性链形悬挂，部分区段也采用简单链形悬挂。改变受电弓结构、设置受电弓扰流罩、改变弓头形状、尽可能地避免多弓受流等做法也提高了弓-网系统的稳定性。

七、高速铁路车站

车站是高速铁路运输组织的基地。高速铁路车站在设计时应该遵循以下原则:

(1) 结构简单，保证旅客及时疏散。车站作为旅客的集散地，应该力求在保证基本功能完备的前提下尽量简化结构，使旅客能够尽快聚集到站台上或由站台疏散，避免客流量大时在站内造成拥挤。

(2) 保证旅客安全。行车速度的提高使站台安全退避距离等问题更加突出，为避免旅客出现安全事故，高速铁路车站应该增加站台宽度，必要时还应该设置安全栏、屏蔽门等相应设施。

(3) 功能完善，方便旅客。高速铁路车站，尤其是因为占地等原因，无法通过对既有车站实行改、扩建，而在城市边缘地区新建的车站，应该设置完备的换乘系统，实现与城市公共交通系统的无缝连接，尽可能地方便旅客出行。

八、高速列车检修与整备基地

为了保证高速列车运行高效、安全，应该建立高速列车检修与整备基地，并制定相应的高速列车维修保养体制。列车检修与整备基地应该设置在高速铁路主要枢纽内，其规模应该根据高速列车的开行方案等因素确定。高速动车组检修与整备基地具有以下特点:

(1) 实现信息化、立体化作业，提高检修与整备工作效率。高速动车组检修与整备工作时间限制严格。为了在有限的时间内完成相关工作，列车检修与整备基地应该采用信息化、立体化作业方式，即按工作内容的不同设置相应工作层，使走行部、车内设施、车顶设备的检修能够同时进行且互不干扰，并采用相关信息技术进行生产管理。图 1.24 为日本新干线某动车检修基地作业结构图。

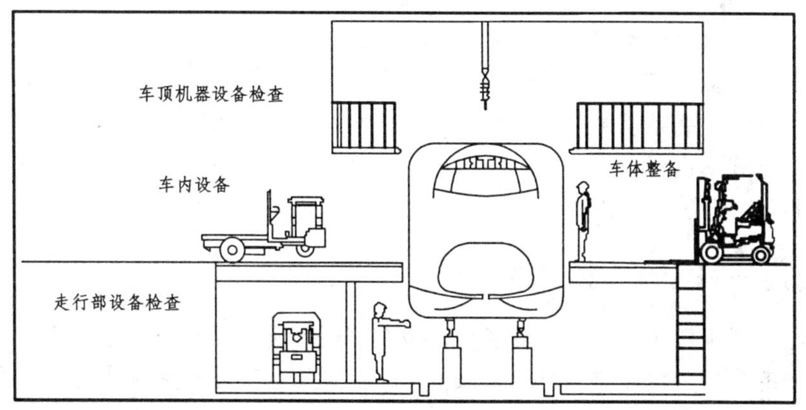

图 1.24 实现立体作业的动车检修与整备基地

(2) 拥有完备的检修整备设备。列车检修基地应该配置相应检修与整备设备，如不落轮旋床、气垫移车机、架车机及相应的检测、清洗设备等，以满足列车检修需要，提高检修效率。

(3) 设置完整的检修与整备体制。列车检修与整备的质量需要通过完整的体制予以保证。

根据中长期铁路发展规划，我国计划在北京、上海、武汉和广州建立 4 个高速动车组运用检修基地。

第四节　高速铁路通信信号系统概述

高速铁路通信信号系统是完成行车控制、运营管理的综合自动化系统，主要由用于指挥行车的调度集中系统、用于控制进路的连锁系统、用于控制列车行车间隔的列车自动控制系统、代用信号设备和专用通信设备组成。系统涉及调度指挥中心、车站、线路和列车等诸多部分，是保障列车运行安全、提高运输效率的关键技术装备，对全面实现高速铁路的服务宗旨举足轻重。

一、列车运行自动控制系统

在传统的自动闭塞系统中，列车的速度与闭塞分区长度有着密切联系，在高速高密度的行车条件下，为保证列车在一个闭塞分区内能够停车，需要延长闭塞分区距离和列车运行间隔，这将使线路通过能力下降。目前，世界各国采用的解决办法是在列车最高运行速度下再设置几个速度等级信号，每个闭塞分区满足列车从上一速度级减小到下一速度级所需的制动距离。这样既能保证列车之间的安全间隔，又提高了线路的通过能力。随着运行速度的提高，依靠司机确认地面信号的传统做法是不科学、不安全的，因此，在高速铁路上一般是以车载信号作为行车凭证，并将地面信号指令直接转换为对列车制动系统的控制指令。以上三方面即列车运行自动控制系统的主要内容。世界各国高速铁路均采用列车运行自动控制系统，其中较为成功的主要有日本新干线 ATC 系统、法国高速铁路采用的 TVM300 及 TVM430 系统、德国及西班牙铁路的 LZB 系统和瑞典铁路的 EBICA900 系统等。我国曾在秦沈客运专线上采用从法国引进的 TVM430 列车运行自动控制系统。目前，我国最高运行速度在 200 km/h 及以上的线路已普遍装备了 CTCS-2 列车运行控制系统。

列车运行自动控制系统主要能够实现以下功能：防止列车冒进关闭的信号机；防止列车错误出发；防止列车退行；防止列车超速通过道岔；防止列车超过线路允许的最大速度；监督列车通过临时限速区段；在出入库无信号区段限制列车速度等。

二、高速铁路行车指挥系统

高速铁路行车指挥采用综合调度系统，该系统能够满足高速铁路高速度、大流量、高安全性和正点率的要求。综合调度系统涉及范围广泛，除行车外，系统还需要对运输计划、牵引供电、车辆等方面进行管理。

综合调度系统由调度中心设备、通信网以及分布在沿线和车站的设备组成。

三、高速铁路计算机联锁系统

联锁系统主要用于车站进路的控制和保证列车运行、作业的安全。高速铁路联锁系统由调度中心计算机统一控制，取消了地面信号设备，由车载设备控制列车运行。现代联锁系统均采用计算机联锁，与传统继电器联锁相比，计算机联锁功能更加完善，信息量大，易于实现系统自诊断和自检测，因此近年来在国内外得到了广泛应用。

四、铁路专用通信系统

铁路专用通信系统是指铁路行业内部专用的通信网络系统，该系统由电话交换网、数字传输网、数据通信网、无线通信网、全路电视会议网、运输调度指挥通信网、地区通信网以及支撑网、列车内部通信网等组成。高速铁路通信系统必须实时、准确、可靠地传递与高速列车行车安全、运营管理相关的大量语音、数据和图像等信息。

第五节 高速铁路运输组织概述

高速铁路运输组织主要研究如何充分发挥高速铁路经济技术优势、如何最大限度地吸引客流以获得最佳经济效益和社会效益，是高速铁路系统的重要组成部分。

一、高速铁路运输组织的目标

高速铁路运输组织需要实现以下目标：

(1) 高速度。速度是高速铁路技术水平的主要标志。与最高运行速度、试验速度相比，旅客对旅行速度更为关心。高速铁路运输组织需要处理好旅客乘降频率和旅行速度的关系，以获得高速铁路最佳经济效益和社会效益。

(2) 高密度。列车间隔越小则运行密度越大。高速铁路在满足运量需求的前提下，一般采取小编组、高密度的方式运行。就设备而言，高速铁路最小追踪列车间隔时间可以达到 3 min，但在不同速度等级列车混跑的前提下，实际平均列车间隔时间将大大增加。如何减小该时间间隔是高速铁路运输组织的重要课题。

(3) 高正点率。正点率是高速铁路系统设备可靠性和运输组织水平的综合反映，也是运输服务质量的核心。各国都十分重视列车正点率的问题，并以此作为和其他运输方式竞争的重要手段。以日本为例，新干线列车到发超过 1 min 即视为晚点，晚点超过 2 h 则需要退还旅客加快费。良好的高速铁路运输组织必须保证在不同速度列车共线运行的前提下，尽可能提高列车正点率。

(4) 高可靠性。高速动车组由于其速度原因，一旦发生事故将是毁灭性的。因此，除了要具有高可靠性的设备外，还要求高速铁路大系统内各相关部门必须具备一套严密的管理制度。目前，世界高速铁路除德国 ICE 列车在 1998 年 6 月 3 日发生的事故外，都未发生过重大行车事故，日本新干线更是保持了自开通运行以来未发生人员伤亡事故的良好记录。

(5) 高质量服务。高速铁路要获得良好的经济效益，必须将其服务范围延伸，将高速铁路与相关普通铁路衔接，通过辐射带动沿线区域铁路运输市场。因此，必须通过良好的运输组织尽可能减少换乘给旅客带来的不便。目前主要采取的做法是高速列车下线运行，以避免换乘造成旅客流失。

(6) 高市场占有率。高速铁路具有一系列经济技术优势，高速铁路运输组织的目的就是将这一优势充分发挥，并以此开拓市场，提高市场占有率。

(7) 高社会经济效益。高速铁路使铁路所固有的经济技术优势得以充分发挥。尽管其建设投资高于普通铁路，但建成后能吸引和诱发大量的客流，在环境保护、能源利用等方面均优于航空和高速公路，尤其是其社会成本远低于其他运输方式。良好的运输组织将充分带动沿线经济社会发展，产生巨大的社会经济效益。

二、高速铁路运输组织的特点

由于高速动车组是由牵引动力和运输载体一体化构成，其运输组织具有以下特点:

(1) 运行效率的提高。动车组在运输的全过程中，不需要更换牵引动力，缩短了作业时间，有利于旅行速度的提高，同时减少了工作环节，提高了工作效率。

(2) 整备和维修体系的革新。提高整备和维修作业质量、缩短整备和维修作业时间已经成为高速动车组高质量、高可靠性、高效率运营的一项重要指标。高速动车组的维修作业一般在专门的维修基地进行，其主要包括: 整备维修库、电器测试装置、轮对踏面诊断装置、不落轮镟轮设备、车轴探伤装置、轮对及转向架更换中心、动车组外部清洗设备、动车组内部清洗和整理设备，等等。其维修体制多采用状态修和定期修相结合，以状态修为主的检修制度。

(3) 运用与整备、维修的一体化。高速动车组的运用计划是合理安排整备、维修工作的重要依据。为此，高速动车组的运用和整备、维修计划是统一编制、统筹安排的，从而使其运用和管理走向了高度的集中化。

三、高速铁路行车调度指挥

铁路调度指挥系统通过制定和执行运输工作日常计划，协调各部门工作，确保行车安全，保持运输系统整体有序地运行。它具有约束控制、协调配合和应变调整的三项基本功能。高速动车组根据其运用与整备、维修的一体化要求，调度指挥一般采用综合型的系统。它充分考虑了高速运行、高新技术含量所伴随的高风险性及运输安全保障对调度指挥系统的高度依赖性，突出了安全的重要地位。

(1) 行车指挥自动化。高速动车组的运行指挥都采用了行车指挥自动化系统，主要由动车组运行计划、动车组运行管理和运输统计分析等组成。动车组运行计划指根据整个铁路运输系统的计划和预测制定高速动车组和乘务员运用的计划，并根据实际情况，对原计划进行修正和调整。动车组运行管理主要是对动车组的运行情况进行管理、调整，根据运行实施计划和运行指令，自动设定动车组进路，同时传达动车组的运行状态及其他必要的信息。运输统计分析主要是对计划和实际数据的收集、统计和分析，从而对基本计划及其他计划作出反馈。

(2) 运行调整自动化。高速动车组运行调整自动化是指充分发挥计算机及信息技术在数据处理、方案计算和图形显示上的快速、准确的优势，迅速、全面地优化出运行调整方案。其主要是根据基本计划和运行实际的比较，自动形成多运行调整方案，并显示相关的指标和信息供决策参考，通过人机交互，由调度员决定最后方案，作为各执行系统的工作依据。

(3) 进路控制自动化。高速动车组进路控制自动化的基本功能是高速动车组的自动跟踪，并自动办理动车组的进、出站或通过进路，同时为进路自动控制提供设备和动车组的状态安全信息等。

(4) 智能化列车速度自动控制（ATC）系统。ATC 系统旨在解决高速动车组运行速度的自动控制，以保证列车以最小的追踪间隔运行而又保持其正常的运行速度。其主要功能有高速动车组的自动定位、超速防护、自动停车和自动调整速度等。

第六节 高速铁路环境保护概述

环境保护是我国的一项基本国策，它关系到国家和民族的兴衰，关系到现代化建设的成败和国民经济的持续发展。环境保护又是一项范围广阔、综合性很强的系统工程，在实际实施中涉及很多不确定性因素。铁路环境保护是整个社会环境保护的重要组成部分，其特点是环境保护的范围点多、线长、高度分散；污染源随列车而流动；对环境的影响持续时间长，等等。我国从 1973 年第一次全国环境保护会议后即开始对铁路的环境保护问题做了大量工作，取得了不少成效。

由于列车运行速度的提高，列车运行所产生的振动和噪声也随之加强。同时，高速铁路强调与自然的和谐统一，因此，高速铁路的环境保护工作至关重要。

一、高速铁路的环境保护

高速铁路的环境保护除具有与一般铁路环境保护相同的特点以外，其重点内容有以下几个方面：

(1) 治理噪声环境。高速动车组的运行速度在 200 km/h 以上，其噪声强度随着速度的提高而大幅度上升。根据国外高速铁路的经验，其噪声峰值声级将大大超过我国目前铁路边界噪声限值标准。因此，控制噪声是高速铁路环保首先要解决的问题。国外测试资料表明，高速动车组的轮轨噪声、空气动力噪声和集电系统噪声是其主要噪声源。

(2) 控制振动污染。高速动车组运行将产生环境振动，这种振动的振级与其运行速度成正比。根据日本新干线高速动车组的经验，当速度达到 200 km/h 以上时，距线路 20 m 处的受振点的振级将超过我国《城市区域环境振动标准》(GB 10070—88) 的规定。因此，控制振动对环境的污染也是一项重要任务。

(3) 防止电磁干扰。高速动车组采用电力牵引，可实现对大气的无污染指标。但是集电系统除了噪声以外，还对沿线的有线和无线通信产生电磁干扰。

(4) 保护生态环境。高速铁路建设规模大、占用农村和城市用地较多，对自然生态环境和城市生态环境，如水土流失、植被破坏等将造成较大影响。

二、高速铁路的噪声及其控制

由于具有高速、高架和电气化等特点，高速铁路噪声主要来自轮轨噪声、空气动力噪声、集电系统噪声和建筑物激励噪声等。

(1) 轮轨噪声。作为高速铁路的主要噪声源，轮轨噪声主要是车轮通过钢轨轨缝、道岔以及擦伤后的车轮在钢轨上滚动时产生的冲击声，车轮与钢轨粗糙的接触表面相互作用产生的振动声，曲线通过时轮缘挤压外轨及内侧车轮滑行时产生的摩擦声等。

(2) 空气动力噪声。高速动车组在运行中会使车体表面出现空气涡流，从而产生空气动力噪声。

(3) 集电系统噪声。集电系统噪声主要来自受电弓沿接触网导线滑动而产生的机械滑动声、离线时产生的电弧放电声和受电弓运行中产生的风切声等三个方面。

(4) 建筑物噪声。这是一种二次噪声。主要是轨道周围的建筑物反射轮轨噪声等产生的辐射振动噪声和高速铁路中轨道桥梁的振动噪声。

日本新干线、德国 ICE 和法国 TGV 的噪声强度如表 1.10 所示。

表 1.10 高速铁路噪声强度表 dB (A)

	速 度 /km·h^{-1}			
	200	250	270	300
日本新干线	85~90	—	—	—
德国 ICE	80	89	—	93
法国 TGV	—	—	95~105	—

注：测量点距轨道中心线 25 m，不设隔声屏障。

由于铁路噪声所受的影响因素很多，在噪声产生和传播过程中，线路结构、建筑物类型及其布局、高速动车组本身等均对噪声的强度和影响范围有较大影响，因此，确定噪声的评价标准是非常复杂的任务。世界各国在不同发展阶段的高速铁路在噪声水平和控制技术有较大差异，其噪声标准也不尽相同。

我国目前铁路噪声标准为《铁路边界噪声限值标准及其测量方法》(GB12525—1990)，同时参考《城市区域环境噪声标准》(GB 3096—1993)。对于高速铁路，铁道部在 2003 年发布的《京沪高速铁路设计暂行规定》中也做出了相应的规定，并对噪声防护的声屏障设置、声学设计提出了一定的要求。

高速铁路噪声主要来自于轮轨接触所产生的噪声、弓网系统噪声、空气动力噪声、基础设施噪声和车内机械噪声。现主要采取以下方式减小噪声污染：

(1) 对噪声源进行控制。降低钢轨和车轮表面的粗糙度，对轮轨表面进行研磨；采用流线型动车组外形，采用平滑的车辆表面；采用盘形制动；尽量减少受电弓数目，采用低噪声绝缘子和空气动力学性能优异的受电弓；铺设超长无缝线路；采用防振钢轨；铺设大号码可动心轨道岔；高架桥上采用混凝土平板道床；用混凝土桥代替钢结构桥，等等。

(2) 在传播过程中进行隔声。在车体下部尤其是转向架部位安装隔声裙板；线路上设置隔声屏障，等等。

(3) 对受声点进行噪声控制。高速铁路选线应尽可能避开噪声敏感区；高速铁路两侧附近用地应合理规划；对建筑物靠近线路一侧的门和窗进行隔声处理等。

三、高速铁路的振动及其控制

高速铁路环境振动的相关条件复杂，主要有列车速度效应、线路条件两个方面。当动车组以较高速度在轨道上运行时，轮轨之间的垂直动载荷比静态时要大，且随着运行速度的增加以及轨道不平顺，轮轨间的垂直动载荷将急剧增加，引起轨道和道床的振动加速度激增，致使线路两侧环境振动具有明显的速度效应。同时，不同的线路结构、路基结构和轨道结构都对动车组的振动有一个相互的作用，而土质又对环境振动的传递有着很大的影响。

环境振动标准的量值一般以地面垂向振动 Z 计权振动加速度级计量，有关高速铁路振动的控制标准仅日本新干线有明确规定。我国在《城市区域环境振动标准》(GB10070—88) 中规定：铁路干线两侧列车运行引起的环境振动标准为 80 dB。但是这仅仅是针对既有铁路的规定，我国对高速铁路还没有相关规定。

高速铁路振动的控制主要从降低振动源的激振强度着手，主要有：

(1) 高速动车组方面。车辆的轻型化，降低车辆轴重，减少轮轨之间的垂向动力作用；合理配置车辆长度、轴距和转向架中心距等；采用弹性车轮；改进车辆的转向架结构，等等。

(2) 线路方面。增加轨道弹性，采用超长无缝钢轨；更换重轨；采用预应力混凝土桥，安装动态减振器；采用隔振沟或者防振壁。

四、高速铁路的电磁干扰及其防护

高速电气化铁路的电磁干扰源主要包括固定设备，如接触网、配电线、变电所等；车载移动设备，如各种电气设备、电力变换设备及其各种配线和列车运行产生的电磁干扰波。其中，以列车运行产生的电磁干扰是最主要的。其干扰波是一种瞬间、不连续的宽频带的无线电干扰波。

国际上尚无针对高速电气化铁路电磁辐射的限值标准，我国铁道部在 2003 年发布的《京沪高速铁路设计暂行规定》中也只是建议采用相应的防护措施。

为降低高速电气化铁路的电磁干扰，需要从以下两方面来进行防护：

(1) 电磁干扰源方面。改进受电弓结构，提高高频阻抗；采用高压母线连接，减少受电弓数目；改善接触网性能等。

(2) 受干扰体方面。高速动车组运行中的无线电干扰虽然可以通过采用一些措施降低影响，却无法消除，因此，铁路沿线居民为解决电视受影响等问题，可以采用共享天线的闭路电视系统。

五、高速铁路的生态保护

高速铁路的修建对生态环境的影响与普通铁路工程类似，仅限于线路两侧的局部范围。其主要影响包括对水土流失的影响；对植被、农田水利及农业生产的影响；对城市生态环境的影响；施工对环境的影响，等等。

为此，要在高速线路的选线开始，就考虑这些生态方面的影响，多采用高架桥，少占用耕地良田；进入城市规划区时注意与既有道路、市政工程等的匹配；线路设计尽可能地减少植被的破坏，加强绿化；土方施工中注意随挖、随运、随填，及时回填各种基坑，等等。

第七节 我国铁路提速与高速化进程概述

进入 20 世纪 90 年代以来，我国铁路“买票难、乘车难”的局面日益加剧，同时，随着高速公路和民航运输的迅速发展，铁路运输的市场占有率急剧下降，运能与运量间的矛盾空前紧张，铁路提速势在必行。以沪宁线“先行号”快速列车开行为标志，广深、京秦等线路相继实现准高速运营。自 1996 年以来的五次大提速使中国铁路产生了根本性变化，加快了中国铁路高速化的进程。2007 年 4 月 18 日，中国铁路进行了第六次提速调图，“和谐号”CRH 系列动车组开始以 200 km/h 的速度运行，部分区段最高运行速度达到 250 km/h，中国铁路从此进入高速时代。

自“八五”时期起，国内相关科研机构和高等院校就已经与各工厂一起开始了高速动车组关键技术的研究、开发，通过吸收国外先进技术，设计并制造了高速动车组转向架样机。随着提速战略的进行，各工厂技术和制造水平不断进步，DF_{11}、SS_8、SS_9、SS_{7D}、SS_{7E} 等型号大功率快速内燃、电力机车和一批高速、准高速动车组相继研制成功并投入运用，25Z、25K、25T 等型号的快速、准高速客车得到推广，部分区段旅客列车最高运行速度达到 160 km/h，旅客列车旅行速度大幅度提高。同时，我国铁路旅客列车最高试验速度也在不断被刷新：在 1997 年 1 月 5 日的环行线试验中，由 $SS_8$0001 机车牵引客车创造了 212.6 km/h 的当时中国铁路速度纪录；1998 年 6 月 24 日，$SS_8$0001 机车牵引四家工厂制造的单、双层客车在京广线许昌—小商桥站间试验速度达到 239.7 km/h（见图 1.25）；2002 年 10 月 10 日，“先锋”号动车组在秦沈客运专线山海关—绥中北站间达到 292.2 km/h；同年 11 月 27 日，“中华之星”电动车组在秦沈客运专线山海关—绥中北站间达到 321.5 km/h 的“中国铁路第一速”（见图 1.26）。

在保持近 6 年后，该记录再次被打破。2008 年 4 月 27 日，CRH_2-061C 动车组在京津城际客运专线最高试验速度达到 383.3 km/h。6 月 24 日，CRH_3-001C 动车组又在该线将记录改写为 394.3 km/h，为中国铁路列车试验最高速度。

图 1.25　列车提速试验

图 1.26　“中华之星”动车组在秦沈客运专线试验

2004 年 1 月 7 日，国务院常务会议讨论并原则通过了《中长期铁路网规划》。该规划确定了扩大规模、完善结构、提高质量、快速扩充运输能力、迅速提高装备水平的铁路网发展目标。其中，我国规划建设八条高速铁路客运专线，完善三个区域性客运专线网（环渤海地区、长江三角洲地区、珠江三角洲地区）。至 2020 年，客运专线将超过 14 500 km。部分客运专线的规划长度及设计最高运行速度见表 1.11。

表 1.11　我国规划建设中的部分客运专线

序号	规划线路	规划长度/km	设计运行速度/$km \cdot h^{-1}$
1	北京至上海高速铁路	1 318	350
2	北京至广州客运专线	2 270	350
3	北京至哈尔滨客运专线	1 200	250
4	西安至徐州客运专线	810	250
5	上海至杭州、长沙客运专线	1 040	250
6	太原至青岛客运专线	890	250
7	上海至武汉、成都快速通道	1 600	200
8	沪、甬、厦、深快速通道	1 550	200

与此同时，我国台湾省也由于岛内的交通日趋紧张而面临整个交通系统改革的问题。为了解决岛内南北两端的铁路交通问题，曾经设计了三种改进既有铁路方案和修建高速铁路方案，通过充分细致的分析比较，于 1990 年成立高速铁路工程筹备处，1991 年完成了高速铁路规划，并开始修建高速铁路。1998 年成立了台湾高速铁路股份有限公司，2000 年决定采用日本的新干线高速动车组技术，采购由日本三菱公司牵头几家大公司联合提供的 700T 型（基本为 700 系动车组配 500 系转向架）高速动车组（见图 1.27），单元编组为 3M1T，设计速度为 300 km/h，最高试验速度达 315 km/h。

图 1.27　台湾 700T 高速列车

第八节　我国铁路动车组发展概述

作为一种新兴的机车车辆组成与运营形式，动车组与我国传统机车车辆运用检修体制存在一定矛盾，故在我国起步较晚。动车组最早在我国投入运用是四方厂于 1958 年设计制造的"东风号"双层摩托动车组。1962 年，我国曾从匈牙利 Ganz 工厂进口 NC_3 型内燃动车组用于北京—天津间客运运营。此后近 30 年中，我国动车组设计制造一直处于停滞状态。

1988 年，长春客车厂、株洲电力机车研究所和铁道科学研究院设计、制造了我国第一列动力分散型电动车组，定型为 KDZ_1 型。该动车组编组 14 辆，采用了焊接构架无摇动台、转向架、双侧单拉板式轴箱定位装置、密接式车钩等新技术，主电路采用交-直传动。该动车组于 1989 年在北京环行线试验中最高试验速度达到 142.5 km/h，但未投入运用。

我国首列投入商业运行的电动车组是于 1999 年投入运用的"春城号"动车组(见图 1.28)。为满足 1999 年昆明世界园艺博览会的需要，长春客车厂联合株洲电力机车研究所设计了该动车组。该动车组编组 6 辆，采用交-直电传动，最高运行速度为 120 km/h。

此外，我国机车车辆工业企业还生产了"长白山号"（见图 1.29）、"中原之星"、"先锋号"（见图 1.30）动力分散型电动车组和"大白鲨"（见图 1.31）、蓝箭"（见图 1.32）、"中华之星"（见图 1.33）动力集中型电动车组。

图 1.28 “春城号”电动车组

图 1.29 “长白山号”电动车组

图 1.30 “先锋号”电动车组

图 1.31 “大白鲨”电动车组

图 1.32 “蓝箭”电动车组

图 1.33 “中华之星”电动车组

1998 年，我国从瑞典 ADtranz（现属 BOMBARDIER）公司引进一列 X2000 动力集中型摆式电动车组，用于广深港城际运输。

为进一步增强设计、制造能力，并满足第六次提速调图列车运行速度达到 200 km/h 的需要，我国机车车辆工业企业引进技术制造了“和谐号”CRH_1、CRH_2 和 CRH_5 型动力分散型高速动车组，并已投入运营，该动车组部分区段最高运营速度可达到 250 km/h。目前，最高运营速度达 300 km/h 以上的 CRH_{2c} 和 CRH_{3c} 型动车组已经下线并在京津城际客运专线投入运行。各工厂已着手进行 16 辆编组的 CRH 座车和卧铺动车组的相关设计工作。相关车型将于 2008 年下线并投入运行。此外，为满足 2008 年北京奥运会需要，戚墅堰机车车辆厂和南京浦镇车辆有限公司还联合设计、制造了“和谐号”内燃动车组，运用于北京地区旅游线路。“和谐号”CRH_1、CRH_2、CRH_{3c}、CRH_5 型动车组外观如图 1.34～图 1.37 所示。

图 1.34 “和谐号”CRH_1 型动车组

图 1.35 “和谐号”CRH_2 型动车组

图 1.36 “和谐号”CRH_{3c} 型动车组

图 1.37 “和谐号”CRH_5 型动车组

“和谐号”CRH 系列动车组各车型技术特征见表 1.12。

表 1.12 我国“和谐号”CRH 系列动车组主要技术特征

车 型	CRH_1	CRH_2	CRH_{2c}	CRH_{3c}	CRH_5
制造商	BSP	四方股份、川崎等	四方股份、川崎等	唐山、SIEMENS	长客、Alstom
原型车	Regina	新干线 E2-1000	新干线 E2-1000	Velaro E	SM3
编组辆数与动力配置	2(2M+1T)+(1M+1T)	4M+4T	6M+2T	4M+4T	(3M+1T)+(2M+2T)
定员/人	670	610	610	601	622
编组总重/t	420.4	359.7	365.9	447	451.3
编组总长/m	213.5	201.4	201.4	200	211.5
最高运行速度/$km \cdot h^{-1}$	200	200	300	350	200
最高试验速度/$km \cdot h^{-1}$	250	250	383.3	394.3	250
牵引功率/kW	5 300	4 800	7 200	8 800	5 500
最大轴重/t	≤16	≤14	≤14	≤17	≤17（动车）/16（拖车）
制动方式	再生制动+直通电空制动				
车体材料	不锈钢	铝合金	铝合金	铝合金	铝合金
牵引电机悬挂	架悬	架悬	架悬	架悬	体悬
数量/列	40	60	60	60	60

我国主要电动车组车型参数见表 1.13。

表 1.13 我国主要电动车组车型参数

车型	KDZ_1	春城	DDJ_1（大白鲨）	DJJ_1（蓝箭）	DJJ_2（中华之星）	DJF_1（中原之星）	DJF_2（先锋）	长白山
模式	交直传动动力分散	交直传动动力分散	交直传动动力集中	交直交传动动力集中	交直交传动动力集中	交直交传动动力分散	交直交传动动力分散	交直交传动动力分散
编组	7×1M1T	（3～4）×1M1T	1M6T（其中双层拖车 1 辆）	1M6T	2M9T	2×4M3T	2×2M1T	3×2M1T
定员/人	头车 88 中间车 118	头车 68、硬座车 116、全列 608	—	421	772	1392	424	650
编组重/t	—	拖车 52，动车 54	—	—	678	—	350	—
编组总长/m	—	约 154	—	—	—	—	158.40	237．9
最高运行速度 $/km\cdot h^{-1}$	试验 142.5	120	210	200 试验 235.6	160 试验 321.5	160	160 试验 292.2	160
持续牵引功率/kW	4 200	2 160	4 000	4 800	2×4 800	6 400	4 800	6 360
制造厂家	长客	长客	长客、浦镇、唐山、四方、株电	长客、株电	长客、大同、株电、四方	四方、株电	浦镇	长客
首列制造年代	1988	1999	1999	2000	2002	2001	2001	2003
配属	—	昆明局	原配属广深公司	广深公司	—	郑州局	2007 年起配属成都局	2007 年起配属沈阳局

注：各工厂简称如下：北车长春轨道客车股份有限公司（原长春客车厂）——长客；南车南京浦镇车辆有限公司——浦镇；北车唐山轨道客车有限责任公司（原唐山机车车辆厂）——唐山；南车四方机车车辆股份有限公司（原四方机车车辆厂）——四方；南车株洲电力机车有限公司（原株洲电力机车厂）——株电；北车大同电力机车有限责任公司（原大同机车厂）——大同；北车大连机车车辆有限公司（原大连机车车辆厂）——大连；南车戚墅堰机车车辆厂——戚墅堰。

作为在非电气化铁路区段实现城际运输的理想设备，我国机车车辆工业企业设计、制造了一批内燃动车组，主要有四方液力传动内燃动车组（见图 1.38），长客“北亚”内燃动车组，“新曙光号”（见图 1.39）、“神州号”（见图 1.40）双层内燃动车组，柳州局公务动车组，沈阳局 200 km/h 工务综合检测动车组等。此外，唐山、浦镇和大连等工厂还与高校合作，联合设计制造了两列内燃摆式动车组（见图 1.41），分别采用动力集中配置和动力分散配置。2000 年，四方工厂向斯里兰卡出口了 15 列动力集中型内燃动车组，为我国动车组产品首次实现出口。此后，国内机车车辆工业企业还先后向纳米比亚等国家出口过动车组产品。

我国主要内燃动车组车型参数见表 1.14。

图 1.38 四方液力传动内燃动车组

图 1.39 “新曙光号”内燃动车组

图 1.40 “神州号”内燃动车组

图 1.41 动力分散型内燃摆式动车组

表 1.14 我国主要内燃动车组车型参数

车型	NZJ	NYJ_1	NZJ_1（新曙光）	NZJ_2（神州、金轮）	NYF_1	沈阳局工务检测车（天驰）	出口斯里兰卡动车组	动力集中内燃摆式动车组	动力分散内燃摆式动车组
模式	交直电传动动力集中	液力传动动力集中	交直电传动动力集中	交直电传动动力集中	液力传动，动力分散	交直交电传动，动力集中	交直电传动动力集中	交直电传动动力集中	液力传动，动力分散
编组	M+2T+M（双层拖车）	M+4T+M	M+9T+M（双层拖车）	M+10T+M（双层或单层拖车）	M+M	$M+T+T_C$	$M+4T+T_C$	—	Mc+4M+Mc
定员/人	542	546	1 140	1 410	38	—	1 226	—	约 400
编组总重/t	288	372	702	—	128	—	—	—	—
编组总长/m	102	157.6	281	—	53	—	125.73	—	约 155
最高运行速度/$km \cdot h^{-1}$	120	140	180	180	120	200	100	160	160
总功率/kW	2×660	2×1 000	2×2 760	2×3 310	2×559	2 100	680	—	6×559
制造厂家	唐山	四方	戚墅堰、浦镇	大连、长客、四方	四方	四方	四方	唐山、大连、浦镇	唐山
首列制造年代	1998	1999	1999	2000	2002	—	2000	2003	2003
配属	南昌局	南昌局 哈尔滨局 广西沿海铁路 集通铁路 太原局	原配属上海局，2007年起配属哈尔滨局	金轮配属兰州局神州原配属北京局，2007年起配属南宁局、武汉局。	柳州局	沈阳局	—	—	—

注：各工厂简称同表 1.13。

第二章　高速铁路运输组织

第一节　客运专线运输组织

一、铁路运输组织的几个基本概念

列车速度通常分为列车最高速度、列车运行速度、列车技术速度、列车旅行速度和货物列车直达速度等。

列车最高速度 v_{max} 是指列车在运行途中，可能或允许达到的最大速度值，也称为最高运行速度。列车运行速度 $v_{运}$ 是指列车在区段内运行，不包括中间站停站时间和起停车附加时分在内的平均速度。列车技术速度 $v_{技}$ 是指列车在区段内运行，不包括中间站停站时间，但包括起停车附加时分在内的平均速度。在铁路运输统计中，旅客列车技术速度又往往是指列车从始发站到终到站的全部时间中，不包括沿途各站停车时分，但包括起停车附加时分的平均速度。列车旅行速度 $v_{旅}$ 是指列车在区段内运行，包括在中间站停站时间和起停车附加时分在内的平均速度。在铁路统计中，旅客列车旅行速度又往往是指列车从始发站到终到站的全部时间的平均速度，也称为直通速度。

列车运行速度、技术速度和旅行速度是反映铁路运输质量的重要指标。其数值的高低，反映了铁路运输设备的质量好坏和技术标准的高低，也反映了铁路运输组织管理工作的水平。最高速度越高，无疑运行速度也越高。但运行速度提高的幅度，不仅取决于最高速度的绝对值，而且取决于按最高速度运行距离的长短，这与线路的平纵断面条件和机车牵引功率的大小密切相关。仅仅追求瞬间达到最高速度，实际效果不大。运行速度越高，技术速度一般也会相应提高；技术速度提高了，旅行速度也会相应提高。为了反映它们之间的关系，通常将旅行速度与技术速度之比称为旅行速度系数。

从上述概念的描述可见，旅客列车旅行速度是铁路运送旅客快慢的最直接的指标，旅客关心的是旅行速度。铁路部门应着力提高该指标以吸引旅客，提高运输效率。

二、客运专线的运输组织模式

相对于既运输旅客又运输货物的客货混跑线路来说，铁路线路中专门运输旅客的线路称之为客运专线，其特征是速度高，发车频率高，旅客输送能力大，技术含量高。我国“中长期铁路网规划”已经明确提出了到 2020 年建成包括“四纵四横”快速客运通道和三个城际快速客运系统的客运专线网，总长达 1.8 万 km 以上。

根据不同的标准，我国的客运专线可以分为不同的类型。

根据不同的速度目标值，可分为 300 km/h 及以上的客运专线，如正在施工建设的武广（武汉—广州)、郑西(郑州—西安)客运专线，京津(北京—天津)城际客运专线以及京沪(北京—上海)高速铁路等；200～250 km/h 的客运专线，如沪杭(上海—杭州)城际铁路、广深港(广州—深圳—香港)客运专线、石太(石家庄—太原)客运专线、武合(武汉—合肥)客运专线等。

根据运营初期采用的基本运输组织模式，可分为纯客运专线，如武广、京沪、京津等客运专线；近期采用客货混跑模式的客运专线，如石太、武合等客运专线。

根据客运专线在路网中的地位，可分为通道型客运专线，即"中长期铁路网规划"提出的"四纵四横"铁路快速客运通道，如京广、京沪客运专线等；城际客运专线，即"中长期铁路网规划"提出的三个城际快速客运系统，如京津、沪杭、沪宁、广深港客运专线等。

高速客运专线运输组织模式的选择首先应回答如何组织跨线客流的问题。对一个国家而言，高速铁路始终只是铁路网中的一小部分。由于高速铁路处于经济比较发达、人口密度较大的主要运输通道上，除本线上各站间到发的客流外(称为高速客流)，还有部分是铁路网上其他站与本线各站间相互到发或其他站间相互到发而通过本线的客流(称为跨线客流)。跨线客流由既有线承担还是上高速线，如果上高速线又以什么方式输送，是高速铁路运输组织中必须面对的问题。

由高速线承担的跨线客流有三种基本输送方式：

(1) 换乘方式。在高速线与既有线的衔接站换乘，高速线上用高速动车组输送，其他线路上用普通列车输送。

(2) 下高速线方式。高速列车下高速线，全程都用高速列车输送，在其他线路上按线路允许速度运行。

(3) 跨线运行方式。跨线列车上、下高速线，全程都用最高运行速度可达 200 km/h 的跨线列车输送，在高速线上按最高运行速度行驶。

从世界高速铁路运输组织的发展趋势看，法国、德国等发达国家已广泛采用全高速、高速列车下高速线的运输组织模式，并取得了良好的经济效益。因此，全高速模式应是我国高速铁路运输组织的发展方向。我国的高速客运专线建设刚刚起步，在从普速—部分高速—全高速的发展过程中，本线列车和跨线列车共线运行、跨线列车采用动车组和普通机车牵引相结合的多种速度组合的运输组织模式是其必须经历的发展阶段。近年来，我国机车车辆工业发展速度很快，我国铁路部门完全拥有了自主生产最高运行速度 160 km/h 的客运机车和车辆的能力，国产 200 km/h 的动车组已投入运营。根据既有铁路提速规划，提速线路里程将扩大到 20 000 km，京沪、京广、京哈、京九、陇海、浙赣等四纵四横干线提速旅客列车最高时速将达到 200 km/h，货车运行速度提高到 120 km/h。既有线路客货列车与客运专线列车的速度差值将明显减小，既有线路技术设备条件将大大改善，从而为高速动车组下线运行创造了良好的客观条件。随着国民经济的快速发展和城市化进程的加快，客运需求量将不断增长，旅客出行对舒适、快捷、安全等方面的要求更高，旅游客流将大幅度增加，旅客出行支付能力将明显增强，这就为高速列车的开行提供了充足的客源保证。因此，根据国内高速客运专线运输组织的现有研究成果，结合世界发达国家高速铁路运输组织模式发展方向，我国高速客运专线宜采用本线列车和跨线列车共线运行，本线列车全部采用高速动车组，跨线列车由动车组和普通机车牵引相结合的多种速度组合的运输组织模式；随着国民经济的发展和人民生活水平的提高以及铁路线路等技术设备条件的改善，在条件成熟时，逐步扩大高速动车组的数量和运行范围，减少跨线列车中普通机车牵引的比例，最终实行高速客运专线的全高速运行。

第二节 动车组运行组织

一、动车组开行方案

旅客运输组织的一个重要任务就是确定列车开行方案。旅客列车的开行方案包括旅客列车定员、列车组成（不同等级的车厢编成）、列车等级、列车发到站、列车开行数量、中途停站方案等。旅客列车开行方案是铁路客运产品的具体表现，应充分满足旅客出行的要求，以各方向客运量和客流规律为依据。

为了经济合理地使用动车组，应制定科学的动车组运行方案。动车组运行方案主要包括以下内容：

(1) 列车定员。动车组运行一般应遵循短编组、增加发车频率的原则，以方便旅客。欧洲高速动车组一般定员都不超过 1 000 人/列，日本高速动车组定员一般为 1 300 人/列。列车定员过高，不但降低了服务频率，在速度一定的情况下还将要求较大的列车牵引总功率，如采用动力集中的方式，将会加大其技术上的难度；如果过低，有时又不能完成预测的运量。因此，列车定员是由多种因素决定的。

(2) 列车编组。由于动车组的运行距离和运行时间通常较短，一般都不设非载客车辆，为满足不同层次旅客的需求，可设包间、一等车和二等车。各种车辆的比例可根据实际需要确定。

(3) 列车等级。客运专线与普通铁路一样，旅客列车也分若干等级。当只运行一种最高运行速度的动车组时，主要是根据其中途停站的多少划分，停站越少等级越高。由于高速列车不断更新，国外一些高速线上同时运行几种速度的高速动车组，此时等级的划分主要根据最高运行速度，速度越高等级也越高。我国未来的客运专线将有多种停站方案，也将同时运行多种速度的高速动车组。这与日本东海道及山阳新干线很相似。日本将其划分为“希望号”、“光号”和“回声号”3 种，计 90 种停站模式，每天开行 450 多列车。

(4) 列车发到站。旅客列车不只是为始发与终到站间的旅客服务，还应为沿途上、下的旅客服务，列车的发到站不等于客运专线的起始和终止站，也不等于客运需求的起始与终到站。高速列车到发站的选择除根据客流结构外，还应兼顾动车组的维护及利用率。

(5) 列车开行数量。旅客列车的开行数量一般可根据下式进行计算：

$$n=\frac{N\times10^4}{365\cdot a\cdot k}$$

式中，n 为需要开行的旅客列车数，旅客列车一般都是成对运行，只计算一个方向即可，列；N 为开行区段年度客流密度，万人；a 为动车组定员，人/列；k 为动车组上座率，一般可在 0.70～0.80 间取值。

在高速列车发到站及其数量已定的情况下，可通过绘制列车流图，计算出各区段开行的旅客列车数。

(6) 列车停站方案。列车途中停站是为了满足中途旅客上、下车的需要。旅客到发较少的中间站，主要靠通过列车停站的方式输送旅客。停站的列车越多，越有利于旅客的上、下车。但高速列车途中停站过多将降低其旅行速度，从而失去了“高速”的意义。既要为中间站的旅客提供方便的乘车条件，又不过多地降低高速列车的旅速，是停站方案设置的难点。

动车组运行方案还应充分满足市场营销要求。如何综合各种因素，设计出较好的方案来，目前尚缺乏类似于货物列车编组计划的理论体系，只能通过在实践中逐步调整的办法，来达到优化或满意的目标。

二、列车运行图的要素、编制方法和指标分析

列车运行图是铁路组织列车运行的基础性文件和铁路运输工作的综合计划，是用以表示列车在铁路区间运行及在车站到发或通过时刻的技术文件，它规定各次列车占用区间的程序、列车在每个车站的到达和出发（或通过）时刻、列车在区间的运行时间、列车在车站的停站时间以及机车交路、列车重量和长度等，是全路组织列车运行的基础。

列车运行图是运用坐标原理对列车运行时间、空间关系的图解表示。目前，我国采用的列车运行图以横坐标表示时间，纵坐标表示距离，水平线表示分界点的中心线，水平线间的距离表示分界点间的距离，垂直线表示时间。

根据不同的标准，列车运行图有以下类型：

(1) 按时间单位分为二分格运行图（横轴以 2 min 为单位）、十分格运行图（横轴以 10 min 为单位）和小时格运行图（横轴以 1 h 为单位）。

(2) 按区间正线数分为单线运行图、双线运行图和单双线运行图。

(3) 按列车运行速度分为平行运行图和非平行运行图。

(4) 按上下行方向运行的列车数分为成对运行图和不成对运行图。

(5) 按同方向列车运行方式分为连发运行图和追踪运行图。

列车运行图虽然有不同的类型和表示方法，但是都是由一些基本要素组成的。列车运行图的基本要素包括列车区间运行时分，列车在中间站停站时间，机车在基本段和折返段所在站的停留时间标准，列车在技术站、客运站和货运站的技术作业过程及其主要作业时间标准，车站间隔时间和追踪列车间隔时间等部分。

与传统旅客列车不同，动车组运行线路列车运行图一般具有以下特点：

(1) 高峰时段更加突出。对于一条普通铁路而言，由于旅客列车对数较少，高峰时段旅客列车密集到发的情况不十分明显。对于 200 km/h 提速线路而言，不仅运行一定数量的货物列车，还有多种类和相当数量的旅客列车，有些级别较高的列车在合理的时间带内连续开行，形成了高峰时段，200 km/h 列车时段要求更加突出，应优先满足 200 km/h 动车组运行线的要求。

对于客运专线来说，高峰时段的旅客列车，尤其是短途旅客列车几乎是按最小追踪列车间隔密集到发。由于高峰时段大量列车密集到发，造成运力资源利用极不均衡，高峰时段运力全部投入运用。客运专线的列车运行图上列车运行线的安排必须满足旅客出行规律的要求，这样，早（6：30～9：30）晚（17：00～20：00）将形成列车密集发车及到达的高峰时间带。

（2）旅行速度的限制更加严格。提速线路或客运专线的列车最高速度，综合反映了其技术水平，也为缩短旅客途中旅行时间提供了保障。但最高运行速度并不等于可直接获得最短的旅行时间，只有旅行速度与旅行时间才存在这种直接关系。因此，对于 200 km/h 的提速线路和客运专线来说，应尽可能提高使用动车组的旅客列车的旅行速度，充分体现动车组的速度优势。

（3）列车运行线的安排要求有更大的弹性。为保证列车的高正点率，特别是提速线路 200 km/h 旅客列车和客运专线高速列车的正点率，列车运行图必须要有足够的应变能力，即具有高度的弹性。当列车运行秩序紊乱时，要能尽快恢复正常，以保证能经常处于按图行车的状态。为此，列车运行线间要预留一定的冗余时间，以减少个别列车晚点的影响，或者预留一定数量的备用线，让晚点列车按就近的备用线运行。

（4）分时段开行的"有效时间带"和"三角区"的出现。客运专线运行图上一般将 0～6 点作为"天窗"时间，主要供线路及牵引供电设备的养护维修用。由于"天窗"多采用矩形，列车又只能在 6 点及其以后出发，0 点及其以前到达，因此，对不同运行距离的列车就形成了有效时间带，如图 2.1 所示。设列车运行在 A—B 间，平均旅行时间为 4 h，则 6 点自 A 站发出的列车，10 点到 B 站，0 点到 B 站的列车在 A 站必须在 20 点发出。该种列车运行线只能在 6～20 点间铺画。图 2.1 中的三角区对该种列车是无效的，只能用于铺画运行时间较短的列车。客运专线列车运行图的铺画必须注重这一特点，以充分利用其区间通过能力。

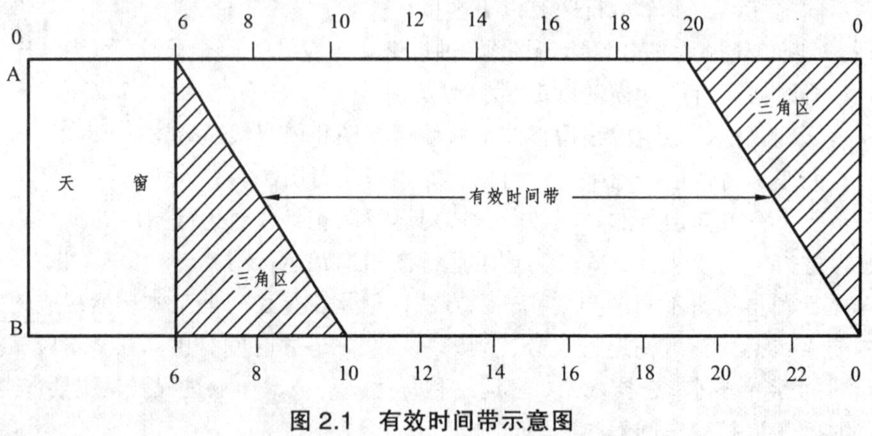

图 2.1　有效时间带示意图

三、高速客运专线列车运行图的基本要素

列车运行图基本要素在一定程度上对区间和车站通过能力、运输设备的运用效率及列车的旅行速度产生影响。高速客运专线列车运行图基本要素的确定应在保证列车运行安全的前提下，按先进的作业组织和操作方法进行确定。其采点时间可按 30 s 或 15 s 计。

（1）追踪列车间隔时间。高速列车按 3 min 设计，近期按 4 min 使用；跨线列车按 4 min 设计和使用。在按 4 min 使用的条件下，根据《京沪客运专线设计暂行规定》（下册）的规定，各种追踪列车间隔时间的取值如图 2.2 所示。

（2）列车区间运行时间。高速及跨线列车运行时间应采用牵引计算确定。

（3）列车起停车附加时间。起停车附加时间采用牵引计算结果（但高速及跨线列车的起车附加时分最好不大于 2 min，停车附加时分最好不大于 1 min）。

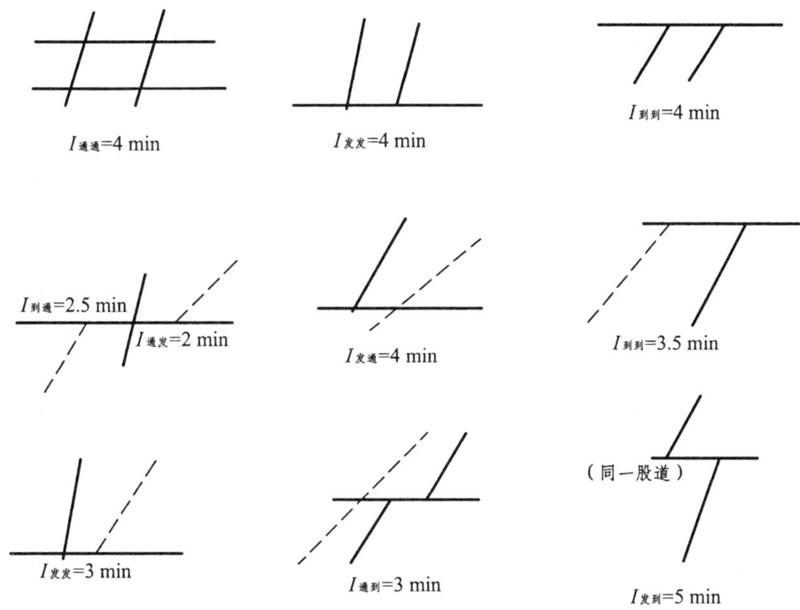

图 2.2　各种追踪列车形式及其间隔时间取值

注：图中虚线为中速列车

（4）列车在站停车时间。高速列车在枢纽客运站 2～5 min，在中间站 1～3 min；跨线列车在枢纽客运站 4～6 min，在中间站 2～4 min。

（5）动车组折返时间。在站立即折返 20～25 min；入段作业 60 min+自车站至动车段往返走行时间。

（6）综合维修“天窗”的设置形式和时间。双线区段维修天窗分矩形和 V 形两种基本形式。一定情况下，可以部分采用 V 形、部分采用矩形；将两者对接起来而构成 Y 形天窗。矩形天窗和 V 形天窗的主要特点见表 2.1。

表 2.1　矩形天窗和 V 形天窗的主要特点

	矩形天窗	V 形天窗
优点	作业时间集中，大型养路机械作业和接触网维修可同时进行； 上、下行接触网同时停电，相互无电气干扰，可保证检修作业的安全； 两线同时停电，电务部分的两线维修可同时进行，便于安排施工计划	上、下方向检修天窗分设，作业时间相对分开，便于均衡地安排检修人员作业； 天窗时间内始终保持一线行车，通过组织列车反向运行，便于上、下行列车均衡安排，尤其便于跨线列车运行； 在日常工作中，通过适量平移检修天窗时间，可避免晚点列车“停车等天窗”现象发生
缺点	跨线列车不能在检修天窗时间段内上、下高速线，将对部分既有线跨线列车上、下高速线的衔接时间的选择带来一定的困难，夕发朝至列车也无法运行； 检修天窗的额外影响时间带比较长，对通过能力有较大的影响； 晚点列车一旦跨天窗，无法继续运行，将给列车运行组织带来严重后果	上、下行分线检修，在部分地段可导致上、下行线路检修作业相隔时间较长； 检修天窗位于 0 点至 6 点时间域之外时，将影响非全程旅客列车的开行数量； 一线检修，另一线运行列车时，对检修人员的人身安全有一定的影响

四、列车运行图的编制方法

客运专线列车运行图的编制应该遵循以下原则。

(1) 充分保证列车运行安全正点。客运专线上运行的都是旅客列车，而且运行速度又比较高，行车安全至关重要。为保证列车运行安全，编制列车运行图时必须严格遵守各种间隔时间标准及运行时分的限制。为提高列车运行正点率，列车运行线间要留一定的冗余时间，保留一定的应变弹性，一旦个别列车晚点，有调度调整的余地。在运行图上还应设置若干备用线，有的晚点列车可利用备用线运行。

(2) 最大限度地为旅客提供方便。由于列车运行图是铁路行车组织工作的核心，除列车运行的安全正点外，高质量的运行图还能为旅客提供方便的乘车条件，包括为不同旅客服务的列车其运行线的安排要符合其出行规律；同类列车在运行图上应尽可能有规律地均衡排列；保证必要的服务频率；保证旅客列车有较高的旅速等。

(3) 统筹协调 200 km/h 线路或客运专线与其他线路的衔接问题。高速线与既有线列车运行线的衔接，涉及全路旅客列车运行方案的编制问题，不可能要求凡与高速线有关的列车，都服从高速线的安排。如果是以高速线为中心，既有线服从高速线，则既有线上旅客列车的运行方案可能很不合理，甚至不可行。因此高速线与既有线相关的列车运行线必须统筹安排、互相照顾。高速线与既有线列车运行线的衔接是一个复杂的统筹优化问题，是谋求两者最好的经济及社会效益问题，涉及两线运输资源的有效利用及对客流的吸引能力。

(4) 合理利用运输能力。列车运行图的编制必须考虑合理利用运输能力问题，在满足旅客出行需求的前提下，必须处理好高中速列车运行线的排列，长、短途高速列车运行线的排列，动车组的套用等问题。

(5) 不同运行距离的列车都有自己的有效时间带。在有效时间带内应优先安排长途列车，剩余的短途列车运行线可利用长途列车有效时间带以外的三角区。

动车组的套用不仅节省投入运用的车组数量，也涉及运输能力的利用问题。列车运行图的编制中要尽可能杜绝空车底的回送和调配。为此，动车底要灵活运用，可反向（折返）套用，也可顺向（同一方向的两列车）套用。非枢纽站夜间最后一班车应尽可能驻留该站，以供次日首发列车使用。

在旅客列车开行方案已确定的情况下，则可编制列车运行图，把开行方案落实到具体的运行线上。

(6) 跨线列车衔接点的确定。根据全路旅客列车开行方案，确定跨线列车由既有线上高速线的时间，和跨线列车由高速线下既有线的时间，同时结合高速列车的发车点，采取顺推和倒推的方式，铺画列车运行线。

(7) 高速列车发车点的设定。首先安排“核心列车”(如京沪直达列车)、“夕发朝至”和“朝发夕归”列车的发点。以此为基础，在各自的有效时间带之内相对均衡地分布各种列车的发点。

(8) 列车运行线的铺画。无论是人工铺画还是用计算机铺画，都允许在一定范围内，移动列车的始发点，但挪动高速线与既有线列车运行线的衔接点，要再次与全路客车开行方案协调。无论是高速列车还是中速列车，铺画的运行线都必须体现事先设定的停站方案，避免以减少停站（降低服务频率）来换取较高的旅速。

（9）备用运行线的铺画。高速客运专线应根据运输能力的利用情况，铺画一定的备用运行线供运行调整用。备用运行线分别按高、中速列车均衡铺画在各个时间段，一般应设较多的停站，便于灵活运用。备用运行线的设置应不影响正式运行线的铺画，尤其不能降低列车的旅行速度。

对于 200 km/h 提速线路，列车运行图的编制可按如下思路进行：以 200 km/h 旅客列车运行线的铺画为主线，合理解决 200 km/h 铁路和既有路网运行图的衔接问题，保证快速列车在既有线的始发和终到时间在合理时间范围；以运行图要素和指标要求为约束条件，铺画其他各种旅客列车和货物列车运行线。

第三节　动车组调度指挥

一、高速动车组运输调度工作概述

铁路运输调度工作的基本任务是合理组织日常运输生产，保证完成和超额完成运输生产任务及各项技术指标。同时，还必须使车辆的分布和车流的构成经常处于月间技术计划规定的正常范围之内。铁路运输调度部门是铁路运输日常管理的指挥中心。为了进行运输生产指挥，必须具有完善的信息系统，铁路调度部门建立了下级调度向上级调度的报告制度，以便及时掌握运输生产过程中的各种有关信息，不失时机地处理有关问题。信息的搜集采取分阶段搜集和实时搜集两种办法。列车运行情况和安全情况应及时汇报，现在车的情况每 3～4 h 上报一次，每日运输生产完成情况则在当日 18 点进行统计。列车运行是运输生产活动的重要环节。为了保证列车运行安全，完成列车运行图和日班计划，在调度机构中设有列车调度员。列车调度员负责指挥一个区段内与列车运行有关的生产活动，对列车运行进行调整。

我国铁路运输调度系统由三级调度机构组成，即铁道部调度中心、铁路局调度中心、各站段调度室。在这三级机构中，铁路局调度中心是直接指挥列车运行的，各站段调度室是具体执行者，铁道部是全路运输日常计划的编制与分解机构，以分界站为基本控制点，在宏观上控制机车车辆及车流，使其均衡交接。对于客车对数较多的 200 km/h 提速线路，调度机构应强化客车调度功能，有别于现行调度系统，可参考客运专线综合调度系统对现行调度系统进行改造。

客运专线无论采用何种管理模式，全线旅客列车的运行都可以统一编制计划，统一调度指挥。按照这一原则，全线可设一个综合调度中心，这个中心相当于原铁路调度系统中的分局调度所，其上不再设调度机构。综合调度中心直接指挥日常运输生产，它以行车为核心，围绕安全、正点，通过各专业调度台，向基层站段发布调度命令。基层站段是受令后的执行机构，按调度中心的命令组织实施。一个中心，两级管理，是客运专线调度系统的基本结构，如图 2.3 所示。

参照日本新干线综合调度机构的设置情况，客运专线综合调度中心拟设：计划调度台、列车调度台、动车底调度台、电力调度台、综合维修调度台、旅客服务调度台、防灾安全监控台。综合调度中心在行政领导（中心主任）之下设值班主任（即调度长）1 人，视业务量可设 1～2 名值班主任助理，协助值班主任工作。各业务调度台视业务量可设若干分调度台。综合调度中心结构图如图 2.4 所示。

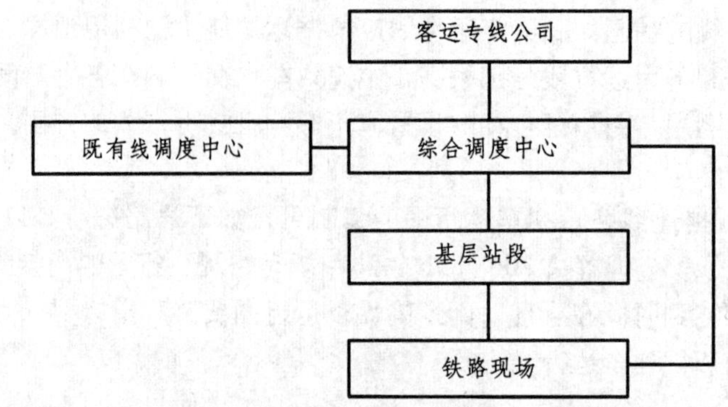

图 2.3　客运专线综合调度系统基本结构图

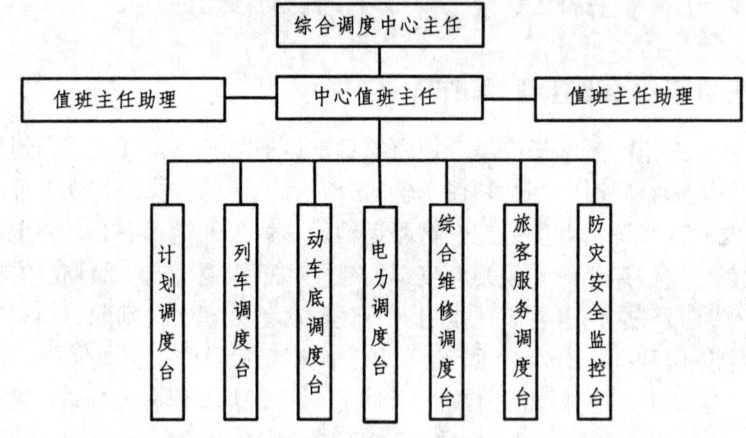

图 2.4　客运专线综合调度中心结构图

计划调度台的列车运行计划编制工作比原分局调度所的计划台简单，一般旅客列车的加开和停运都是事先由公司主管部确定，而不是由日常调度计划确定。由于旅客列车运行计划相对比较固定，调度日计划的编制只不过是一种确认程序。因此，与列车运行计划有关的动车底运用计划（周转图及检修计划），乘务组乘务计划等都可由计划台一并编制。这样计划台就是一个综合性的调度台，利用该系统及相关数据可完成调度中心日常统计分析业务。

列车调度台也叫行车调度台，是综合调度中心的核心。其基本任务是根据列车运行计划组织本调度区段的列车安全正点运行。在列车运行紊乱的情况下，编制调整计划，并下达调整命令。现代化的调度系统，列车调度台应能控制本调度区段的列车进路，监视其列车运行。列车的运行只受命于本区段的值班调度员。特殊情况下，车站行车人员也可办理车站的行车进路，转达列车调度员的有关命令。

动车底调度台的主要任务是掌握动车底运用，具体任务是执行计划调度台制定的本线动车底、跨线动车底运用计划及乘务组乘务计划，根据列车调度台的调整计划，相应调整上述计划。动车底调度台是围绕行车调度台而工作的，也可对列车运行调整方案提出建议。根据动车组的修制、修程及其技术状态，适时安排动车底入段检修。

电力调度台必须与行车调度台紧密联系，为列车运行提供电力。其主要任务是根据列车运行计划及其调整计划组织牵引供电，对超过供电臂负荷的列车调整计划提出修正要求，掌握供电系统的技术状态及运行情况，控制相关设备。

所谓综合维修是指统一安排线路、供电系统和通信信号系统等固定设施维修计划及维修作业。综合维修段根据人工监测、综合检测车（或检测中心）提供的设备技术状态信息以及段内的监测信息，由各专业提出维修计划，经综合协调后制订出综合维修计划。综合维修调度台对各综合维修段上报的综合维修计划进行审核，并与行车调度台进行协商安排，将安排结果纳入日计划，并以调度命令形式下达。综合维修调度台还要随时掌握线路的技术状态，监视通信信号系统的运行情况。对于利用行车间隙进行的小修，要督促施工人员及时复位，以免影响正常行车。

旅客服务调度台是针对高速客运专线而设置的，不同于现有铁路调度系统中的客运调度台，也不是指车站的旅客服务系统。车站旅客服务系统所需的旅客列车运行、到发等信息可直接由列车调度台提供。旅客服务调度台是直接为列车上的旅客进行特殊服务的，如急病救治、人身及财产安全、列车晚点的赔付、事故情况下的旅客疏运与安置等。本台的调度员也可由值班主任助理兼任。

为保证高速行车的安全，客运专线装备了完善的、高度信息化的防灾安全监控系统，对机车车辆、供电系统、通信信号系统、线路等与行车有关的设备与设施的技术状态进行监控，对各种自然灾害进行预报预警。防灾安全监控台的主要任务是对各类危及行车安全的原始信息及经过该系统初步处理后的信息，经本台确认及筛选后连同处理意见分送有关调度台，对安全监控系统的各组成部分的工作状况进行监视。遇需要紧急停车情况，该系统可直接切断牵引供电电源或通过列控系统迫使列车紧急停车，并将该信息传输给本台及列车、电力等调度台。

二、动车组运行调整方法

编制列车运行调整计划是列车调度台最主要的功能，也是体现列车调度工作质量的关键。

列车运行调整应该遵循以下原则：

（1）由列车调度员单一指挥。列车运行紊乱，尤其是灾害及事故情况下，列车运行需要大面积的调整，由于影响面大，此时应以尽快恢复列车正常运行或尽快恢复行车为核心，相应调整车底运用计划、乘务组乘务计划及供电计划等，必要时由调度长统一协调。但列车运行调整计划必须由列车调度台制定并下达。

（2）确保安全正点。列车运行计划的调整在一定意义上讲就是充分利用时间，但必须尊重客观条件与规律，不得违反有关行车安全的规定。在此前提下，要尽可能缩小影响面，减少晚点列车的晚点时间，甚至恢复正点。

（3）局部服从整体。有时从调度区段管内看某一调整方案是可行的，但从全局看是不可行的或不是最优的，应服从全局的要求。

(4) 尽可能减少对正点列车的影响。客运专线高速列车在正点率方面将对旅客有所承诺，因此，应尽量减少晚点列车的数量，在编制列车运行调整计划或进行运行调整时，晚点列车宁愿增加晚点时间也不应引起正点列车晚点，这应作为一条重要原则。

列车运行调整一般通过以下方法进行：

（1）利用冗余时间和储备能力。由于速差及区间的不均衡，高速列车越行较低速度的列车，会在一些区间留下大小不等的冗余时间，这些时间有的可以被晚点列车所利用。同时，由于区间能力不饱和或事先预留的储备能力，也可作为列车运行调整用。

(2) 压缩停站时间。尤其是停站比较多的列车，晚点后可以通过逐站压缩停站时间来恢复其正点。但压缩停站时间必须以保证旅客上、下车为前提。另外，旅客列车规定停车的车站，不得变停车为通过。同时，不管列车提前多久到达，不得提前发车。

(3) 运行速度的控制与调整。为列车运行调整的需要，有时在保证行车安全的情况下，要求列车赶点，压缩区间运行时间，有时要求列车放慢速度，适当延长区间运行时间。这一调整意图要求列车调度台能直接与司机对话，以便直接下达调整意图。

(4) 变更越行站。无论是越行列车和被越行列车的晚点，都可能引起越行站的变化。根据列车晚点情况及其运行速度的变化，正确选择越行站，是列车运行调整的关键之一。越行站的变化将引起大范围的列车运行线的变动，因此必须重新编制影响范围内的调整运行图。

(5) 利用备用运行线。备用运行线是在编制计划列车运行图时，根据一定的原则，与正式列车运行线一起铺画。如果计划列车运行图是按最大波动行车量铺画的，假日、春运和暑运才启用的运行线，平日也可作为备用线使用。当晚点列车采用上述措施仍不能进行有效调整时，应让其走就近的备用线。晚点列车原运行线可以作为前方晚点列车的备用线。

三、行车调度指挥自动化

1995 年之前，我国铁路的调度集中发展缓慢，20 世纪 70 年代开通使用的调度集中，有的已停止使用，有的仅用其表示部分，只有少数单线铁路和少数车站调车作业量小的双线铁路区段继续使用。1996 年铁道部决定在全路实施“铁路局、铁路分局调度指挥管理信息系统(DMIS)”的研究和建设工程，该项目于 2001 年 11 月通过铁道部的技术鉴定。我国的调度集中将以 DMIS 为平台进行建设。

为了进一步增加区段通过能力，改善行车调度指挥人员的劳动条件，提高列车运行指挥的质量，必须加快行车调度指挥自动化的步伐。行车调度指挥自动化主要包括自动编制列车运行调整计划，调整列车运行、自动控制车站的接发列车进路和自动记录实绩列车运行图等内容。

采用计算机软件和调度集中设备即可达到上述目的。首先，行车调度指挥自动化设备可以根据列车实际运行的信息和列车运行图的要求，按照预先编制的程序，自动地在规定的时间间隔内提前编制几小时的列车运行调整计划方案。计算机提供的调整方案，用图形显示器显示出来后，列车调度员可以直接在图上修改。修改后的方案经计算机调整后，如果调度员认为可行，则可给予执行命令，计算机即据此自动控制车站接发列车的进路。此外，自动化系统每隔 1～2 min 检查一次全部列车在区段内运行的情况，当列车位置与调整方案不符时，计算机即可根据列车在前方几个车站会让的可能方案，确定最合理的放行列车的方案，供列车调度员批准。

办理接发列车进路是根据列车运行调整计划和对列车的追踪，由计算机分析比较后通过调度集中设备来控制的。在计算机发出控制进路的命令以前，机器要担负起进路检查的任务，在办理进路以后，机器也要检查进路是否正确，必要时进路的控制可以改由调度员操纵。

列车运行的实绩信息由调度集中传输到计算机后，计算机即控制记录仪绘制出实绩运行图，同时自动保存下来，作为统计分析的原始资料。

行车调度指挥自动化系统如图 2.5 所示。

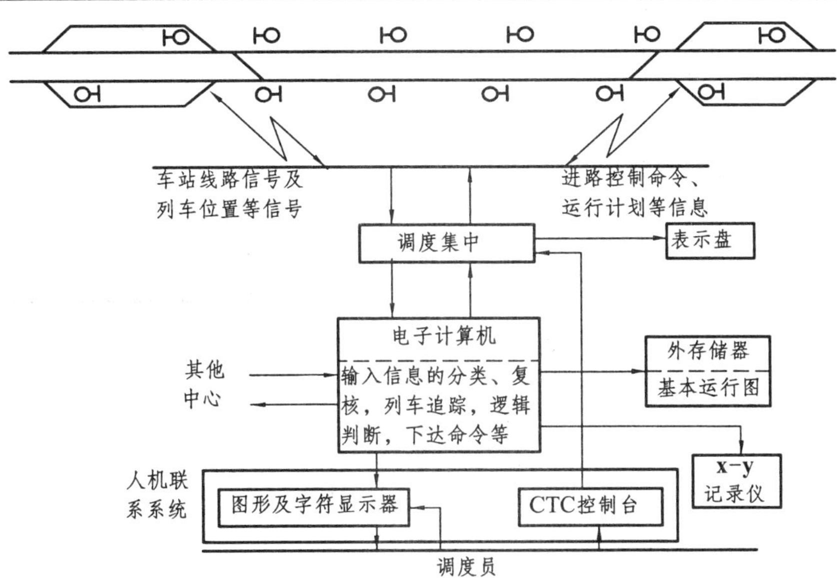

图 2.5　行车调度指挥自动化系统

1925 年美国 S · N · 怀特提出了在铁路区段按信号显示行车的运行方式，为美国铁道学会（AAR）采用，定名为调度集中（CTC，Centralized Traffic Control），其特点是将信号与监控列车运行结合起来，在控制中心指挥列车运行。1950 年美国洲际商务委员会将这个名词定为调度集中系统。

为了解决行车和调车相互干扰的问题，必须实现在不影响列车运行的原则下，允许控制中心和车站通过调度集中系统自主进行调车的功能。这对于调度集中系统来讲是一种功能的分散，不同于传统意义上调度集中系统的集中控制，而是出现了分布式控制的功能。因此，通过在车站设立“自律机”来完成按照列车运行计划和《站细》正常接发列车以及协调列车通过和调车冲突的功能，将完全可以实现列车和调车作业的统一控制。这一原则称为“分散自律”控制原则。

分散自律概念最初源自日本东京圈城市铁路控制系统。由于日本是地震多发国家，为了使控制中心在遭受地震袭击瘫痪后，车站还能在一定时间内正常接发列车，日本东京圈城市铁路控制系统特别在车站设立了自律计算机，通过接收控制中心下达的运行计划，在与中心通信中断后可自行接发列车。因此，分散自律概念和日本铁路控制系统既相近，又有很大不同。分散自律调度集中系统是综合了计算机技术、网络通信技术和现代控制技术，采用智能化分散自律设计原则，以列车运行调整计划控制为中心，兼顾列车与调车作业的高度自动化的调度指挥系统。

分散自律调度集中系统具备实时监视站场信号设备和列车运行状态，实现站间和区段透明显示，追踪列车运行位置和到发时刻，自动描绘列车实绩运行图；利用计算机辅助编制和调整列车运行计划，实现调度指挥计算机化；通过系统网络向车站下达计划和调度命令；通过系统网络和无线通信向机车下达调度命令、调车作业单、行车凭证和进路预报等信息；自动编制车站行车日志，生成运统 2、3 报表；追踪列车编组状态、遥控所有联锁设备按钮，具备列车、调车和非正常作业人工遥控功能；按照列车运行计划和车站《站细》，由自律机自动、自主控制列车进路；按照调车作业计划，由自律机根据机车请求和列车运行状况，自动、自主控制调车进路并对调车状况进行监控和报警；实现维修作业的综合管理和远程登销记；具有完备的网络安全防护功能和实现 TMIS 和 DMIS 的结合和信息交换等基本功能。

分散自律调度集中系统具备了调车进路远程控制和智能化控制的功能，有效地解决了车站与调度中心频繁交换控制权进行调车控制的问题，适合我国铁路客货列车混跑、调车作业量大的运输特点，在我国具有广阔的发展前景。

应用信息技术实现行车调度指挥自动化，实质上是利用计算机辅助调度员工作，虽然可以代替调度员大量繁杂劳动和一部分思维活动，但是调度人员的作用仍然不可忽视，调度员必须集中精力组织按图行车，并处理自动化系统所不能处理的问题。因此，不断提高调度人员的业务水平和指挥技能，仍然是实现自动化后不可忽视的重要问题。

第四节　动车组运用工作组织

一、动车组运用计划概述

动车组是完成既有线路提速和客运专线旅客运输生产任务最重要的移动设备，提高动车组利用效率可以减少动车组使用数量，对于降低运营成本具有重要意义。

影响动车组利用效率的因素有很多，主要包括动车组运用方式、动车组整备维修基地分布、动车组修程、动车组周转接续时间标准、周转接续计划等。国外客运专线十分重视动车组的优化运用问题，如日本新干线行车管理系统 COSMOS 实现了包括动车组运用在内的列车运行组织全面计算机管理，法国采用动车组长短途结合、多循环开行的方式提高动车组使用效率，德国通过优化列车运行图保证运行线的良好接续来提高动车组使用效率。

动车组运用工作组织的基本技术文件是动车组运用计划。它包括动车组交路与运转制、动车组乘务组织和动车组周转时间与车组需要量等主要内容。

动车组运用计划是动车组运用和维修的综合计划，也就是根据给定的列车运行图、有关动车组检修修程的法律规定以及检修基地条件等，对动车组在什么时刻、在哪个车站、担当哪次列车、在什么时间、什么地点、进行哪种类型的检修等做出具体安排，以确保运用状态良好的动车组实现列车运行图。显然，动车组运用计划也是运输组织的基本计划，当列车运行图调整时，动车组运用计划也将被重新编制。

由于旅客需求、动车组配属、动车组种类等不同，动车组运用计划可以分为不同的类型：

(1) 平日运用计划与假日运用计划。平日和假日旅客需求有所不同，体现在出行的时间、密度、方向等各个方面。为适应这种需求，在平日和假日分别采用不同的运行图，因此，动车组运用计划也自然地被分为平日和假日运用计划。为保证动车组在平日和节假日之间过渡和检修计划的实施，先编制平日计划。

编制假日计划时，应保证假日计划的交路段内容（始发车站、终到车站及检修的种类）与平日计划的相应交路段内容一致。

(2) 单基地与多基地动车组运用计划。列车运行图由一个基地配属的动车组担当，所编制的运用计划为单基地动车组运用计划。如果列车运行图由两个以上基地配属的动车组担当，相应的计划为多基地动车组运用计划。在编制多基地动车组运用计划时，运行图中的某一列车由哪个基地的动车组来担当一般没有具体规定，由编制人员综合考虑各基地的情况和动车组的运用效率而定。

(3) 单车种和多车种动车组运用计划。列车运行图上的列车采用同一种类型的动车组担当，所对应的计划为单车种动车组运用计划。如果运行图上的列车由不同种类的动车组担当，所对应的计划为多车种动车组运用计划。在编制多车种运用计划时，运行图中的某一列车由何种动车组担当也没有完全规定。

(4) 多种类的组合运用计划。即上述各种组合，如单车种单基地平日计划、单车种多基地假日计划等，其中单车种单基地的形式是最为广泛采用的方式。

编制动车组运用计划时，一些物理的、法律的以及逻辑上的因素必须予以考虑，主要包括以下内容：

(1) 列车运行图的约束。列车运行图规定的所有列车必须分配到状态良好的动车组，而且列车的始发、终到时刻及始发、终到车站不能有任何变动（但是如果对始发、终到时刻仅作微小变动，却能够明显改变动车组的使用效率，也可以向运行图编制人员提出进行协调，在开发算法时认为不可变动）。

(2) 检修的约束。包括检修场所，日常检修和定期检修必须在规定的地点进行；检修周期，定期检修和日常检修必须在规定的检修周期内进行；检修所需时间，必须保证日常检修和定期检修所要求的时间；检修可能的时间带，日常检修和定期检修必须在规定的时间带内进行（检修基地的工作时间带）。

(3) 交路的约束。开始、终了车站，交路中相邻的两个交路段，前一日交路段的最后终到站必须与后续日交路段的始发站一致，最后一个交路段的终到站必须与第一个交路段的始发站一致等。

(4) 交路段的约束。地点的约束，同一交路段中前行列车的终到站必须与后续列车的始发站一致。当给定的运行图是不完全状态（不成对运行图）的时候，即在某车站始发的列车数与在该车站终到的列车数不相等的时候，必须通过设置回送列车的方式来满足这一约束；时间的约束，后续列车的始发时刻晚于前行列车的终到时刻，而且其时间差必须大于最小折返时间。

(5) 平日计划与假日计划间的约束。必须保证节假日的交路段的内容（各交路段的始发车站、终到车站及检修的种类）与平日计划一致。

(6) 其他约束。线路容量，在各车站以及车辆基地停留的动车组数量不能超过规定的数量；动车组数量，计划中所使用的动车组数量不能超过规定的有效的（各车种、基地可以被使用的）动车组数量。

二、动车组交路与运转制

动车组交路和运转制度都不同于机车和车辆，需要根据动车组自身的技术特点设置与之相适应的使用方式和检修体制，从而提高动车组使用效率。动车组有两种运用方式，即固定区段使用方式和不固定区段使用方式。

固定区段使用方式是指动车组在给定的线路上运行并且其运行区段固定。这一运行方式虽然便于客运专线的运输组织，但不利于提高动车组运用效率，也就不能减少动车组的使用数量，故该运用方式不是客运专线动车组使用的合理方式。

固定方式不适应实际情况的主要表现为：

(1) 不能很好地解决动车组维修问题。以京沪客运专线为背景，根据已有的研究成果，客运专线的配属段和维修中心只设在上海和北京，那么，不经过京、沪运行的动车组需要维修时，不仅需要备用动车组替代其运行，而且本身需要专程送往维修基地站，维修后又需要专程返回其运行车站，对动车组的使用和运输组织会带来极大的不便。

(2) 动车组利用率较低。与不固定方式相比，动车组需要量可能会比较大。与固定方式比较，不固定方式下的动车组可在任何区段运行，因此，在使用过程中可以对必须在维修中心进行维修的动车组预先安排其运行区段，使其通过维修中心，从而得到及时维修，这样就能比较灵活地解决运行与维修的配合问题。另外，只要满足接续时间要求，动车组就可在不同的运行线运行，从而有可能提高动车组的使用效率，减少动车组的使用数量。因此，不固定方式可能是动车组比较合理的使用方式。

针对动车组使用的特点，一般采用动车组不固定区段使用的方法。所谓不固定区段使用是指在假定各动车组之间没有差别的情况下，动车组完成一次列车任务后，下一次所担当列车的运行区段没有限制，一组动车组多车次套用，原则上长短编组独立套用。动车组不固定区段的运用方式在国外取得了成功，国内的许多研究文献也反复论证了动车组不固定区段使用是客运专线动车组使用的最佳方式。

三、动车组乘务组织

动车组和乘务员运用计划是客运专线运输组织的重要内容，它不仅关系到能否按图行车，还直接影响活动设备利用率和乘务工作效率，从而影响经济效益。因此，它是客运专线运输组织的基本计划之一。动车组乘务制度应与其运行方式相协调，它可按需要分别采用固定交路轮乘制和大套用（大交路套小交路）轮乘制，不仅有利于提高动车组运用效率，也有利于提高日车公里和劳动生产率。

参照既有铁路机车交路和乘务员工作安排办法以及国外客运专线乘务组织措施，客运专线乘务方式拟采用轮乘制，其乘务员运用计划的手工编制过程主要分为下面几个阶段：

第一，应该确定乘务员基地（乘务员所属部门，动车组始发、终到作业的地区）及可以换乘的车站（或乘务折返地）；确定各乘务员基地的任务；给定乘务工作要执行的列车运行图。

第二，应以乘务员可能换乘的车站为分割点，将运行图中的运行线分割成乘务区段。例如，将图 2.6 中运行线 x、y、z 分割成{$x1$，$x2$}、{$y1$，$y2$}和{$z1$，$z2$，$z3$}等几个区段。

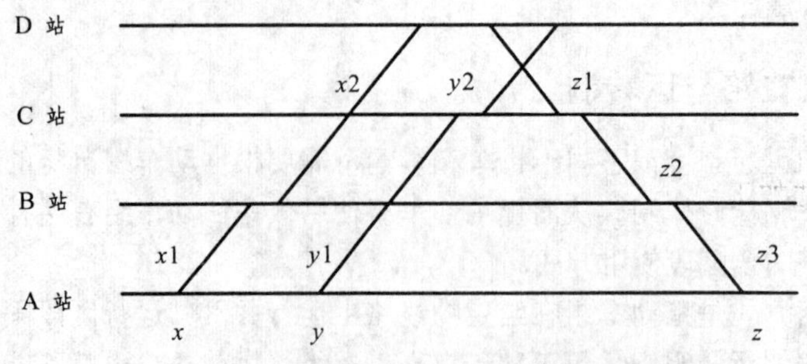

图 2.6　将运行线分割为乘务区段示例图

第三，应按照乘务员一次乘务总时间、乘务折返接续时间等乘务规则，将各乘务区段组合成不同的可行乘务交路，作为最终乘务交路备选方案。例如，图 2.7 中 B 站为乘务员基地，{1，3，5，7}、{2，4，6，8}、{9，11}分别组成了 3 个不同的可行乘务交路，而乘务区段{1，3，5，9，11}组成的则是不可行乘务交路（一次乘务时间超过了乘务规则规定的时间）。

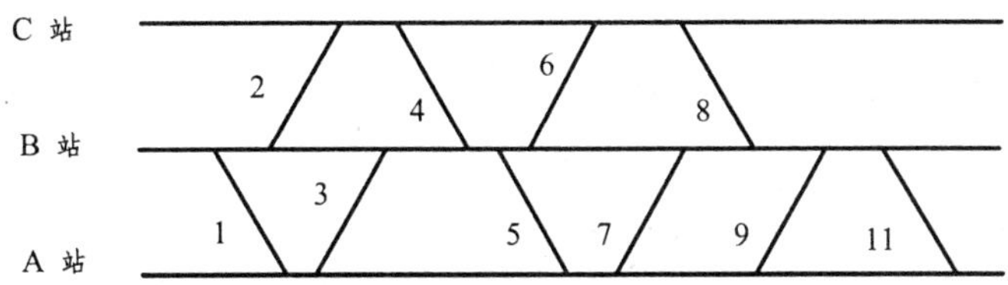

图 2.7　用于组合乘务交路的部分乘务区段

第四，应根据评价标准，选择较好的乘务交路作为乘务组一次乘务工作内容。所有被选择的乘务交路集合，必须完全覆盖全部乘务区段，乘务交路的数量就是每日所需要的乘务组数。乘务组每一次工作就是完成一个乘务交路，在乘务中不能中断或更换乘务组，这样就构成可行的乘务交路计划。由于满足乘务规则的乘务区段的可能组合方案数量很多，即乘务交路方案数量很多，可以构成不同乘务交路计划方案。例如，表 2.2 所示的以图 2.7 为基础的 4 个不同方案，且各方案之间存在着优劣差别，方案 1 明显优于方案 4。

表 2.2　乘务员运用计划示例

方案	乘务区段号										乘务员数量
	1	2	3	4	5	6	7	8	9	11	
方案 1	1	2	1	2	1	2	1	2	3	3	3
方案 2	1	2	3	2	3	4	1	4	3	3	4
方案 3	1	2	1	2	3	1	3	1	4	4	4
方案 4	1	2	1	2	3	4	3	4	5	5	5

注：表中数字为乘务交路编号。

第五，应确定月度乘务员运用计划。乘务交路方案中，各乘务交路之间乘务时间等一般并不均衡，如表 2.2 中方案 1，1、2 号乘务交路的乘务时间多于 3 号交路的乘务时间，如果将某些交路长期固定给一些乘务组，势必造成各组之间劳动强度的不均衡，因此，乘务员运用计划的最后一步是在一定时间内使各乘务组劳动时间均衡，并满足月度总乘务时间等乘务规定和国家有关的劳动法规。在乘务员运用计划编制中，要检查大量的乘务规则，需要花费大量的时间，而如何选择能够覆盖所有乘务区段的乘务交路以形成运用计划，是优化编制乘务员运用计划的关键。

总乘务时间、纯乘务时间、乘务接续间隔时间及连续乘务时间作为乘务交路的基本属性，各参数的确定方法如下：

总乘务时间取 8 h 为理想时间，当总乘务时间为 4 h 时，认为属性较差（偏小）；当总乘务时间为 8.5 h，认为属性较差（偏大）。

纯乘务时间。取 6 h 为理想时间，3 h 和 6.5 h 为属性较差值（偏小、偏大）。

连续乘务时间。取 3 h 为理想时间，1 h 和 4 h 为属性较差值（偏小、偏大）。

乘务间隔时间。取 0.5 h 为理想时间，10 min 及 2 h 为属性较差值（偏小、偏大）。

上述理想属性值根据乘务规则给出，但由于客运专线乘务规则尚未制定，所取数值是参照既有铁路给出的。属性较差值（偏小、偏大）根据决策者的决定（或倾向）给出。

在编制乘务员运用计划时要综合考虑乘务时间等众多乘务规则的限制，手工编制一个方案往往需要花费较长的时间，而且难以得到优化方案。随着市场不断变化，运行图的调整更为频繁，手工编制乘务员运用计划已不适应客观需要，为此，一些研究人员利用先进的计算机技术和数学手段，开发计算机系统，可望及时提供较可行的优化方案。

四、动车组周转时间与车组需要量

一套动车组的周转时间按下式计算：

$$\theta_{车底}=T_{基}+T_{折}+2T_{旅}$$

式中，$\theta_{车底}$ 为车底周转时间，h；$T_{基}$、$T_{折}$ 分别指车底在基本段、折返段的作业时间标准，h；$T_{旅}$ 为列车途中单程旅行时间，h。

每天动车组总周转时间按下式计算：

$$T_{总}=T_2+(T_1+T_3)\times(1+\alpha)$$

式中，T_1 为全天所开行的动车组总运行时间（含中间停站时间），h，既可以通过动车组牵引计算得出，也可以根据具体的列车开行及停站方案，划定动车组平均旅行速度，由日总走行公里数计算得出；T_2 为在动车组有效运行时间段 18 h 内所发生的日检作业和一级修作业时间之和，h；T_3 为动车组终到、始发在站停留时间，h；α 为 列车运行图备用系数，一般取值 0.1。

影响动车组需要量的主要因素有车底运用的作业时间标准及途中旅行时间，由客流决定的行车量的大小，列车铺画方案和运行线的位置和车底长、短途套用程度（当长、短途列车拉通运行时，可节省车底需要数）等方面。

动车组需要量 $N_{车底}$ 可以用图解法和分析计算法两种方法确定，在运行方案不详的情况下，可用分析计算法进行计算。

对于不同类型列车所需的车底量，按下式计算：

$$N_{车底}=\theta_{车底}\times K_h$$

式中，K_h 为每小时平均发出列车数。

对于不同类型列车所需的车底量，按下式计算：

$$N_{车底\,i}=\theta_{车底\,i}\times n_i$$

式中，$\theta_{车底\,i}$ 为 i 类车底周转时间，h；n_i 为 单位时间内发出 i 类列车数，列。

配属动车底按下式确定：

$$N_{配属}=N_{运用}+N_{检修}+N_{备用}$$

其中运用动车底、检修动车底、备用动车底分别按下式确定：

$$N_{运用}=T_{总}/18$$

$$N_{检修}=N_{二级修}+N_{三级修}+N_{大修}$$

$$N_{备用}=0.06N_{运用}$$

通过适当调整列车始发或终到时刻，压缩列车在基本段或折返段的停留时间，组织长、中、短列车间的套跑运行等都可能减少动车组需要数。

五、动车组运用方案评价

动车组本身比较昂贵，完成同样的列车运行图，所使用的动车组数量越少越好；虽然一些回送列车的设置是不可避免的，但回送列车不能运送旅客，不能直接带来收入而且需要人力、电力等资源，回送列车开行的次数越少越好；定期检修和日常检修需要人力、时间、费用等，在满足规定要求的情况下，一般进行的次数越少越好；对于多组别问题，各组间平均走行公里越平衡越好。因此，一般从使用的动车组数量、定期检修次数和日常检修次数、回送列车的次数和回送里程和、各动车组之间平均走行公里的偏差等方面评价运用方案。

第三章 高速动车组总体与转向架

高速列车是高速铁路技术的核心。作为高速铁路系统的一个子系统，高速列车与传统铁路机车车辆的区别和主要特点也在于它自身的系统性。高速列车是机械、电子、材料、计算机、控制及航空等高新技术的集中体现。

速度的提高使得高速列车在设计与开发过程中遇到了传统列车不曾有过的技术问题：

（1）铁路机车依靠轮轨之间的黏着力牵引列车运行，列车速度的提高需要增加牵引力，而轮轨牵引力是有一定限制的，超过这个限制值将造成轮轨相对滑动，失去牵引力。同时，列车速度的提高将造成轮轨之间黏着系数下降，与高速动车组对大牵引力的需要形成矛盾。

（2）列车所承受的空气阻力与速度的平方成正比，而列车运行所需的牵引功率与列车运行速度的三次方成正比。与传统列车相比，高速列车需要的功率大大增加，因此，在一定的体积和质量的前提下实现大功率给动车组设计带来困难。

（3）运行速度的提高增加了列车的动能，因此，高速列车必须装备大功率、安全的制动系统。

（4）速度的提高将加剧轮轨间相互作用。根据日本新干线动车组的运行经验，钢轨下沉量 a 与轴重 W、簧下质量 M 和列车运行速度 v 间的关系可用下式近似表示：

良好路基：$a = W^{0.7}M^{0.3}v^{1.3}$

不良路基：　$a = W^{2.0}M^{0.4}v^{0.7}$

运行速度的提高将造成列车对线路的破坏加大，噪声、振动对环境的影响增加，旅客乘坐舒适性下降等不利后果，列车运行稳定性、安全性问题更加突出。同时，高速列车对小轴重和簧下质量的要求给车辆设计带来困难。

（5）高速运行使列车空气动力学问题更加值得关注。诸如列车所受的空气阻力、列车周边空气流场对环境的影响、列车交会及通过隧道时形成的压力波动对车体和人体的作用、空气升力对列车运行的影响、车辆密封性等问题都应该予以深入研究。

（6）必须通过相关系统自动控制列车运行，保证列车高速运行安全。

以上高速列车所面临的新技术问题，必须在设计高速列车时通过合理的途径予以解决，如具有新结构和合理参数匹配的转向架；包括动力制动、空气制动、涡流制动等制动形式和防滑器、制动控制技术的综合制动系统；列车结构轻量化与可靠性技术；现代交流传动技术；列车空气动力学相关技术；列车网络技术等。

第一节 高速列车总体技术

将一定数量的动力车和非动力车连挂，形成编组固定的车组称为动车组。动车组一般在两端均设置司机室，列车折返时不必调头，以满足城际间运行对列车高密度运行的严格要求。

世界上拥有自主开发并已成功运用高速列车的国家有日本、法国、德国和意大利，其共同之处在于列车各部件大量运用高新技术，却又各具特色，各国根据自身运用条件和传统经验，特别是在转向架结构、列车动力配置及构成形式、电传动技术及控制技术等方面具有各自的特点。

一、高速动车组的分类与模式

高速动车组一般按照其自身的不同特点，如动车组动力来源、列车动力设备与驱动轴的配置，以及车辆之间的连接方式和组成结构进行分类。

按动车组动力来源分类，一般将动车组分为电动车组（Electric Multiple Unit，EMU）和内燃动车组（Diesel Multiple Unit，DMU）两大类。受柴油机功率限制，现代高速动车组一般采用电动车组。

按动车组驱动轴的分布和驱动设备的布置可以把高速动车组分为动力集中型和动力分散型两种。前者主要有法国 TGV、德国 ICE1、ICE2 和我国的“中华之星”动车组等，而后者主要以日本新干线、法国 AGV 和德国 ICE3 为代表，国内主要产品有“先锋”号等动车组，“和谐号”CRH 系列动车组也属于这种模式。

动力集中型动车组是指将列车电气和动力设备集中安装于位于列车两端的动力车上，仅动力车的轮对是动力轮对，动力车不载客或仅设置较小的客室，旅客主要在中间拖车乘坐的动车组。其与传统列车模式相似，便于按传统习惯进行运营和维修管理。故障相对较高的电气与机械设备集中在动力车，便于保养，工作环境较清洁。由于拖车不设置牵引电气、机械设备，故拖车内噪声、振动小；其动力车可以进行摘挂与转换，可以满足电气化区段与非电气化区段的直通运行需要。但动力集中型动车组也存在着一些固有缺陷：动力集中方式使列车相对载客量减少；动力车轴重大，与高速动车组运行要求小轴重和低轮轨动力作用形成矛盾；黏着重量不及动力分散动车组，速度的进一步提高将受到功率和黏着的限制；列车制动性能欠佳。

动力分散型动车组是将由电机驱动的动力轮对分散布置在列车的全部或部分轮对上，同时将列车的主要电气和机械设备吊挂在各车下部，列车全部车辆可载客的列车模式。以最高运行速度均为 200 km/h 的“蓝箭”和“先锋号”电动车组为例，前者动轴与非动轴比为 1：6，而后者则为 1：2，与动力集中型动车组相比，动轴数量的增加一方面降低了牵引电动机质量，使其轴重分配均匀，同时，其较小的黏着系数要求也提高了动车组的黏着性能。如图 3.1 所示，采用动力分散模式的日本新干线电动车组黏着系数远远低于采用动力集中模式的 ICE、TGV 高速动车组，这可以保证恶劣气象条件下动轮不空转，避免损坏钢轨和轮对，也提高了电动车组的加速能力。此外，动力分散电动车组还具有可充分利用列车载客；由于动力设备分散设置在各车体下，可以减小动轴轴重；牵引、制动性能较好等优点。

但是，车下吊装动力设备将影响动力分散性动车组车内舒适性，带来了设备布置困难，设备工作环境差等新问题；动力布置模式的变化也给我国传统机车车辆维修与保养体制带来挑战。

按车辆之间连接方式可以将动车组分为铰接式和独立式两类。

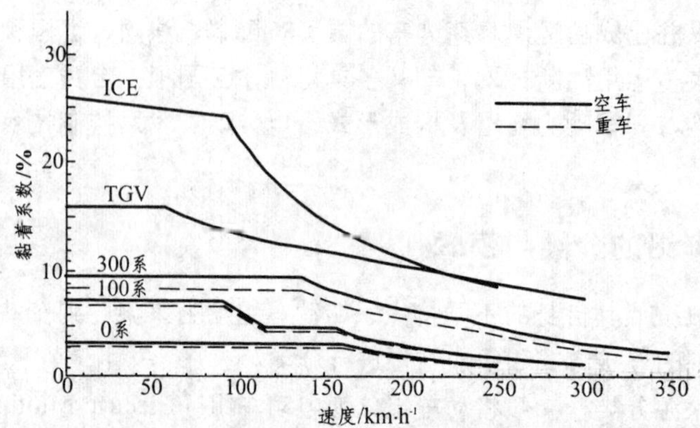

图 3.1　不同模式电动车组利用黏着系数比较

独立式动车组每节车辆的车体都置于两台转向架上，车辆之间采用车钩连接，每节车辆从列车上解挂后，可以独立行走。德国 ICE1、ICE2、ICE3 动车组和日本新干线主要动车组均采用独立模式。采用独立式转向架的列车车间连接结构简单，制造、维修与保养工作简单，但无法充分利用相关标准所规定的轴重限制。

铰接式列车是将车辆车体间以弹性铰相连接，在相邻车辆的连接处放置一个共用转向架，因此每节车辆不能从列车中解开成为独立的车辆。铰接式列车的主要代表是法国 TGV、AGV 高速动车组。与独立式列车相比较，铰接式列车车辆重心低，能够充分利用轴重限制，车辆间间隙小，连接刚度大，能提高车辆运行稳定性和事故安全性。以法国 TGV 动车组为例，1993 年 12 月 21 日，一列 TGV-R 动车组以 300 km/h 的速度通过因暴雨造成的线路塌陷时引发车辆脱轨，但未出现颠覆，旅客中仅三人受轻伤。但是，采用该模式的列车车间连接设备复杂，给风挡等车辆设备的布置带来了一定的难度，增加了制造与维修过程的工作量。受轴重限制，铰接式列车车辆的长度一般较独立式动车组车辆短。

高速动车组分类与模式如图 3.2 所示。

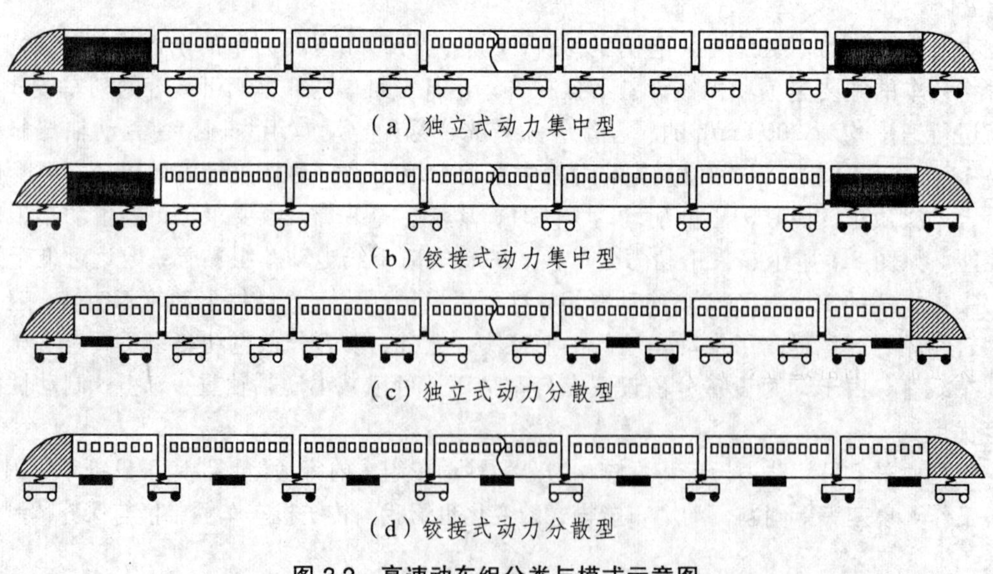

（a）独立式动力集中型

（b）铰接式动力集中型

（c）独立式动力分散型

（d）铰接式动力分散型

图 3.2　高速动车组分类与模式示意图

● 动力轮对，○ 非动力轮对，▬ 动力设备，▨ 司机室

二、高速动车组总体技术特点与基本组成

1. 技术特点

与传统铁路机车车辆相比，高速动车组具有以下突出特点：

（1）良好的空气动力学性能。列车运行时将带动周围空气流动，形成一种特定的非定常流场，而列车运行速度的提高将使该流场作用更为剧烈，产生的列车尾流、气动升力及气压波动等将危及列车的乘坐舒适性与安全性。因此，高速动车组一般均具有流线头型，车辆外表平滑，密封性好。

（2）轻量化设计的车辆。高速运行的铁道车辆必须在保证其强度的前提下，尽可能减轻自身重量，以减小列车高速运行对线路的冲击。高速动车组一般通过在车体结构和机械部分采用铝合金、不锈钢等材料，并在设计阶段引入优化设计等方法对车辆进行减重。随着技术的发展，高速动车组车辆轴重较传统旅客列车已大大降低。我国《铁路主要技术政策》规定 200 km/h 及以上速度级动力分散型动车组动力车轴重不得大于 17 t，而拖车轴重不得大于 16 t。此外，在动力转向架上采用的新结构驱动装置也降低了转向架簧下质量。

（3）适应高速运行的动力学特征。在传统机车车辆基础上，高速动车组必须保证高速运行时良好的动力学性能，如采用大轴距转向架、低重心车辆等。

（4）动车组模式向动力分散方向发展。针对轮轨黏着系数随速度提高而下降的特性，高速动车组一方面采用了提高黏着的控制技术，另一方面为进一步提高速度和列车的加速能力，在轮轨黏着牵引力的限制下，必须增加动轴数量，列车向动力分散方向发展。动力分散动车组是列车增加载客量、提高速度和加速能力的必然需要。

（5）电力牵引传动系统向功率大、体积小、重量轻、高可靠性的方向发展。近年来，随着现代控制技术和新型大功率半导体开关元件，如 GTO、IGBT、IPM 等技术的发展和应用，动车组用电力牵引传动系统得到迅猛发展。

（6）车内环境和设备不断改善，提高了旅客乘坐舒适性。与传统列车相比，高速动车组装备了旋转座椅、列车音频视频系统等设备，改善了旅客乘车环境。

（7）动车组自动化程度大大提高。高速动车组通过采用现代控制技术，改传统列车的人工控制为自动控制，提高了动车组自动化程度和主动安全性能。

2. 基本组成

为适应运行需要，现代高速动车组一般由以下部分组成：

（1）车体和车内设备。车体是安装车辆设备、车内设施和其他部件的基础。高速客车车体必须满足轻量化要求，故车体材料一般选用铝合金或不锈钢。同时，由于高速运行的需要，高速客车还必须具有合理的空气动力学外形，并保证密封、减振降噪和防火等方面的要求。为了保证旅客的舒适性，减小高速列车交会或列车通过隧道时空气压力波对旅客的影响，对高速动车组应有很高的气密性要求。当列车以高速运行时，为了满足气密性要求，列车的车窗是不能被开启的，因此，高速动车组必须设置空气调节装置。此外，还需要在高速动车组车内设置座椅、电茶炉等车内设备。

（2）走行部（转向架）。转向架是支承高速动车组车体并使之在轨道上高速运行的装置。高速动车组转向架必须同时满足结构轻量化、高速运行时的稳定性和舒适性以及绝对的安全可靠性等要求。因此，高速动车组转向架与传统机车车辆转向架在轮对轴重、踏面形式、轴

箱悬挂及轮对定位方式、构架结构形式、中央悬挂装置模式、车体支撑方式、牵引方式、电机配置及悬挂和基础制动装置形式等方面有一定区别。此外，现代高速动车组还注重采用主动悬挂等技术来满足高速运行的需要。

(3) 车端装置。动车组车端装置主要包括车钩缓冲装置、车端阻尼装置以及风挡等部分。车钩缓冲装置能够实现高速动车组车体间连挂运行的要求，并能缓和列车运行时牵引、制动力引起的纵向冲击。高速动车组要求车钩纵向间隙小，电、气装置能自动连挂。因此，国外高速动车组一般采用带电、气自动连接的密接式车钩缓冲装置，缓冲器一般采用橡胶缓冲器或液气缓冲器。设置车端阻尼装置能够改善车辆和列车动力学性能。为提高列车空气动力学性能和密封性，高速动车组一般采用具有良好密封性能的风挡，并设置外风挡以保证列车侧面平滑。

(4) 制动装置。制动装置是为了将列车动能耗散掉，使列车减速或停车而设置的装置。由于高速动车组的动能与列车运行速度的平方成正比关系，故高速动车组的制动系统必须足够强大。高速动车组除采用传统机车车辆的闸瓦制动、盘形制动、电阻制动、电力再生制动外，一般还采用磁轨制动、轨道涡流制动、圆盘涡流制动等制动形式，并普遍采用防滑器以提高制动效率。近年来，日本还尝试在试验型新干线列车上采用在制动时车体上升起制动翼，以利用空气阻力实现列车制动的制动方式。

(5) 牵引传动系统。牵引传动系统指为保证列车牵引或实施动力制动而设置的电传动系统，该系统由主变压器、牵引变流器以及相关保护环节等部分组成。

(6) 辅助供电系统。包括为旅客旅行需要而设置的照明、采暖、通风等辅助设备。

三、摆式动车组技术

为平衡列车通过时所承受的离心力，铁路曲线线路上设置了外轨超高。由于世界各国既有铁路一般均采取客货混跑的运输模式，客货列车运行速度差明显，故铁路曲线段外轨超高一般按照“均衡速度”设计，这将导致运行速度较高的客运列车在这些区段上运行时出现超高不足的现象。

如图 3.3 所示，普通列车在超高不足的线路上运行时，旅客承受的离心加速度可被列车重力加速度的横向分量抵消一部分，此时，旅客所承受的未平衡离心加速度为：

$$g_c = \frac{v^2}{R} - g_n \frac{h}{S}$$

式中，v 为列车通过曲线时的速度，m/s；R 为曲线半径，m；g_n 为重力加速度，取 9.81 m/s^2；h 为外轨超高量，mm；S 为两车轮滚动圆横向间距，mm。

该式可改写为：

$$h_d = \frac{Sv^2}{g_n R} - h$$

定义 h_d 为欠超高。由于旅客能承受的未平衡离心加速度一般不得超过重力加速度的 10%，故需要用限制欠超

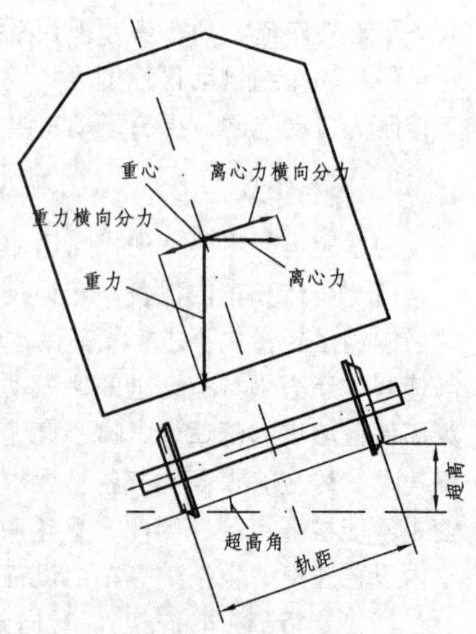

图 3.3　普通列车在超高不足的线路上运行时受力分析

高的形式来保证列车通过曲线时的安全性和旅客舒适性。根据我国相关规定，在等级较高的线路上，欠超高 $h_d < 70$ mm；在一般线路上，欠超高 $h_d < 90$ mm；在既有线路上提速时，某些线路欠超高 $h_d < 110$ mm。

由于实设超高已定，且欠超高不能超过相关标准规定，因此，列车在曲线上的最大速度限制为：

$$v_h = \sqrt{\frac{(h + h_d)R}{11.8}}$$

式中，v_h 为曲线限速，km/h；h 为实设超高，mm。

由该式可知，要提高列车曲线通过速度，必须加大曲线半径、实设外轨超高或允许的欠超高量，这在既有线路上是较难实现的。旅客列车在通过曲线线路时往往需要降低运行速度。

摆式列车车体可在不同速度条件下实时倾摆，相当于增加线路超高，可进一步平衡旅客所承受的离心加速度，提高列车曲线通过速度，其在曲线上运行时的受力分析如图 3.4 所示。

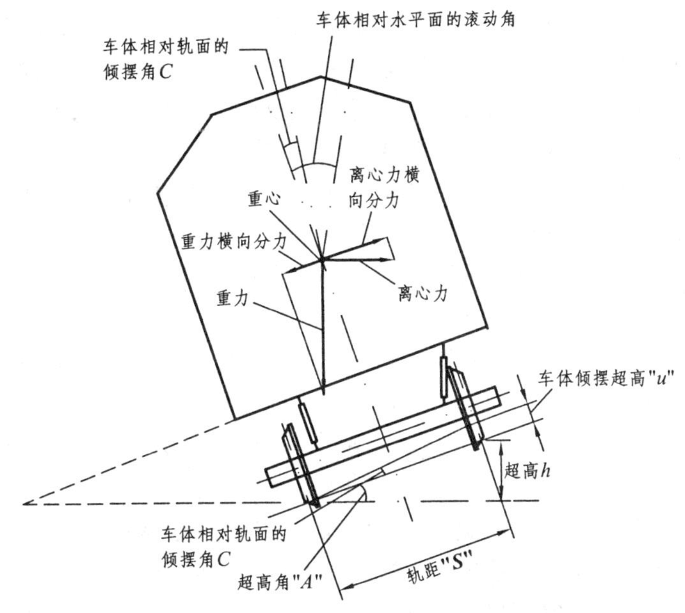

图 3.4　摆式列车作用原理

采用摆式列车技术后，旅客承受的超高角是线路超高与车体倾摆角之和，旅客重力加速度横向分量大大增加，可大幅度抵消由于列车曲线通过速度引起的离心加速度。摆式列车通过曲线时的最大限速为：

$$v_h = \sqrt{\frac{(h + h_d + h_t)R}{11.8}}$$

式中，h_t 为车体倾摆后的当量超高，mm，一般认为 $h_t = S \cdot \tan\gamma$，γ 为车体倾摆角。

在不降低舒适度的条件下，列车通过小半径曲线线路的速度能够提高 25%～35%。

世界铁路发达国家对摆式列车进行了大量研究，成功投入运行的摆式列车主要有瑞典

X2000，意大利 ETR450、ETR470，西班牙 Talgo Pendular，德国 ICE-T 以及日本 381 系等。

按倾摆方式的不同，可将摆式列车分为以下两类：

（1）被动式（无动力源式、自然式）摆式列车。被动式摆式列车利用车体与转向架之间特殊的悬挂方式或杠杆机构，使列车倾摆中心高于车体重心。车辆通过曲线时，离心力的作用使车体下部向曲线外侧摆动，而摆心以上部分向曲线内侧摆动，使车辆产生倾摆。采用这种倾摆技术的摆式列车不需要附加动力源，也不需要设置传感器、作动器等相关设备，车辆结构较简单。但被动倾摆摆式列车倾摆角度小，运行时将存在未平衡的离心力。同时，由于倾摆阻力的存在，被动倾摆摆式列车进出曲线时将出现倾摆滞后现象，需要延长线路缓和曲线长度，无疑会增加设备的投资。目前，世界各国采用主动倾摆技术的摆式列车主要有西班牙 Talgo、日本 381 系等。

（2）主动式（动力源式、强制式）摆式列车。主动式摆式列车由连杆装置支承，在转向架上装有振动加速度仪及陀螺仪检测曲线位置。当车辆进入曲线时，由于受横向加速度作用产生一个与此成正比的信号，经伺服阀控制作动器动作，使车体产生倾摆。采用主动倾摆技术的摆式列车倾摆中心低，车辆重心移动少，8°～10° 的大倾摆角能够大体上抵消全部离心力。但是，主动倾摆式摆式列车增加了列车能源消耗，倾摆设备将使紧张的车辆空间布置更加困难；过大的倾摆角速度和角加速度将使旅客产生倾摆眩晕现象；同时，设备的增加也会降低列车系统可靠性，这些都需要在设计时予以考虑。目前，世界各国采用主动倾摆技术的摆式列车主要有瑞典 X2000、意大利 ETR450 等。

此外，近年来各国还开发了通过一定控制手段实现倾摆的列车，由在被动式摆式列车上附加相应控制装置组成。如日本尝试通过控制车辆在曲线段运行时二系空气弹簧充气、排气使列车倾摆。采用相关技术实现东海道新干线提速的 N700 系列车已经投入运行。

根据车体中央弹簧结构，摆式列车可分为簧间摆和簧上摆两类。簧间摆是指将转向架中央弹簧设置在倾摆机构上方，采用该方式的列车在通过曲线时，中央弹簧将与车体同步摆动，受过离心加速度影响小，提高了乘坐舒适性。采用簧上摆模式时，转向架中央弹簧设置在倾摆机构下方，在高速通过曲线时，车辆与普通车辆一样将承受过离心力，乘坐舒适性较簧间摆模式差。

摆式列车通过曲线时，作用在旅客身上的未平衡离心力能够被部分降低，但不能降低车辆对线路的作用，反而由于速度的提高，轮轨相互作用将加剧。因此，160 km/h 速度以上的摆式列车需要与低轴重、小簧下质量、低动力作用转向架等技术相结合。一般摆式列车需要采用具有一系柔性定位的转向架或径向转向架。如瑞典 X2000 列车转向架一系采用“八”字金属橡胶弹簧定位，降低了轮对的水平定位刚度，提高了列车曲线通过性能。此外，采用径向转向架能大幅度提高列车曲线通过性能。

第二节　高速动车组车体

一、高速动车组车体的基本特点

车体是动车组最重要的部件之一，它一方面是重要的传力体，需要传递列车牵引力与制动力；同时也是旅客运输的直接载体。动车组车体上需要安装大量的车辆设备，设备自身的振动与外界的激扰将使车体受力复杂化。因此，要求动车组车体具有足够的强度、刚度和事故安全性。同时，为适应高速旅客运输的需要，车体还必须满足隔音、防火、减振、隔热等方面的要求。如图 3.5 所示，现代高速动车组车体由底架、端墙、侧墙、车顶和司机室等几部分组成，各部分在相应工作台位加工完成后进行组对。

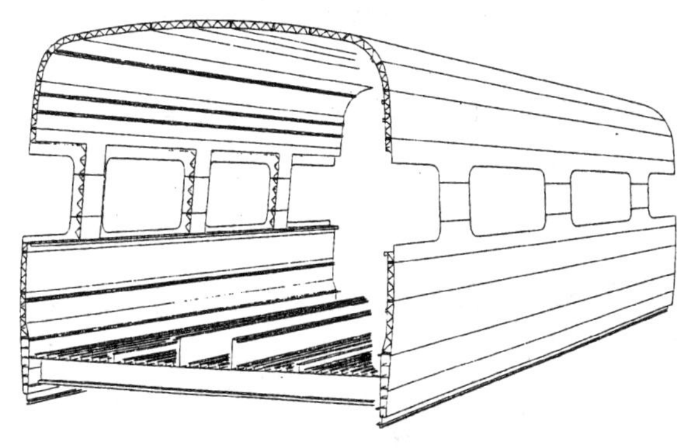

图 3.5　动车组车体基本结构

由于列车运行时所消耗的牵引功率与其质量呈线性关系，基于降低高速动车组牵引功率需要以及从降低轴重、减小轮轨作用力的角度出发，在保证车体强度和刚度的同时，尽可能地降低质量是高速动车组车体的基本特点。目前，主要通过以下途径解决高速动车组车体轻量化问题：

(1) 选用新材料和新工艺。传统铁道车辆车体用材一般选用碳素钢，由于材料本身密度等方面的原因，碳钢车体重量大，不能满足高速动车组对于减重的需要。而不锈钢、铝合金等新材料密度较小，在保证车辆强度、刚度不变的前提下能够减重 10%～40%，近年来在铁道机车车辆和城市轨道交通车辆车体上得到了广泛应用。

(2) 合理优化设计结构。优化金属结构是在保证车体强度、刚度的基础上，充分利用强度理论和优化设计分析程序，把车体设计成可以充分利用材料强度的整体承载筒形结构。目前，车体结构优化设计通过计算机进行，常用的软件主要有 ANSYS、MSC/Nastran 等。

二、高速动车组铝合金车体

铝的密度和弹性模量大约是钢的三分之一左右，二者质量相同时，铝型材的截面面积是钢的三倍，轴惯性矩能达到钢材的九倍。如果能充分利用铝合金的这些性质及其良好的塑性制作型材用于车辆车体，则可以在刚度不变的前提下减重，这是车辆车体采用铝合金材料的主要原因。

铝及铝合金具有重量轻、耐腐蚀等优点，并且是热和电的良导体。按照铝合金中添加其他元素的不同，可以被分为从 1000～7000 系列的几种类型，其中用于铁道车辆制造的主要是 5000 系列（Al-Mg）、6000 系列（Al-Mg-Si）和 7000 系列（Al-Zn-Mg）合金。

最初的铝合金车辆主要是将原来钢制车体的骨架与外板置换成焊接性能更好的 5000 系合金。随着强度更高、焊接性能更优的 7000 系合金的研制成功，底架部件中各种受力杆件广泛采用铝合金，使车体结构进一步轻量化，但此时车体结构仍是沿袭碳钢车体的骨架加外板结构。这种结构称为单壳结构，如图 3.6 所示。

随着大型铝型材挤压技术的发展，在 7000 系合金的基础上实现了挤压型材大型化，制成了外板与骨架一体的宽幅中空挤压型材车体，大幅度削减了部件件数及连接焊缝的长度，形成现代双壳车体结构，如图 3.7 所示。双壳化的面板具有较高的外表面刚性，不需要补焊杆件。底架、侧墙及车顶等大部件分别用通长的整块型材焊接而成，用综合铣床加工窗口、风口及各种开孔。车体总组成时各大部件之间的连接可以采用焊接、铆接等形式。双壳结构铝合金车体简化了设计结构和制造装配工艺，隔振、隔音、轻量化及可靠性也得到了进一步提高，已经被世界机车车辆制造业广泛运用。我国“中华之星”动车组部分拖车、“长白山”动车组以及部分城市轨道交通车辆已经采用了这种结构，CRH 系列动车组大部分也采用双壳铝合金车体。

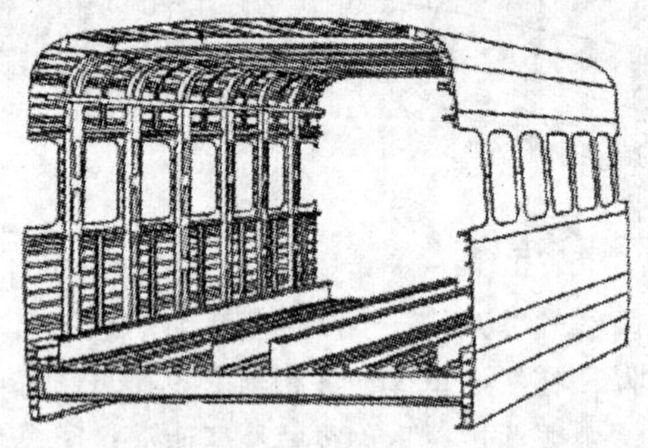

图 3.6　单壳铝合金车体结构

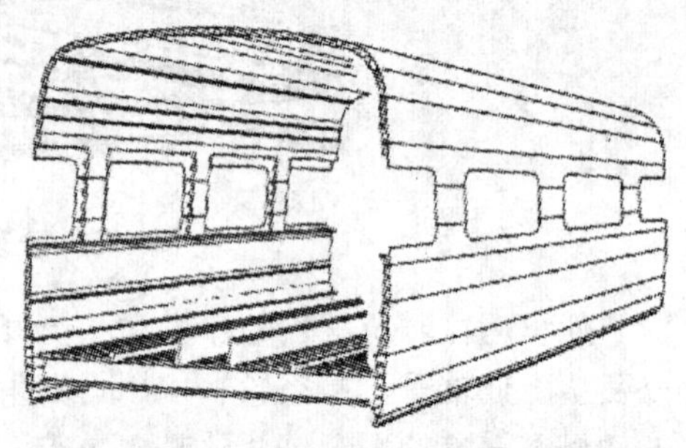

图 3.7　双壳铝合金车体结构

近年来，国外还制造了钎焊的铝蜂窝铝型材车体结构。

从材料本身特性和可加工性看，铝合金车体具有以下特点：

(1) 材料力学性能好。虽然纯铝的抗拉强度仅 80 MPa，只有低碳钢的 20% 左右，但其经过合金化、轧制等加工后会产生加工硬化现象，力学性能得到提高，能够达到低碳钢的水平。

(2) 抗腐蚀性能好。铝合金和空气接触时表面会产生一层致密的氧化膜，这不仅提高了其耐腐蚀能力，而且使材料表面美观，可以省去涂漆工作，从而减轻自重。

(3) 加工性能好。铝合金具有很好的塑性，挤压成型容易。故铝材不仅可以轧制成板材，也可以挤压成断面复杂的型材，大大降低了车体制造过程中的焊接工作量。铝型材切断、加工、煨弯较容易。连接可以采用焊接、铆接或拉铆连接。可加工性较碳钢车体好。

(4) 需要控制焊缝接头强度问题。除 7000 系铝合金焊接后可在自然状态下恢复到近于母材的强度外，5000 系、6000 系铝合金焊接接头强度都较低。一般焊接接头强度大体和软质材时的值相同。通常采用在电极丝或金属焊丝中适当增加 Mn、Cr 等合金元素或降低焊接区输入热量的办法提高接头强度。

(5) 需要控制焊接质量。对铝合金材料进行焊接时，需要严格清理焊材，严格防止母材污染，并尽可能采用平焊，避免产生焊缝气孔和裂缝。此外，铝合金结构的变形校正十分困难，所以应该通过相应的工装夹具限制焊接变形，或采取设计合理焊序、预留反变形量等措施。

三、高速动车组不锈钢车体

与碳钢相比，不锈钢具有良好的耐腐蚀性，故制造时可降低板厚，实现车体轻量化。

同时，其良好的耐腐蚀性也减少了不锈钢车辆的维修工时。基于上述优点，不锈钢较早地被用于铁道车辆制造，早在 1934 年美国就开始制作不锈钢车辆。日本从 1958 年开始制造半不锈钢车辆，主要是利用 SUS304 制造车体外板，车体骨架仍采用碳钢结构，由于表面不再涂装，车体自重得到减轻。但这种做法未能解决不锈钢外板和车体骨架的梁、柱焊接部位产生的腐蚀问题。为进一步提高车辆的耐腐蚀性，减轻车辆自重，除底架牵引梁、端梁、枕梁等部分结构外，车体其余部分均采用不锈钢。随着新的不锈钢 SUS301L 的出现及设计制造手段的进步，自 20 世纪 80 年代起，各国相继研制出轻量化不锈钢车。铁道车辆用不锈钢材料主要是 SUS301L、SUS304 等，这些材料抗拉强度、屈服极限、疲劳极限高，耐腐蚀性好，适合焊接，加工性能好。我国曾利用 SUS301L 进行铁路客车和城市轨道交通车辆的制造，但运用范围较小，主要产品有南车四方机车车辆股份有限公司制造的“中华之星”动车组拖车等。

在结构方面，不锈钢车体结构最初只是基于防腐蚀而对碳钢车体进行的简单置换，后来发展到采用板梁组合整体承载全焊接结构。为降低制造成本，大量采用将 0.8 mm 左右的薄板轧压或补强型材与外板点焊形成空腔结构，借以提高外板强度、刚度。

不锈钢车体的设计与制造具有以下特点:

（1）应尽量采用点焊。由于不锈钢材料导热系数低，热膨胀率大，为减少变形，不降低板材强度，应尽量采用点焊，特别是对于高强度级别的材料不允许采用电弧焊。梁柱之间采用平面或立体接头点焊。板的拼接采用搭接结构。

（2）需要注意车辆刚度问题。由于不锈钢纵向弹性模量只有钢材的 85%，因而不锈钢车体要比同样结构的耐候钢车体刚度低，设计时需要予以注意。

（3）需要对焊接材料进行保护。不锈钢车体一般不涂漆，为提高装饰性需要在板材上制出花纹。因此，在焊接、加工时需要采用贴保护膜等方式避免材料表面被划伤。为降低成本，在不易腐蚀的部位，如牵引梁、枕梁、侧梁立柱下部可以采用普通钢板代替。

（4）焊接接头的晶界腐蚀问题。奥氏体不锈钢中起耐腐蚀作用的主要元素是铬，其含量低于 11.7% 时，不锈钢的耐腐蚀性将下降。达到一定的温度后，不锈钢中的碳原子扩散速度增加，与铬形成 $Cr_{23}C_6$，并在晶界析出，降低了不锈钢的含铬量。为防止这一现象发生，现在主要采取降低不锈钢中的含碳量，或在不锈钢中加入钛、铌、钽等稳定元素的方法。

（5）焊接热裂纹问题。不锈钢导热系数小，线膨胀系数大，在焊接过程中具有较大的拉应力，其焊缝易形成方向性强的粗大柱状晶组织，形成焊接热裂纹。故应该严格限制焊缝中杂质元素含量，施焊时采用较小的线能量和较高的冷却速度，减小熔池体积，控制热影响区金属过热和晶粒长大程度。

（6）应力腐蚀开裂问题。不锈钢表面因钝化生成氧化膜，其塑性低于母材本身塑性，在拉应力作用下，氧化膜将出现局部破裂，在腐蚀介质作用下形成腐蚀坑穴，产生应力集中，随着裂纹形成与发展，最终将引起断裂。因此，需要提高材料本身抗应力腐蚀开裂的能力，并降低残余应力。合理的结构设计也是防止应力腐蚀开裂的有效途径。

此外，目前世界铁路发达国家正在研究纤维增强塑料在车辆结构中运用的可行性，如以高分子材料替代车辆内部金属件、采用玻璃钢材料进行高速动车组头部成型等。

第三节　高速动车组走行部技术

走行部是保证动车组运行高速、安全、平稳的关键部件。高速动车组走行部均采用转向架形式。自高速动车组问世以来，转向架对提高速度的重要作用越来越受到重视，因而高速转向架一直处于不断的发展中。高速动车组转向架主要的作用是：

(1) 保证在任何情况下，车体可靠地坐落在转向架上，通过轴箱装置将车轮沿钢轨方向的滚动转化为车辆沿线路方向的平动。

(2) 支承车体，承受并传递车体与轮对间的载荷，并时轴重分配均匀。

(3) 充分利用轮轨间黏着，传递牵引力和制动力，使车辆具有良好的制动效果。

(4) 缓和线路不平顺对车辆的冲击，保证动车组具有良好的运行平稳性和安全性。

(5) 保证动车组具有良好的直线稳定性和曲线通过能力。

对于高速动车组转向架而言，高速运行时良好的稳定性和降低轮轨相互作用力是其技术关键。

一、高速动车组转向架总体结构与 CRH_2 型动车组转向架

较高的运行速度是动车组转向架的最大特点。为适应高速运行的需要，高速动车组转向架应该具有以下性能：

(1) 高速运行的稳定性。铁道车辆车轮踏面具有斜度，轮缘与钢轨之间具有间隙且轮轨接触时存在蠕滑，因此在车辆运行过程中，当轮对受到激扰后出现横向位移时，同一轮对两车轮将以不同的滚动半径与轨面接触，造成轮对在前进的同时一面作横向摆动，一面又绕其质心的垂直轴来回摇动，这种运动形式被称为蛇行运动。根据线路条件、列车运行速度和车辆悬挂系统参数的不同，这种运动可能是收敛或发散的。当运动不能收敛时，车辆出现失稳，造成轮缘碰撞钢轨，损伤车辆和线路，同时，转向架和车体也将出现大幅振动，车辆运行性能急剧恶化，严重时甚至将造成车辆脱轨。为抑制蛇行运动，提高车辆蛇行运动临界速度，确保车辆稳定性，高速动车组转向架在结构上采取了相应措施：如采用较大的转向架固定轴距、设置较大的转向架回转力矩和轮对纵向定位刚度等。

(2) 良好的曲线通过性能。采用传统转向架的车辆高速通过曲线时，轮对纵向定位刚度将迫使轮对处于正位状态，车轮与钢轨间存在冲角，造成轮轨磨耗，影响车辆曲线通过性能。车辆直线稳定性与曲线通过能力之间存在矛盾，设计时往往需要根据车辆速度等级、线路情况等因素进行折中。

(3) 满足旅客舒适度的要求。旅客舒适度是反映旅客在旅途中疲劳程度的综合性生理指标，受车辆振动状况、车内环境等诸多因素影响。理论分析与实验表明，车辆的垂向和横向运行平稳性随速度的提高而下降，因此，除设置两系悬挂装置外，还需要对悬挂参数进行优化以满足高速运行需要。

传统铁道客车转向架一般采用摇动台结构，随着现代橡胶工业的发展，具有横向大变位、小刚度的空气弹簧开始用于铁道车辆，摇动台结构的作用不再突出。为满足简化结构和减重等方面的要求，现代铁路客车与动车组转向架一般采用无摇枕转向架，图 3.8 所示分别为 CRH_2 型动车组动力和非动力转向架。

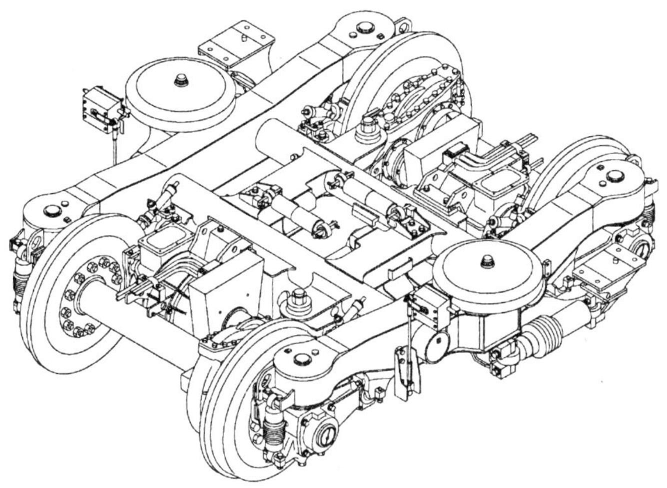

（a）动力转向架

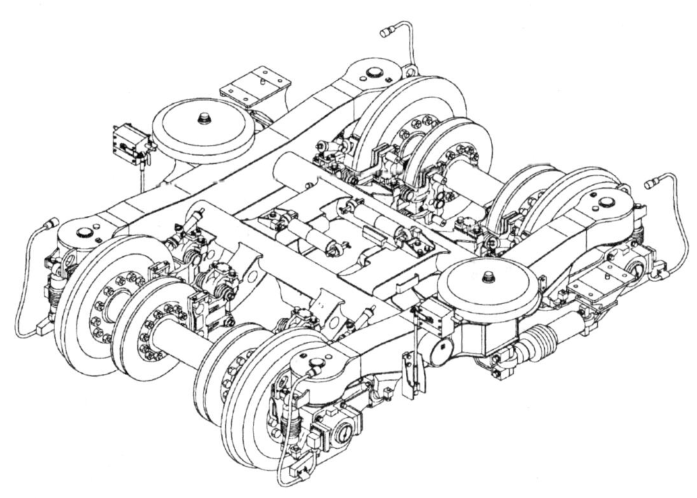

（b）非动力转向架

图 3.8　CRH_2 型动车组转向架

两转向架结构大致相同，现从结构上分析 CRH_2 型动车组动力转向架，该转向架主要由以下部分组成：

1. 构　架

构架是转向架的基础，是安装其他零部件的载体，承受、传递运行过程中产生的各向力。现代高速动车组转向架一般采用由结构钢，如 Q345、16Mn、St52 等制造的焊接结构。从结构形式上看，现代高速动车组转向架构架一般有“H”形、“口”字形以及“目”字形等几种。

CRH_2 型动车组动力转向架构架如图 3.9 所示。该构架主要由带内隔板的箱型侧梁、无缝钢管横梁、纵向辅助梁组成主体结构，侧梁中央外侧设置了空气弹簧支承梁以实现空气弹簧外侧悬挂，提高车辆抗侧滚稳定性。此外，构架上还设置了相应的吊座、止挡，以实现其余部件与构架的连接。

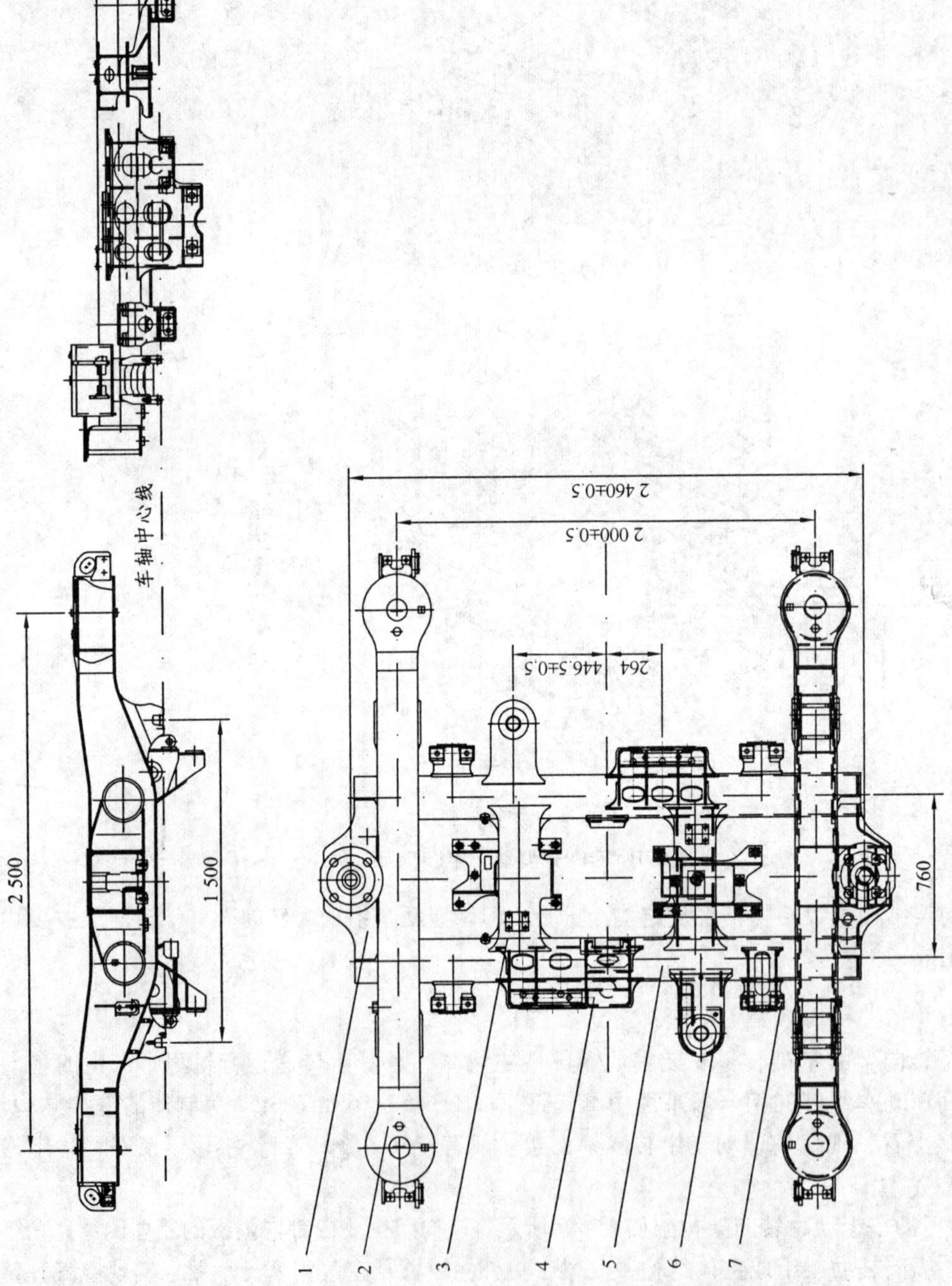

图 3.9 高速动车组动力转向架构架

1—空气弹簧支承梁；2—侧梁；3—纵向辅助梁；4—牵引电机吊座；5—横梁；6—齿轮箱吊座；7—制动吊座

与该转向架构架所采用的结构不同，欧洲转向架构架上一般采用箱型横梁，以降低构架扭转刚度，提高车辆适应复杂线路的能力。近年来，还尝试通过在侧梁上盖板开槽等途径，进一步降低构架扭转刚度，即柔性构架。

高速动车组转向架构架必须在满足相关强度要求的前提下尽可能地减轻重量，因此，在完成设计后需要利用相关方法对构架静强度、疲劳强度等进行校核，并进行优化设计。

2. 轮对轴箱装置

轮对直接向钢轨传递列车重量和动作用力，并通过轴承将其自身的转动转化为列车沿线路方向的平动。此外，动力轮对还将通过轮轨间的黏着力产生牵引力。基础制动装置产生的制动力也通过轮对实现。轴箱与构架之间通过定位装置相连接。

图 3.10 所示为 CRH_2 型动车组动力轮对，带轮装制动盘的整体碾钢车轮通过过盈配合压装在空心车轴上，大齿轮与车轴以过盈配合的方式连接，齿轮箱抱挂在车轴上，两侧压装双列圆锥滚子轴承，车轮采用磨耗型踏面。空心车轴能够在保证车轴强度的同时降低车轴质量，但由于其振动固有频率的降低，致使轮轨动作用力增加，其工作应力水平将显著提高，对轮对疲劳设计的要求越来越高，需要在设计时予以保证。

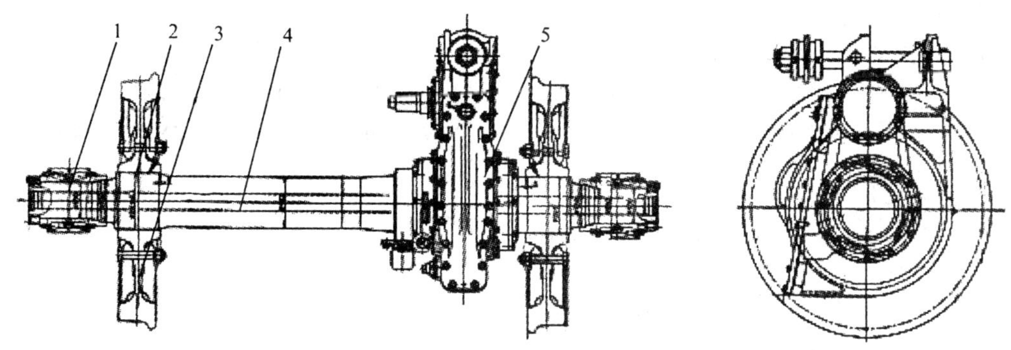

图 3.10　CRH_2 型动车组动力轮对

1—轴承；2—车轮；3—制动盘；4—空心车轴；5—齿轮箱与传动齿轮

轴箱质量属簧下质量，为减小高速运行时列车对线路的冲击，要求高速动车组簧下质量尽量小。如图 3.11 所示，CRH_2 型动车组转向架采用转臂定位，铸钢轴箱与转臂为一体结构，转臂一端通过橡胶套连接在构架转臂定位座上，实现无磨耗定位，其定位的纵、横向刚度主要由橡胶节点提供。在保证空间布置的前提下，转臂长度应尽可能长，以减小固定端转动产生的附加刚度。为适应高速运行的需要，世界各国的高速动车组均采用质量较小的轴箱定位方式，如日本早期新干线 DT200 转向架采用 IS 双侧单拉板定位、德国 MD530 转向架采用单侧双拉板定位。在轴箱材质上，CRH_{2c} 等动车组则通过采用铸铝结构实现减重。

3. 弹性悬挂装置

弹性悬挂装置能够保证一定的轴重分配，缓和轮轨间相互作用。合理的悬挂系统参数匹配将保证车辆良好的动力学性能。与传统铁路客车一样，高速动车组转向架采用两系悬挂结构。

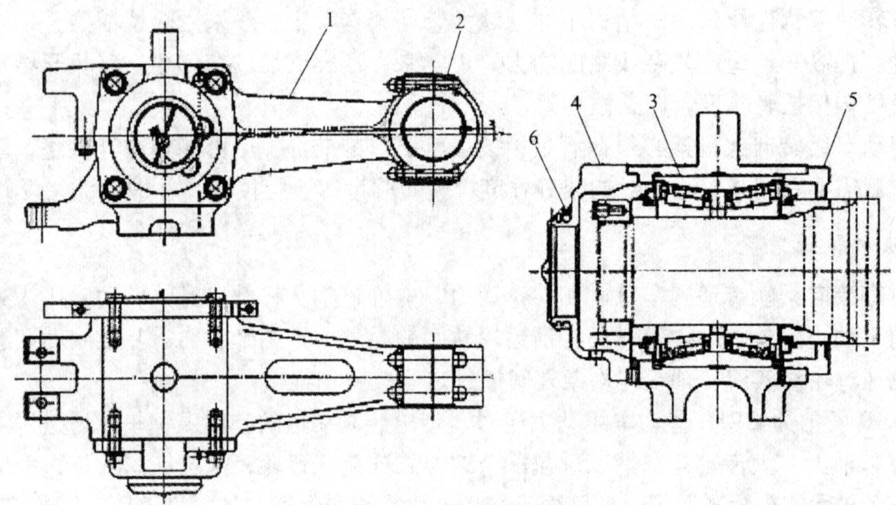

图 3.11　轴箱及其定位方式

1—轴箱体；2—定位节点压盖；3—轴承组件；4—前盖；5—后盖；6—橡胶盖

图 3.12 为 CRH_2 型动车组转向架轴箱（一系）悬挂系统。如图所示，其轴箱弹簧采用双卷螺旋圆弹簧，位于轴箱顶端，采用这种布置方式能够保证轮轨间垂向力完全由轴箱弹簧传递到构架，转臂定位座处名义垂向力为零；减振装置采用单液压减振器。这种结构已在国内 160 km/h 及以上速度级客车转向架，如 SW-160、CW-200K、SW-220K、SW-300 等型号的转向架上得到广泛应用。转向架轮对纵、横向定位刚度等轴箱悬挂系统参数主要影响车辆运行稳定性和安全性，需要根据踏面斜率和摇头复原弹簧刚度的大小综合考虑，以获得最佳的动力学性能。

转向架中央（二系）悬挂系统由空气弹簧、各向减振装置、止挡与限位装置、抗侧滚装置及高度调整装置等部分组成，如图 3.13 所示。

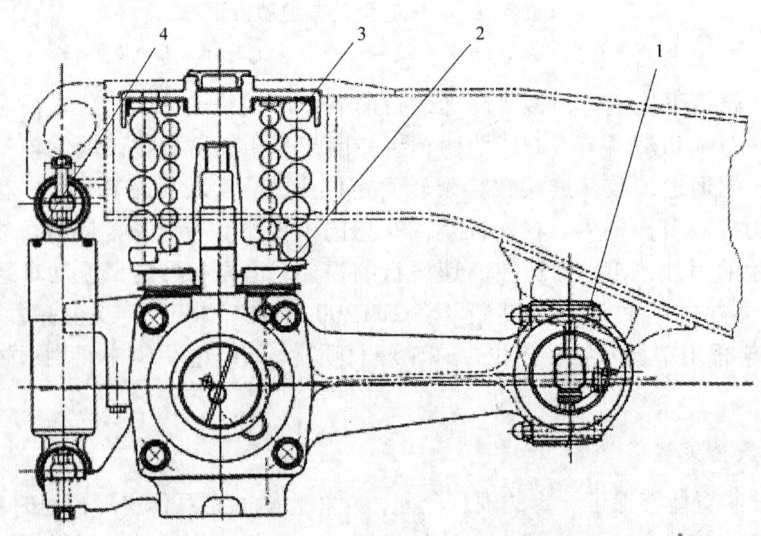

图 3.12　动车组转向架轴箱悬挂系统

1—转臂定位节点；2—轴箱橡胶垫；3—轴箱弹簧；
4—一系垂向减振器

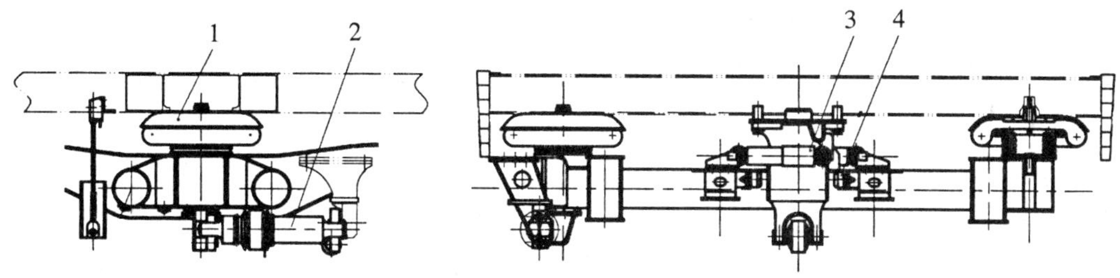

图 3.13　动车组转向架中央悬挂系统

1—空气弹簧；2—抗蛇行减振器；3—横向减振器；4—横向止挡

理论分析与实验表明，客车转向架中央弹簧具有较小的横向刚度时车辆横向振动加速度较小。传统客车转向架采用摇动台结构以满足这一要求，其结构复杂，重量大。随着现代弹簧制造业和橡胶工业的发展，高柔度螺旋圆弹簧（高圆簧）和空气弹簧在铁路客车上得到了广泛应用，其中以空气弹簧为最。空气弹簧是指将压缩空气充入柔性密闭容器，利用空气的可压缩性实现弹性作用的非金属弹簧，具有大变位、小刚度的特点，尤其适应铁路客车悬挂系统的需要。空气弹簧的优点在于其吸收高频振动的能力大大优于螺旋圆弹簧；在空气弹簧与附加空气室之间设置的节流孔能够提供阻尼，取代二系垂向减振器；与高度调整装置并联后，能够保证车辆地板面高度恒定；刚度随质量变化的特性保证车辆振动频率稳定在一定范围内，因而被广泛用于现代铁路客车。如图 3.14 所示，空气弹簧一般采用柔性支承模式，即空气弹簧通过橡胶堆坐落在弹簧座上，这一方面可以保证空气弹簧胶囊泄漏时车辆能够维持运行，另一方面，也通过利用橡胶堆的剪切和弯曲变形进一步减小中央弹簧横向刚度，以改善车辆横向振动性能。同时，中央弹簧横向刚度还可通过改变橡胶堆层数和橡胶硬度而在较大范围内进行调整，以满足不同设计的需要。从结构上看，橡胶堆可以是平堆结构或锥形结构。近年来，国内还对大曲囊空气弹簧的应用在“中原之星”、“中华之星”动车组上进行了装车试验，以验证其相关动力学性能。

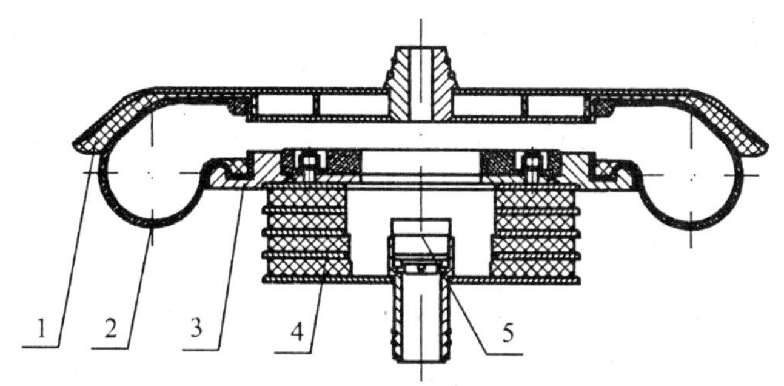

图 3.14　空气弹簧

1—上盖；2—胶囊；3—支承座；4—橡胶堆；5—节流阀

为衰减轮轨激扰产生的各向振动，客车转向架中央悬挂系统需要设置减振器。按作用方向分，主要包括横向、垂向以及抗摇头（蛇行）减振器三类，其形式一般为液压减振器。需要指出的是，由于客车转向架一般采用空气弹簧作为中央弹簧，其串联的节流孔或节流阀具有阻尼特性，可以替代二系垂向减振器。抗蛇行减振器的特点是对振动速度非常敏感，振动速度稍有增加，其阻力便会很快上升，减振效果明显，但其在保证转向架良好的直线稳定性的同时，也不可避免地影响了转向架的曲线通过和空气弹簧吸收高频振动的能力，故一般只在高速客车转向架上使用。

为满足曲线运行需要，客车转向架设置了橡胶横向止挡。当转向架相对于车体的位移不超过横向止挡自由间隙时，横向力由中央弹簧横向刚度和横向减振器阻尼力提供，否则利用橡胶的非线性特性提供横向力，阻止车体与转向架之间过大的横向相对位移。为避免空气弹簧过充造成车体高度异常上升，客车转向架需要设置防过充止挡或防过充钢丝绳。此外，部分客车转向架还设置了其他限位装置，如用于 BSP 25T 客车的 AM96 转向架在转向架角端设置了摇头止挡。

空气弹簧具有较大的柔度，当车辆通过具有较大横向不平顺的线路时将造成车辆侧滚运动加剧，影响乘坐舒适性与运行安全性，故车辆需要采取相应措施提高侧滚稳定性，通常的做法主要有采用中央弹簧外侧悬挂和设置抗侧滚装置两类。CRH_2 型动车组采用中央弹簧外侧悬挂模式，该结构部件和磨耗件少，但需要在构架上设置空气支承梁，构架结构复杂，且空气弹簧充、排气将造成车辆抵抗侧滚运动的过程具有时滞性。现代铁路客车一般采用抗侧滚扭杆装置抑制车辆侧滚运动，其工作原理如图 3.15 示。

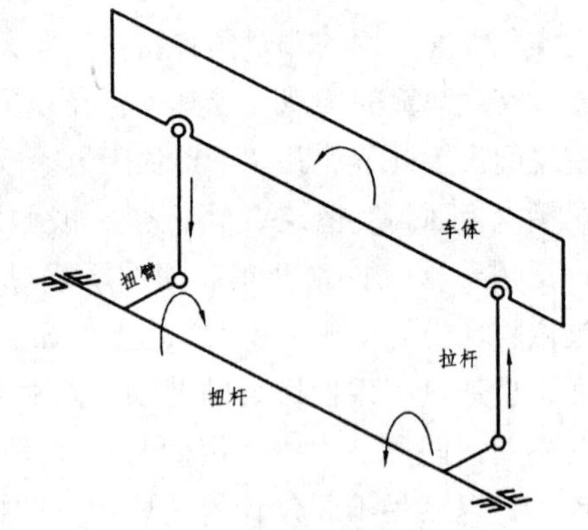

图 3.15 抗侧滚扭杆工作原理

如图所示，抗侧滚扭杆装置两端分别连接在转向架中央弹簧上下两侧。车体作浮沉运动时，拉杆带动扭臂同向转动，扭杆与其约束间存在转动自由度，对车辆振动不产生作用；当车辆受到线路不平顺激扰作侧滚运动时，两根拉杆带动扭臂反向转动，由于扭臂与扭杆间相对转动被约束，扭杆受到扭曲载荷，其较大的扭转刚度使车体侧滚运动受到限制，减小了车辆侧滚角位移。近年来，日本等国家还通过在高速动车组车端设置横向阻尼装置衰减车体侧滚振动。

此外，转向架中央悬挂装置中需要设置高度调整阀，以根据载荷的变化自动调整空气弹簧内压，使车体保持一定高度。为防止同一转向架两空气弹簧压力差过大引起车体倾覆，需要设置差压阀。

4. 牵引装置

牵引装置将车体与转向架连接起来，并传递牵引力和制动力。为保证车辆良好的动力学性能，要求牵引装置限制车体与转向架纵向相对位移，但对其余自由度不构成约束。传统铁路客车一般在摇枕上设置心盘，通过心盘-中心销将纵向力传递到纵向止挡，或通过连接摇枕与构架的牵引拉杆实现牵引或制动。但是，该结构不再适用于现代高速动车组无摇枕转向架。无摇枕转向架主要采用的是单拉杆牵引装置或 Z 字拉杆牵引装置。从动力学性能角度出发，在设计时要求牵引拉杆轴线位于转向架重心所在水平面，但由于转向架重心较难确定，因此，一般将牵引拉杆轴线设置在车轴轴线所在水平面上。

如图 3.16 所示，单拉杆牵引装置由安装座、中心销连接体及牵引拉杆等部分组成。安装座通过螺栓连接到车体上，中心销插入中心销连接体中，牵引拉杆两端为橡胶关节，通过螺栓分别连接在中心销连接体和构架牵引拉杆座上，实现牵引力和制动力的传递。单拉杆牵引装置结构简单，为了减少磨耗，降低橡胶关节刚度对中央悬挂刚度的影响，要求牵引拉杆尽量长，给转向架结构设计增加了难度。此外，由于转向架相对车体的回转中心并非转向架几何中心，故单拉杆牵引装置对中性不如 Z 字拉杆牵引装置。单拉杆牵引装置在我国客车无摇枕转向架上得到了广泛应用，SW-220K、CW-200K、CW-300 型以及 CRH_1、CRH_2 型动车组转向架均采用该牵引装置。

Z 字拉杆牵引装置在欧洲国家铁路客车上得到了广泛应用，近年来，我国部分客车转向架，如 SW-300、PW-200K、AM96 型和 CRH_5 型动车组转向架均采用该牵引装置。如图 3.17 所示，Z 字拉杆牵引装置由安装座、中心销连接体、均衡杠杆以及两根呈斜对称布置的牵引拉杆组成，其连接方式与单拉杆牵引装置类似，但 Z 字拉杆牵引装置中，转向架与车体回转中心位于转向架几何中心，对中性较单拉杆牵引装置强；用于动力转向架时，黏着质量利用率较单拉杆牵引装置高。

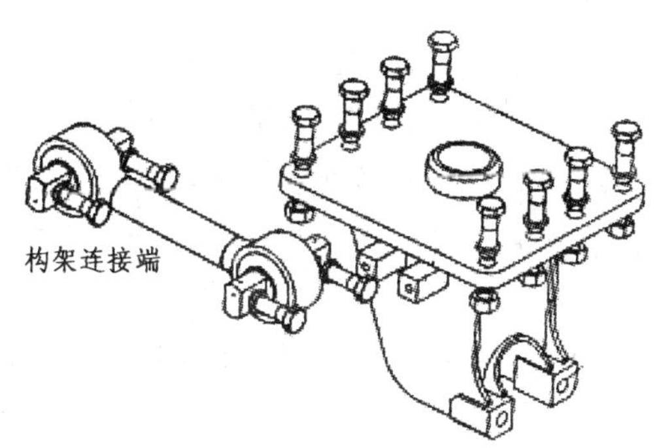

图 3.16　单拉杆牵引装置

图 3.17　Z 字形拉杆牵引装置

对于动力集中型动车组动力车转向架，一般还采用端部拉压杆、T 形中心销等牵引装置，钢丝绳牵引等牵引装置在部分非动力转向架上也得到运用。

5. 基础制动装置

基础制动装置的主要作用是将由制动缸传来的力，经杠杆系统放大若干倍后，传递给闸瓦或闸片，通过车轮踏面或制动盘，将列车运行的动能耗散掉，对列车施行制动或调速。

由于踏面制动热负荷过大，不满足高速运行需要，现代高速动车组一般采用盘形制动作为基础制动装置。按照制动盘安装位置的不同，可将其分为轴装盘形制动（轴盘制动）和轮装盘形制动（轮盘制动）两类。制动时，制动缸中的压力推动杠杆系统作用，迫使闸片紧贴制动盘，产生的摩擦力通过轮轨接触产生制动作用。通常，制动过程中采用压缩空气作为动力源。此外，CRH_2 动车组采用油压作为动力源，空气压力经过空-油转换装置变换成油压，驱动基础制动系统杠杆作用。

采用盘形制动提高了动车组的制动性能，但制动盘属于簧下质量，盘形制动装置的采用无疑增大了动车组的簧下质量，使列车对线路的动作用加剧。当车轮受到线路硬冲击，或由于本身作用形成缺陷时，踏面制动能通过摩擦逐渐对失圆的踏面进行修圆，盘形制动则无法实现该功能。因此，部分动车组还设置了踏面清扫器（清扫闸瓦），以避免车轮踏面失圆在高速运行冲击下恶化，影响车辆动力学性能。

为防止过大的制动力造成车轮滑行降低车辆制动作用，损伤车轮踏面，高速动车组基础制动系统需要与防滑器共同作用。此外，还需要设置闸片间隙自动调整装置等设施，确保动车组制动性能稳定。

此外，日本还在新干线 100 系、300 系和 700 系动车组拖车上使用了圆盘涡流制动，即将涡流制动线圈安装在轴装制动盘两侧，线圈通电时，转动的制动盘就可以得到作用于轮对的转矩，通过轮轨接触产生制动力。

对于动车组动力转向架还需要设置驱动装置，该部分涉及内容繁多，将在下面单独介绍。

二、高速动车组动力转向架驱动装置

电传动机车与动车组驱动装置的一般模式是将牵引电机输出的扭矩，通过齿轮减速机构带动轮对转动，以驱动车辆前进。传统电传动机车与低速动车组速度不高，为简化结构，一般采用驱动装置抱轴悬挂，即牵引电机和齿轮箱一端通过抱轴瓦或滚动抱轴轴承抱挂在车轴上，而另一端通过吊杆悬挂在转向架构架上，其电机、齿轮箱等驱动装置均属簧下质量，因此，这种悬挂方式簧下质量大，高速运行时势必对线路产生巨大冲击，严重恶化车辆运行品质。计算表明，驱动装置抱轴悬挂仅适用于最高运行速度在 120～140 km/h 的机车与动车组，高速机车与动车组必须采用其他驱动装置悬挂模式。常见的高速机车与动车组电机悬挂方式有架悬式、半体悬式和体悬式等几种。

由于设置了两系弹性悬挂装置，机车车辆运行时轮对与构架、构架与车体间存在相对运动。因此，为实现减轻簧下重量的目的而将驱动装置中的某一部分不再悬挂在车轴上时，驱动装置各部分间将存在相对运动。为保证驱动装置运行可靠，必须通过相应机构设计对该运动予以补偿，这构成了新型驱动装置设计的主要工作。目前，国内外高速机车与动车组采用的驱动装置主要有针对牵引电机架悬的轮对空心轴一级弹性驱动装置、轮对空心轴两级弹性驱动装置、电机空心轴驱动装置和鼓形齿轮联轴器驱动装置；针对牵引电机半体悬的轮对双空心轴六连杆驱动装置；针对牵引电机体悬的三滚子万向轴驱动装置和万向轴-锥齿轮驱动装置等。

1. 牵引电机架悬轮对空心轴一级弹性驱动装置

如图 3.18 所示，该驱动装置的牵引电机、小齿轮、大齿轮、空心轴都悬挂在转向架构架上，空心轴两端与车轮之间设置弹性联轴器以补偿轮对与电机间相对位移，如 Alstom 公司开发的四连杆游动盘机构等均属此类型。转向架垂向振动时，该装置相对轴心容易偏心，产生的离心力将成为垂向动载荷，不利于高速运行。因此，这种驱动装置宜配合较硬的一系悬挂，以减小构架垂向

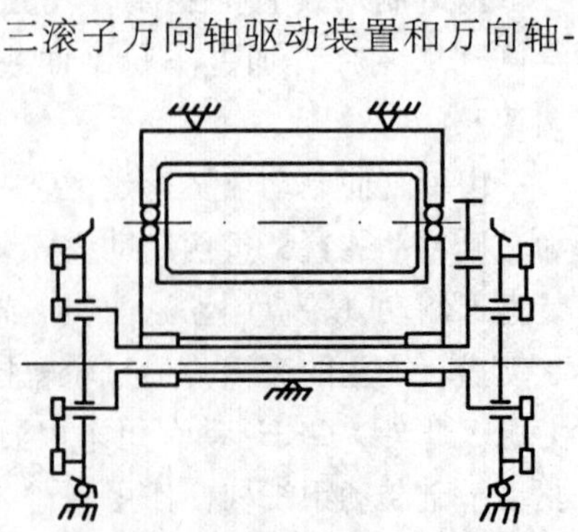

图 3.18 牵引电机架悬轮对空心轴一级弹性驱动装置示意图

振幅，且车轴横动量也不宜过大，局限了该驱动装置的使用。

2. 牵引电机架悬轮对空心轴两级弹性驱动装置

该驱动装置主要用于国内 DF_{11}、DF_{4D} 全悬挂型准高速内燃机车，SS_{7D}、SS_{7E}、SS_8、SS_9 型准高速电力机车以及“神州”、“新曙光”内燃动车组动力转向架，其结构如图 3.19 所示。

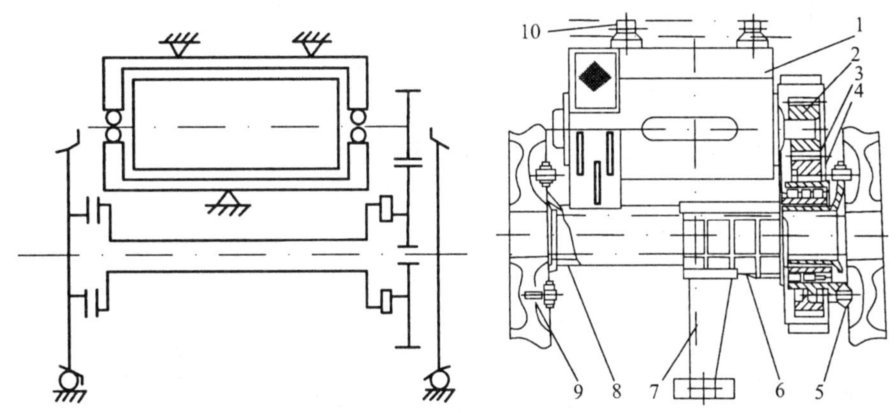

图 3.19 牵引电机架悬轮对空心轴两级弹性驱动装置

1—牵引电机；2—小齿轮；3—大齿轮轮心；4—大齿轮轴承；5—橡胶球关节；6—六连杆弹性联轴器；7—长吊臂；8—空心轴装配；9—传动销；10—短吊挂

如图所示，该驱动装置中，大齿轮用滚动轴承支承在固定于牵引电机机壳的空心轴套上，空心轴一端通过弹性六连杆联轴器连接在大齿轮轮心上，而另一端则通过弹性六连杆联轴器与驱动车轮连接。牵引电机扭矩经小齿轮、大齿轮轮心、空心轴传递到轮对，实现驱动。与轮对空心轴一级弹性驱动装置相比，该驱动装置增加了一级弹性环节，克服了前者的缺点，动力性能优良。

3. 牵引电机架悬电机空心轴驱动装置

如图 3.20 所示，该装置中，牵引电机为架悬，而齿轮箱仍采用抱轴悬挂。其牵引电机采用空心电枢轴，传递扭矩的扭轴从空心电枢轴中穿过，牵引电机产生的扭矩经空心电枢轴、齿轮联轴器、扭轴、橡胶联轴器、小齿轮、大齿轮传递到轮对。在扭轴一端的球形齿轮联轴器允许扭杆摆动，以适应小齿轮轴与电枢轴之间各方向的位移，满足位移补偿的需要。

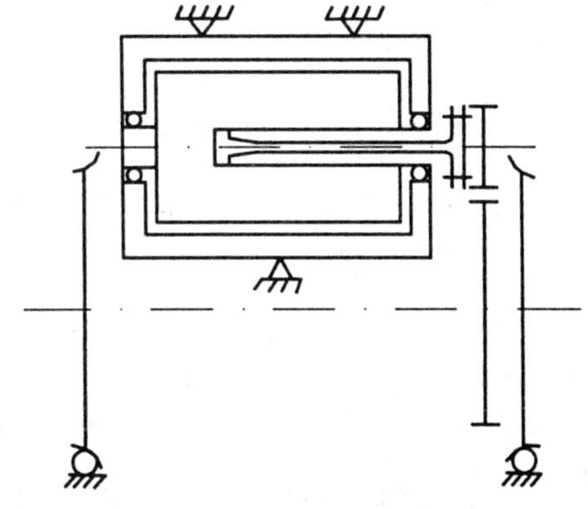

图 3.20 牵引电机架悬电机空心轴驱动装置示意图

该驱动装置中，仅大齿轮的全部质量和齿轮箱质量的 2/3 属于簧下质量，其优点在于弹性联轴器设置在小齿轮与电枢轴之间，转速高，传递扭矩小，重量轻，但牵引电机长度需要缩短，不利于提高功率，簧下质量较轮对空心轴一级弹性驱动装置和轮对空心轴两级弹性驱动装置大。

牵引电机架悬电机空心轴驱动装置在我国仅被装用于 SS_5 型电力机车进行试验，在出口伊朗的 TM1 机车上也装用了该驱动装置。

4. 牵引电机架悬鼓形齿轮联轴器驱动装置

由于牵引电机功率小、质量轻，牵引电机架悬鼓形齿轮联轴器驱动装置在动力分散电动车组上得到了广泛应用，我国将该驱动装置用于“先锋号”、“长白山”等动力分散电动车组，CRH_1、CRH_2 和 CRH_{3c} 型动车组也采用该驱动装置。

如图 3.21 所示，该驱动装置中牵引电机与车轴平行地悬挂于转向架构架横梁侧面。齿轮箱采用抱轴结构，其一端弹性地吊挂在转向架构架上，另一端则拖挂在车轴上。如图 3.22 所示，鼓形齿轮联轴器两侧内齿轮分别与牵引电机输出轴和齿轮箱输入轴过盈连接，两侧外齿圈通过螺栓紧固。连接后的联轴器可实现两轴之间径向 ±12 mm 左右的位移，最大轴向位移可达到 ±10 mm，并允许存在一定摆角，能够满足牵引电机架悬时轮对与构架间较小的位移补偿要求。

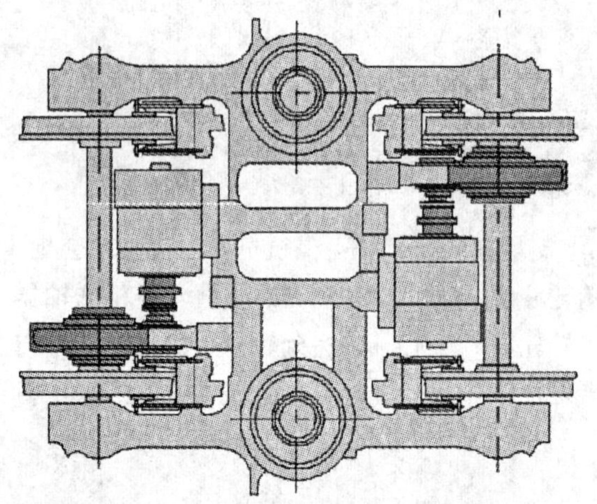

图 3.21　牵引电机架悬鼓形齿轮联轴器驱动装置

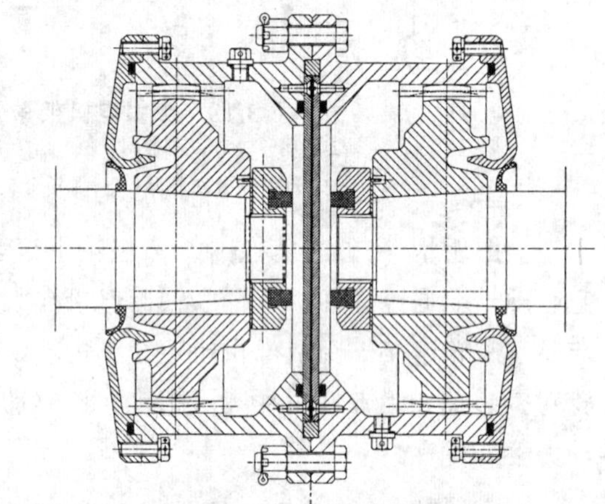

图 3.22　鼓形齿轮联轴器

采用该驱动装置减轻了转向架簧下质量，但簧间质量有所增加，构架的振动易传递到牵引电机上，缩短电机寿命。

5. 牵引电机半体悬双空心轴六连杆驱动装置

牵引电机半体悬双空心轴六连杆驱动装置主要用于德国 ICE1、ICE2 动力集中电动车组动力转向架，我国将其用于“蓝箭”、“中华之星”动车组动力转向架。该驱动装置将牵引电机、齿轮传动系统、双空心轴以及制动盘、驱动轮对组装成一体，组成驱动制动单元，结构如图 3.23 所示。

如图所示，该驱动装置牵引电机与制动横梁通过一个托架与齿轮箱连接为一体，同时也支承着外空心轴。驱动制动单元的一端通过球形橡胶关节吊在车体底架上，另一端通过两根摆杆吊挂在构架制动端梁上。此摆杆悬挂装置可保证转向架能不受驱动制动单元和车体的约束，较灵活地实现自身运动。驱动制动单元沿车体纵向中心线布置在转向架中央，使其回转半径最小。驱动制动单元与车体间设置耦合减振器，以缓和车体和转向架之间的动态相互作用。

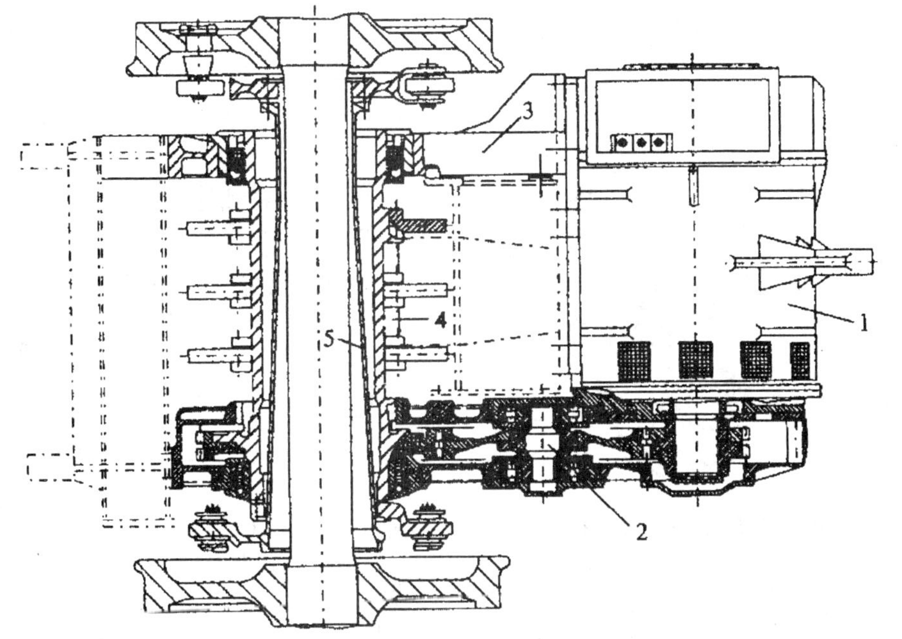

图 3.23　牵引电机半体悬双空心轴六连杆驱动装置

1—驱动制动单元；2—牵引齿轮副；3—支撑臂；4—外空心轴；5—内空心轴

牵引电机输出的扭矩通过齿轮变速箱传递到安装在外空心轴上的大齿轮，再经过外空心轴一端的六连杆联轴器传递至内空心轴，内空心轴再通过其另一端与车轮连接的六连杆联轴器传递给该车轮，并通过车轴将扭矩分配给另一侧车轮。同理，其制动力传递路线可简要概括为：安装在外空心轴上的制动盘→外空心轴→六连杆联轴器→内空心轴→六连杆联轴器→车轮→车轴→另一侧车轮。

该驱动装置六连杆联轴器采用橡胶球关节，允许其连接的两元件之间存在径向、轴向小位移和连接平面之间角度变化，通过内外空心轴之间、内空心轴与车轴之间的径向间隙实现了牵引电机与轮对之间相对位移补偿。

牵引电机半体悬双空心轴六连杆驱动装置的设计使驱动制动单元质量的 2/3 属于车体质量，其余 1/3 质量属转向架构架，大大减轻了车辆簧下质量和簧间质量，可以使高速运行条件下横向、垂向作用力很小。

6. 牵引电机体悬-三滚子万向轴驱动装置

法国 TGV 高速动车组动力转向架采用牵引电机体悬-三滚子万向轴驱动装置，“九五”攻关期间，我国曾对该驱动装置进行研究并试制出样机，其结构如图 3.24 所示。

如图所示，该驱动装置中，牵引电机与第一级齿轮变速箱为一体结构，通过三点弹性地吊挂在车体上；其第二级齿轮变速箱采用抱轴形式，即齿轮箱一端弹性地吊挂在转向架构架上，另一端的大齿轮和齿轮箱箱体与车轴抱轴连接。两齿轮箱之间则通过特殊设计的三滚子万向轴连接起来。

如图 3.25 所示，三滚子万向轴两端与普通万向轴一样，仍是十字联轴节，但其中部轴身则是可以滑动的两部分，其中之一是带三瓣圆形滑槽的销套，另一部分是轴身装有三个与三瓣滑槽相对应的带轴承滚子。三滚子轴在销套内可轻松滚动，使万向轴轴向可伸缩，伸缩量达到±120 mm，形成三滚子万向轴结构，亦称为三爪万向轴结构。经测量，三滚子万向轴在传递扭矩时滚子与销套之间摩擦系数仅 0.003，满足传动需要。

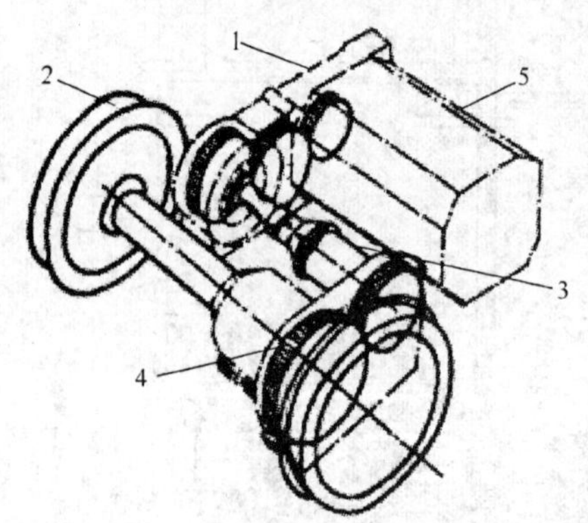

图 3.24 牵引电机体悬-三滚子万向轴驱动装置

1—第一级齿轮减速箱；2—轮对；3—三滚子万向轴；
4—第二级齿轮减速箱；5—牵引电机

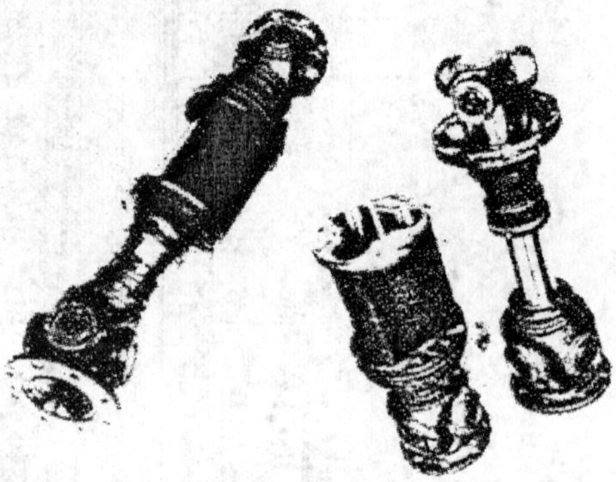

图 3.25 三滚子万向轴

通过采用三滚子万向轴，该驱动装置实现了车轴与车体之间相对位移的补偿，并大大降低了车辆簧下质量。

此外，日本在研究新一代新干线动车组动力转向架时，曾开发了牵引电机体悬万向轴-锥齿轮驱动装置。该装置中，牵引电机通过三点吊挂在车体上，电机轴与车轴相互垂直，轮对与电机之间相对位移通过万向轴和锥齿轮减速机构补偿。CRH_5 型动车组动力车转向架亦采用类似驱动装置。

三、CRH_1、CRH_5 型动车组转向架简介

CRH_1 型动车组动力与非动力转向架分别如图 3.26、图 3.27 所示，为满足轻量化设计的需要，这两种转向架均采用无摇枕结构。转向架采用焊接构架。其动力转向架构架为“目”字形结构，其主体结构由箱形截面的侧梁、横梁、纵向辅助梁和端梁组成，横梁上焊有电机吊座、齿轮箱吊座、牵引拉杆座和悬挂系统安装座。与动力转向架不同，非动力转向架构架取消了端梁，采用“H”形结构，构架横梁上设置了制动吊座以满足盘形制动装置的需要。两转向架均采用转臂式轴箱定位装置，轴箱悬挂系统采用顶簧加液压减振器的形式。转向架中央弹簧采用空气弹簧，设置横向、垂向和抗蛇行减振器，采用抗侧滚扭杆改善车辆在通过不良线路时的动力学性能。该转向架通过单拉杆牵引装置传递纵向力。动力转向架和非动力转向架分别采用轮盘和轴盘制动作为基础制动装置。

CRH_1 型动车组采用驱动系统架悬结构，其牵引电机通过三点刚性地吊挂在构架横梁上，齿轮箱采用抱轴结构，电机输出轴与小齿轮轴之间的位移通过鼓形齿联轴器予以补偿。

图 3.26　CRH_1 型动车组动力转向架

图 3.27　CRH_1 型动车组非动力转向架

CRH_5 型动车组动力与非动力转向架分别如图 3.28、图 3.29 所示，两种转向架均采用无摇枕结构，但为便于制造检修，其中部仍设置了焊接枕梁，转向架中央悬挂系统与牵引装置直接连接在枕梁上，枕梁与车体间通过螺栓连接。转向架采用“H”形焊接构架，其主体结构由箱形截面的侧梁和圆截面横梁组成，构架上焊有牵引拉杆座和悬挂系统安装座。

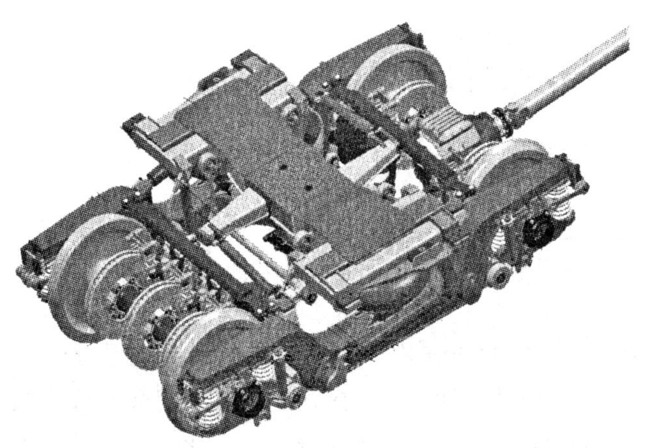

图 3.28　CRH_5 型动车组动力转向架

图 3.29 CRH$_5$ 型动车组非动力转向架

制动横梁通过关节与构架连接。两转向架均采用双拉杆式轴箱定位装置，特殊的结构设计可便于轮对纵、横向定位刚度的选取。轴箱悬挂系统采用双螺旋弹簧加液压减振器的形式。转向架中央弹簧采用空气弹簧，设置横向、垂向和抗蛇行减振器，设置两套抗侧滚扭杆装置以改善车辆在通过不良线路时的动力学性能。该转向架通过“Z”字形拉杆牵引装置传递纵向力。动力转向架和非动力转向架均采用轴盘制动作为基础制动装置，二者的不同在于动力轮对上设置了两个制动盘，而非动力轮对则是每轴三盘的结构。

CRH$_5$ 型动车组每台动力转向架上仅设置一个动力轮对，采用驱动系统体悬结构，其牵引电机吊挂在车体上，采用沿车体纵向的万向轴将扭矩传递到抱挂在车轴上的齿轮箱，通过锥齿轮驱动车轴转动。

四、径向转向架技术

从车辆系统动力学理论看，任何形式的转向架均可等效为两个相互约束的弹性轮对模型，即将转向架轴箱悬挂系统简化为等效剪切刚度 K_s 和等效弯曲刚度 K_b 。对于具有两系悬挂、H 形构架的客车转向架，一般认为：

$$\begin{cases} K_s = \dfrac{K_{1x}K_{1y}b_1^2}{2l_1^2K_{1y} + 2b_1^2K_{1x}} \\ K_b = \dfrac{1}{2}K_{1x}b_1^2 \end{cases}$$

式中，l_1 为转向架固定轴距之半；b_1 为轮对轴颈中心距之半；K_{1x} 为转向架一系纵向定位刚度；K_{1y} 为转向架一系横向定位刚度。车辆蛇行运动临界速度 v_{cr} 与 K_s、K_b 之间的关系如图 3.30 所示。

对于传统转向架而言，转向架等效剪切刚度 K_s 与等效弯曲刚度 K_b 之间存在一定的函数关系。当转向架轮对纵向定位刚度 K_{1x} 确定后，就可确定转向架等效剪切刚度 K_s 的最大值，该值与等效弯曲刚度 K_b 的关系如图 3.30 中直线 A 所示。因此，设计时只能采取增大转向架等效弯曲刚度 K_b ，即转向架轮对纵向定位刚度 K_{1x} 来满足车辆对直线稳定性的要求。但是，当车辆在曲线区段运行时，较大的转向架等效弯曲刚度 K_b 将使轮对摇头约束无法被释放，转向架各轮对处于正位状态，车轮与钢轨间存在较大冲角，从而造成外侧车轮轮缘贴靠钢轨，产生较大的轮轨横向力，引起轨距扩宽、轮轨磨耗严重等不利后果。在进行转向架设计时，往往需要根据车辆运行环境对车辆直线稳定性和曲线通过能力进行折中。

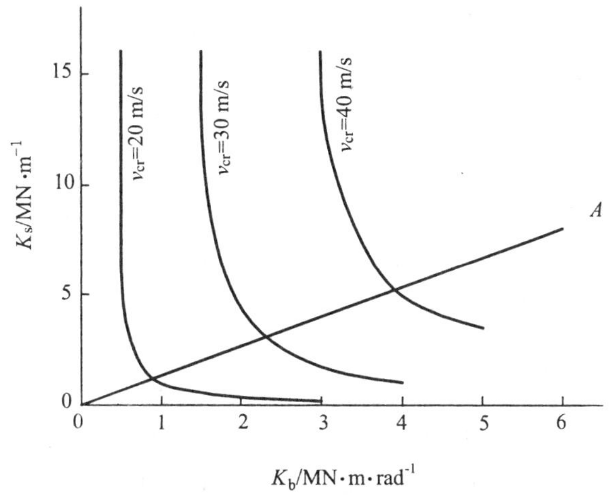

图 3.30　等效模型临界速度等值线

如图 3.31 所示，径向转向架指在曲线上运行时，通过导向机构或控制机构使各轮对轴线同时向曲线径向方向偏转，并使轮对轴线处于或接近径向位置的转向架。其主要原理实质上是在降低等效弯曲刚度 K_b 时，通过附加两轮对间弹性约束 K_{CB} 提高等效剪切刚度 K_s，以兼顾良好的曲线通过能力和直线稳定性。

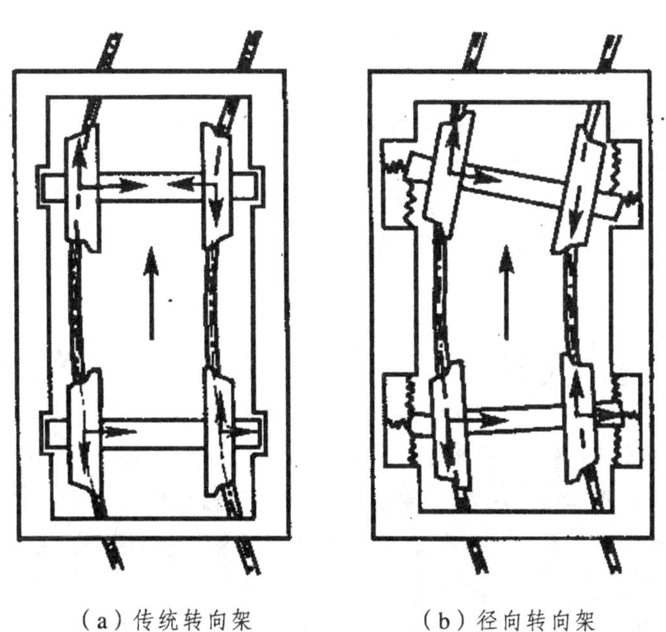

图 3.31 传统转向架与径向转向架

按作用原理的不同，径向转向架可分为自导向径向转向架和迫导向径向转向架两类。前者指被解除摇头约束的转向架前后两轮对通过导向机构相互连接，车辆通过曲线时利用轮轨间蠕滑力，使前后两轮对轴线同时趋于曲线径向位置的转向架；而后者的不同之处在于车辆曲线通过时利用转向架与车体之间的相对转角或施加主动控制力，迫使轮对轴线同时趋向于曲线径向。当车辆在直线区段运行时，杠杆系统的刚度保证转向架两轮对处于正位状态，可视作提供了足够的轮对纵向定位刚度以保证车辆的直线稳定性。同时，采用径向转向架的车辆可减小轮轨冲角，使轮轨间蠕滑力横向分量小，纵向分量大，从而达到提高牵引力，减小曲线上黏着力和曲线阻力的效果。测试结果表明，采用径向转向架的机车车辆对钢轨横向作用力峰值较传统转向架小 30% 左右。

此外，采用其他合理的结构形式也能满足列车对曲线通过能力的要求。如西班牙 Talgo 摆式列车采用独立旋转车轮转向架，具有良好的动力学性能。但由于这种结构形式受到轴重的限制，车辆长度较短，造成车辆载客能力受到限制，故未得到大规模运用。

五、高速动车组走行部新技术

为适应高速运行需要，近年来，世界各国针对传统高速动车组走行部的不足与局限性，将各种新结构、新技术运用到高速动车组走行部设计中，通过采用独立旋转车轮转向架、主动悬挂等途径，提升了车辆的动力学性能。

传统转向架采用轮对形式，即两个车轮通过过盈配合压装在一根车轴上，其优点在于可以利用轮轨蠕滑力及蠕滑力矩导向，在直线上有向轨道中央复位的功能，在曲线上则能跟随曲线导向。但是，轮对结构在达到一定的运行速度后，必定会产生剧烈的蛇行运动，并伴随着磨损、噪声等二次摩擦效应，运用在高速铁道车辆上存在一定的局限性。

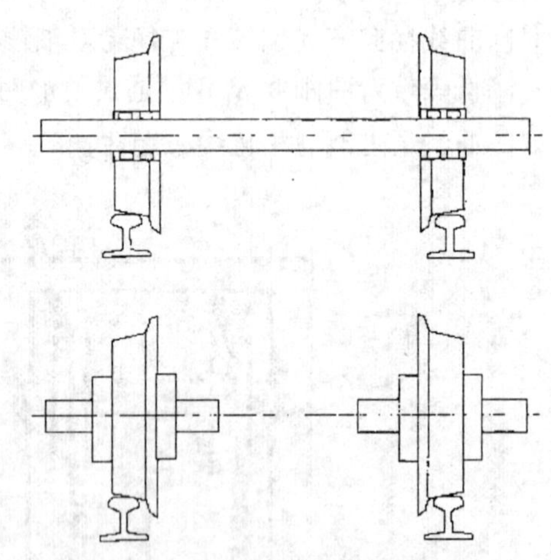

图 3.32　独立旋转车轮的结构形式

如图 3.32 所示，独立旋转车轮采用车轮通过轴承装配在车轴上，或两车轮独立地压装在两根短轴上的形式，实现两车轮自由度解耦。这种结构形式使车轮纵向蠕滑力不再存在，也没有了偏转力矩，因此具有不产生蛇行运动的优点，磨损、噪声大大降低，适宜在高速列车上采用。由于蛇行运动不复存在，采用独立旋转车轮的转向架还可以缩短固定轴距，从而减小转向架尺寸和质量，以开发成可实现高速运行的车辆转向架或城市轨道交通车辆转向架。但是，独立旋转车轮没有传统轮对所具有的复位功能，当转向架存在安装误差和受到线路不平顺激扰时，会自动向线路一侧偏移，引起轮缘异常磨耗等不利后果。此外，独立旋转车轮转向架还存在驱动装置设计、控制困难等难以解决的技术问题。

自 20 世纪 30 年代以来，世界各国对独立旋转车轮的运用进行了广泛研究，但由于对其导向机理研究尚不够深入，故除西班牙 Talgo 列车外，这种转向架结构形式并没有得到大规模运用，需要采用合理的途径解决其复位问题。试验研究已充分证实了独立旋转车轮技术在高速领域的独特价值：如德国 EDFⅠ型试验转向架采用轮座形式，滚动台试验速度达到 507 km/h，试验证明其导向性能较传统轮对转向架好。图 3.33 为在该转向架基础上开发的 EDFⅡ转向架。

图 3.33　EDFⅡ转向架

传统机车车辆悬挂系统由各种弹性元件和阻尼元件组成，如弹簧、液压减振器。这些元件在衰减振动时并不需要外界提供能量，仅仅是耗散或暂时存储系统内部能量，是一种被动的工作方式，因此称为“被动悬挂”。在机车车辆运行速度大幅度提高后，车辆振动加剧，仅靠优化现有悬挂系统参数改善乘坐舒适性和行车安全性是不现实的。因此，采用主动或半主动控制以改善车辆运行品质成为发展的必然趋势。

在一个已存在的机械系统中增加传感器、控制器以及作动器，使其成为一个状态可控的悬挂系统称为主动悬挂。主动悬挂系统采用有源或无源可控硬件组成一个闭环控制系统，根据车辆系统的运动状态和当前的激励大小主动作出反应，以抑制车体的运动，使车辆悬挂始终处于最佳减振状态。一般来讲，主动悬挂系统包括外部动力源、作动器、传感器（力、加速度）、信号调理、反馈、放大、处理器（即计算机）等部分，采用主动悬挂技术对车辆进行控制能够大幅度提升车辆动力学性能，但也相应增加了车辆制造、维护成本和能耗，使机车车辆结构复杂化。近年来，国内外还对介于主动控制和传统无源减振悬挂系统之间的半主动悬挂系统进行了研究。

主动、半主动控制技术在国内外已经处于运用阶段，德国 SF600 转向架、日本新干线 700 系动车组均采用了相关技术。为提高车辆运行平稳性，CRH_{2c} 型动车组头车转向架上设置了半主动控制横向减振器。

第四节　高速动车组车端装置

车辆成列编组运行是铁道车辆的基本特点之一，为实现这一特征，车辆之间需要设置连接与缓冲装置，为满足旅客运输和客车良好的动力学性能需要，客车还需要设置其他连接设备，如气路、电路连接设备，风挡及车端阻尼装置等。

一、高速动车组车钩缓冲装置与铰接式高速动车组车体连接装置

我国现有铁路客车一般采用15号或15号小间隙自动车钩，仅25T客车装用不带电路、气路连接的密接式车钩。由于自动车钩结构的固有特点，两套自动车钩装置连挂后，其纵向最大间隙可达到30 mm，造成列车起动、制动和调速过程中存在纵向冲动，不利于高速动车组运行。此外，高速动车组两车间需要种类繁多的电路、气路连接，为简化列车连挂、分解操作和减小空气阻力，应该采用带电路、气路自动连接的车钩，这是自动车钩无法实现的。

现代独立式高速动车组一般采用密接式车钩缓冲装置，以实现纵向小间隙和电路、气路自动连接。综合各国车辆特点，密接式车钩缓冲装置具有以下特征：

（1）车钩能够实现自动连挂和分解，并备有相应手动功能。高速动车组为保证列车的密封性能普遍采用密封风挡，为保证车辆外表平滑，还设置了包围整个车端截面的外风挡，在这种情况下，采用手动连挂、分解将给操作带来不便。因此，高速动车组用密接式车钩缓冲装置应该具有自动连挂、分解功能，手动功能仅在其失效情况下使用。

（2）具有电路、气路自动连接或手动整体连接功能。高速客车密接式风挡等设备给车辆电路、气路的连接带来不便，因此，电气连接系统小型化、整体化和实现自动功能是必要的。

（3）具有足够的强度和刚度。车钩缓冲装置在列车中起传递纵向力的作用，为满足高速运行需要，高速动车组车钩缓冲装置需要具有足够的强度和刚度。

（4）缓冲器应该适应高速列车动力学的需要。高速动车组用缓冲器应该在满足容量要求的前提下，尽量减小初压力，具有良好的阻抗力-位移特性，以提高列车纵向动力学性能。

（5）满足高速列车减重的需要。车钩缓冲装置应该在满足性能要求的前提下，尽量减小体积和质量。

（6）能满足不同车钩之间连挂需要。虽然高速动车组在运行时一般不会与装用自动车钩的车辆连挂运行，但考虑回送和厂、段内调车作业需要，应该设置相应过渡方式解决两种车钩之间无法连挂的问题。现有25T客车用密接车钩通过采用中间体或法兰盘过渡车钩解决了该问题。高速动车组自动密接车钩具有电路、气路自动连接功能，如何适应现有自动车钩，仍需要进行研究。

CRH_1型动车组端部装用SCHARFENBERG®密接式车钩缓冲装置，如图3.34所示，该车钩主要由钩头、钩身、电气连接器、垂向支承座、大容量缓冲器及复原装置等部分组成。其纵向间隙不大于0.5 mm，车钩最低抗压破坏强度不小于1 500 kN，带电路、气路自动连接。安装时仅需要通过螺栓或拉铆方式连接在车体相应部位，便于拆装。

SCHARFENBERG®自动车钩能实现车辆的自动连挂。连接两辆车的时候，只需要把一辆车开到第二辆车连挂的位置，不需要手动协助连挂。即使在角度未对准的情况下，自动车钩也能通过每个车钩连接面上的凸锥和凹锥及其向外伸出的导向角臂将车钩对齐，经过横向和垂向的调整实现自动连挂。该车钩能保证连挂的列车适应穿过垂向和横向的曲线的运动，以及列车的旋转运动。除了机械连挂外，也能实现电动和气动连挂。如图3.35所示，机械自动连挂是通过机械钩头和钩锁铁来实现的。

机械钩头和钩锁铁可以确保实现两节车厢的机械连挂。其连挂结构的特点就是在连挂结合面上带有一个凸锥a和一个凹锥b，可以允许车钩在一个比较大的横向和垂向范围内自动对中。这个接合对中范围通过一个导框和一个安装在车钩连接面一侧的伸展器来控制延伸。

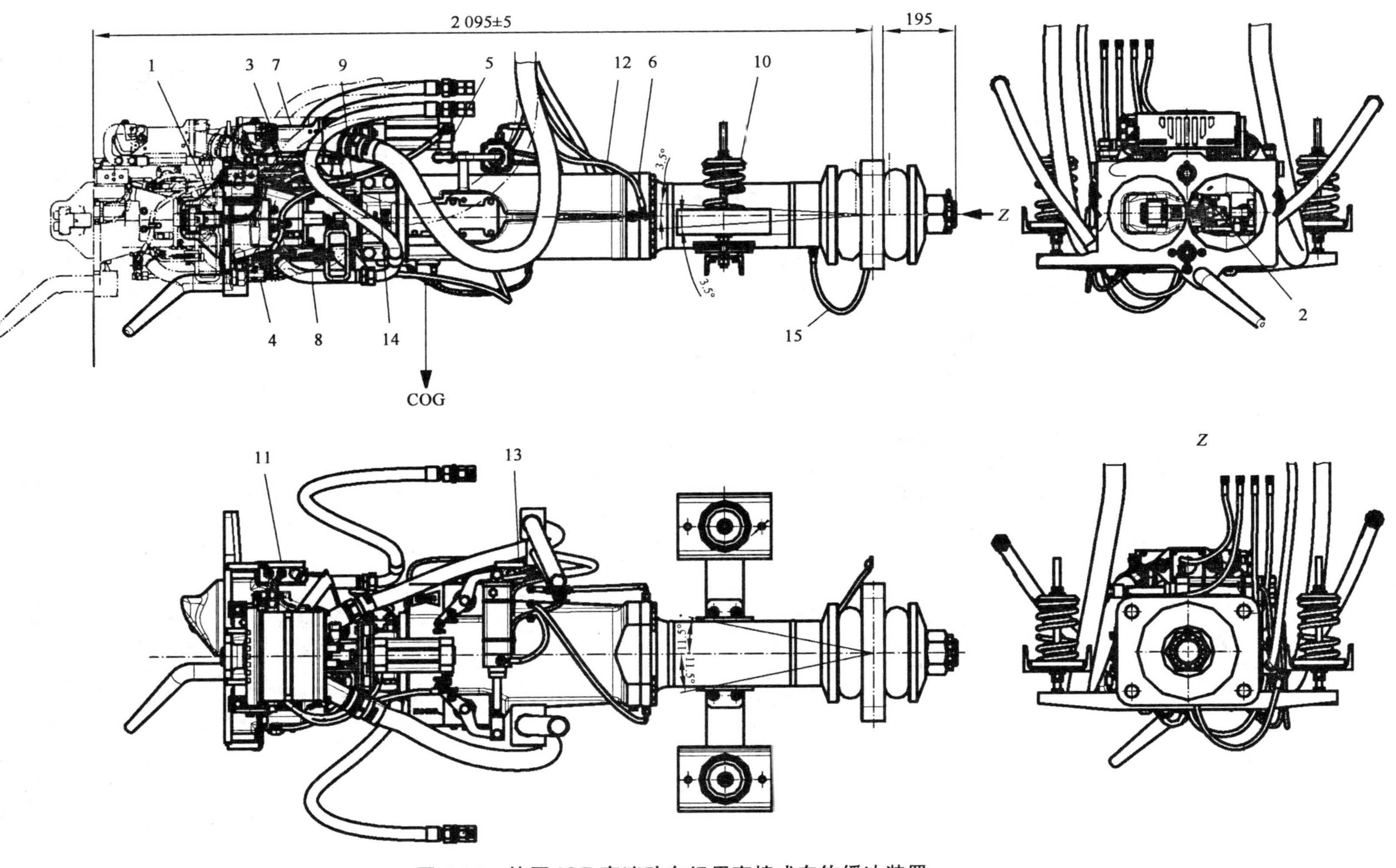

图 3.34　德国 ICE 高速动车组用密接式车钩缓冲装置

1—车钩头；2—解钩风缸；3—空气管路连接；4—空气管路连接；5—电气端头操作齿轮；6—车钩钩身；7—电气端头；8—空气管路连接；
9—空气管路件；10—支撑；11—电气部件；12—空气管路件；13—电气部件；14—连接卡环；15—连接电缆

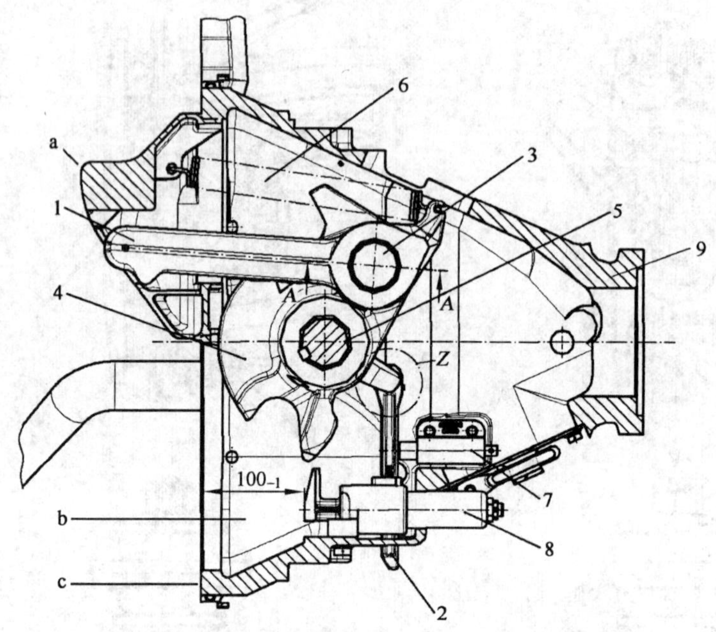

图 3.35　SCHARFENBERG®自动车钩的机械钩头

a—凸锥；b—凹锥；c—车钩连接面；1—连杆；2—棘轮；3—连杆销；4—钩锁铁吊板；5—中心轴销；6—拉伸弹簧；7—弹性支座；8—解锁导杆；9—车钩头

机械钩头的连接面 c 带有一个宽平边可以吸收缓冲载荷。牵引载荷通过钩锁铁吊板 4，连杆 1，中心轴销 5，拉伸弹簧 6，弹簧支座 7，带有导杆 8 的棘轮 2 进行传递。通过机械钩头和车钩钩身传递拉伸和压缩载荷，并将经过车钩钩身端部的中空橡胶环的缓冲吸收能力定为限定载荷。任何超出缓冲装置的吸收能力的载荷均被传递到车体底架上。

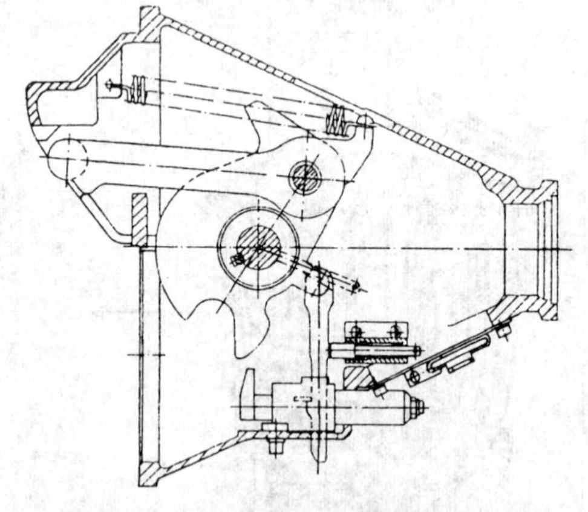

图 3.36　车钩钩锁铁的待连挂状态

图 3.36 为待连挂状态时车钩钩头各部件的位置。在这个操作位置上，连杆缩回到靠近凸锥边缘的位置，由一个棘轮固定。吊板被弹簧拉紧。棘轮突出车钩头一侧并且卡在导杆上。

如图 3.37 所示，连挂后车钩面向配合车钩，凸锥把压缩弹簧向后压，与从止挡上松开的棘轮密贴。这个动作，使得钩锁铁通过拉伸弹簧转向连挂位置，直到连杆咬合到钩锁铁吊板上（吊板压在车钩头的一个止挡上）。连挂之后，钩锁铁形成一个平行四边形以确保力的平衡，不可能发生意外解锁。钩锁铁只受到均匀作用在两个连杆上的拉伸载荷。

如图 3.38 所示，解钩时，压缩弹簧吊板转动直到联结环从吊板上脱落。当棘轮咬合到钩锁铁的位置就固定住了。当两车移开之后，弹簧和止挡向前移动并松开棘轮。钩锁铁被拉伸弹簧牵引转动直到棘轮卡到导线杆止挡上。钩锁铁重新处于待连接状态。

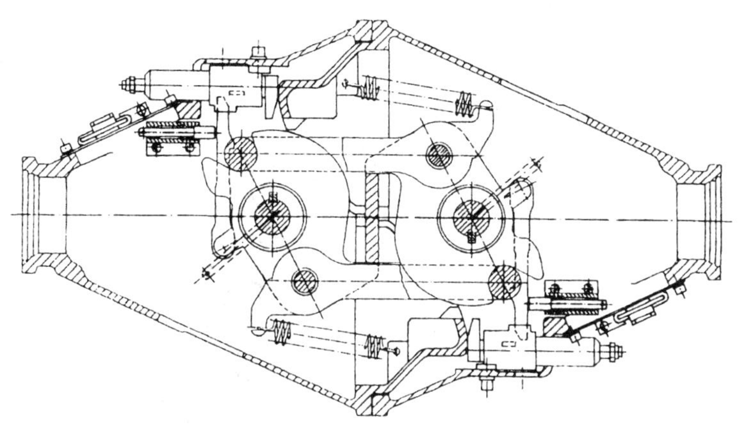

图 3.37 车钩钩锁铁的连挂状态

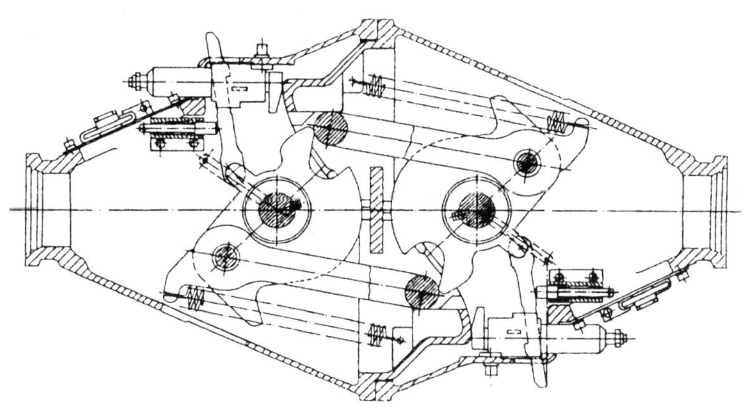

图 3.38 车钩钩锁铁的解钩状态

解钩装置可以使钩锁铁松开。解钩可以通过司机室远程控制完成。司机在司机室按下控制按钮，车钩头内的气缸充满压缩空气，推动活塞杆向前移动，转动钩锁铁上的吊板，连杆松开。解除连挂也可以在轨道旁直接在车钩上进行人工操作，使用一把艾伦钥匙来旋转钩形板，将车钩进行机械松开。只有在紧急救援情况下，才进行轨道侧处的手动解钩。车辆在接触连挂分开后，自动伸缩控制装置可以使车钩收回到车体内。车钩回到初始状态，准备进行下一次连挂。

CRH_1 型动车组中间车辆连接采用 SCHARFENBERG®半永久性车钩，如图 3.39 所示。其设计目的是为了确保列车车辆在行使过程中始终连挂为一个车组，而只需要在紧急情况下或者需要在车间进行维修时才进行解钩。车钩采用易分离式连接卡环连接，确保连挂牢固可靠无间隙。车钩可使车辆通过垂向和横向轨道曲线并满足车辆做旋转运动。车钩缓冲装置能确保有效的缓冲冲击功能。当车钩连挂时，空气管路连接自动完成。半永久性车钩只能手动完成车钩解钩。车钩钩身设有能量吸收装置，当超出规定的冲击载荷（如在严重冲击或碰撞情况下）时，它可以起到吸收能量的作用。这一装置包括一个预加载变形伸缩管和一个推杆。推杆压入至伸缩管并将其扩张，将冲击能量转换成形变能量。另外，还安装了一套中空橡胶弹簧，可用于轻型能量吸收。

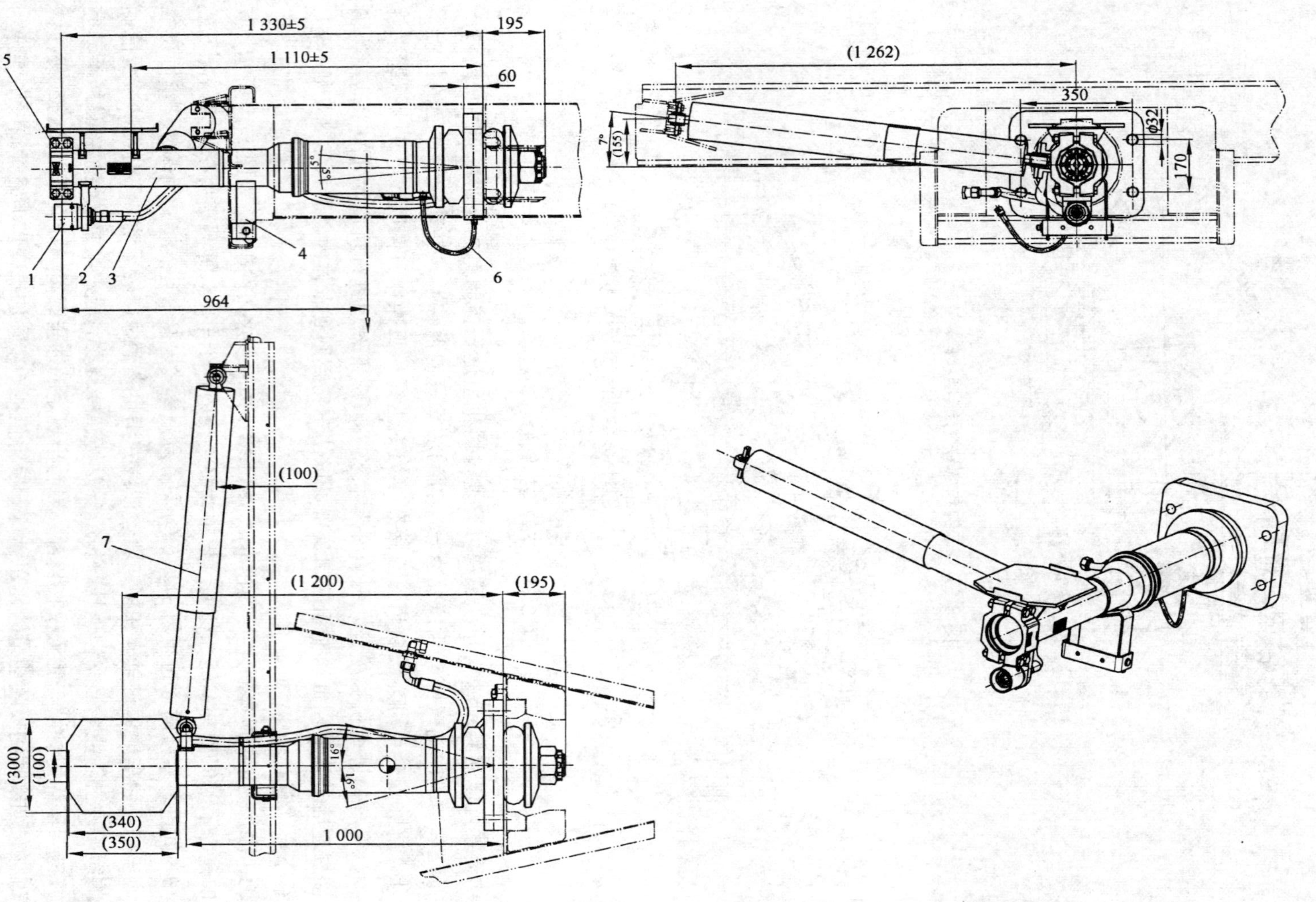

图 3.39　SCHARFENBERG® 半永久性车钩

1—空气管路接头；2、3—附件；4—支架；5—连接卡环；6—接地；7—液压缓冲器

SCHARFENBERG® 半永久性车钩由总风缸管路 MRP 空气管路连接装置、车钩钩身、附件、支架、连接套筒、接地电缆、横向减振器（液压缓冲器）等部分组成，如图 3.39 所示。

此外，CRH_2 型和 CRH_5 型高速动车组还装用了其他形式的密接式车钩缓冲装置。为满足密接式车钩与自动车钩的连挂要求，高速动车组一般还配置了过渡车钩，以满足段内调车或救援运行的需要。

缓冲器的作用是用来缓和列车在运行中由于机车牵引力的变化或在起动、制动及调车作业时车辆相互碰撞而引起的纵向冲击和振动。缓冲器有耗散车辆之间冲击和振动的功能，从而减轻对车体结构和装载货物的破坏作用，提高列车运行的平稳性。其工作原理是借助于压缩弹性元件来缓和冲击作用力，同时在弹性元件变形过程中利用金属摩擦和液压阻尼吸收冲击能量。高速动车组常用车钩缓冲装置主要有橡胶缓冲器和液气缓冲器等类型，我国也曾将胶泥缓冲器用于“中华之星”等高速动车组。随着我国铁路高速化进程的不断深入，北车四方车辆研究所、南车戚墅堰机车车辆工艺研究所等单位对密接车钩缓冲装置进行了研究，并开发了相应产品。在与国外企业合作生产 CRH 系列动车组产品过程中，各企业也与相关厂商合作，对密接式车钩缓冲装置进行了引进。

如图 3.40 所示，CRH_5 型动车组装用的丹纳自动车钩内设有三种类型缓冲器，分别为液气缓冲器、金属环簧缓冲器和球形橡胶弹性轴承。

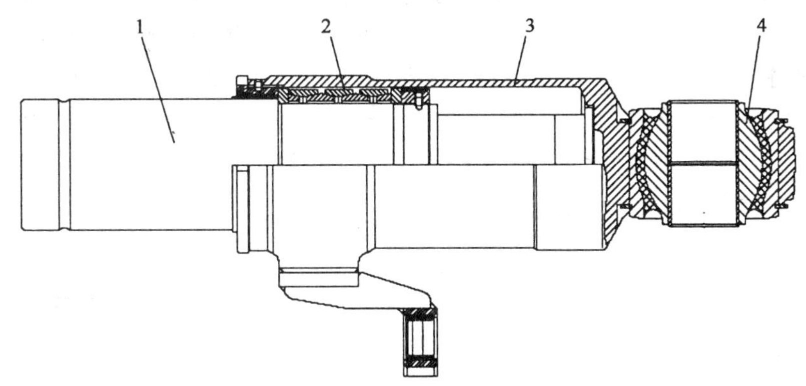

图 3.40　丹纳自动车钩缓冲器组成结构图

1—液气缓冲器；2—环簧缓冲器；3—缓冲器缸体；4—球形橡胶弹性轴承

液气缓冲器结构如图 3.41 所示。该缓冲器主要由柱塞、缸体、浮动活塞、单向锥阀、节流阻尼环、节流阻尼棒等部分组成，其内部形成两个油腔和一个气腔。浮动活塞将柱塞内腔分隔出油腔和气腔两个腔室。柱塞底座与缸体之间的间隔为另一油室。油腔内充有液压油，气腔充有氮气。在油腔 1 和油腔 2 中注满了液压油，在气腔中充有一定初始压强的氮气。液压油与氮气之间通过浮动活塞隔离。当相邻车辆间发生碰撞时，柱塞即被推入油腔 1 中，油腔 1 中的液压油通过节流阻尼环与节流阻尼棒形成的环缝及单向锥阀与柱塞端部形成的锥阀节流孔，流到油腔 2 中，使得油腔 2 的油量增大，从而使浮动活塞向左移动，气腔中的氮气被压缩。在冲击过程中，绝大部分动能转变为热能，并由缸体逸散到大气中，只有少量能量转化为油液的液压能，因而气-液缓冲器的能量吸收率比较大。当车辆间的冲击减缓或消失时，被压缩的氮气通过活塞给油腔 2 的液压油施以压力，并使液压油通过柱塞端部的单向阀流回到油腔 1 中，柱塞又回到原位。其中，单向锥阀可相对柱塞端部轴向移动，但只在缓冲器被压缩加载时才打开。当缓冲器卸载时，单向锥阀在油腔 2 的液压油作用下压紧在柱塞端部的阀座上，锥阀节流孔 7 被封闭，因此油腔 2 的液压油只能通过柱塞端部的单向阀流回到油腔 1，完成缓冲器的卸载。

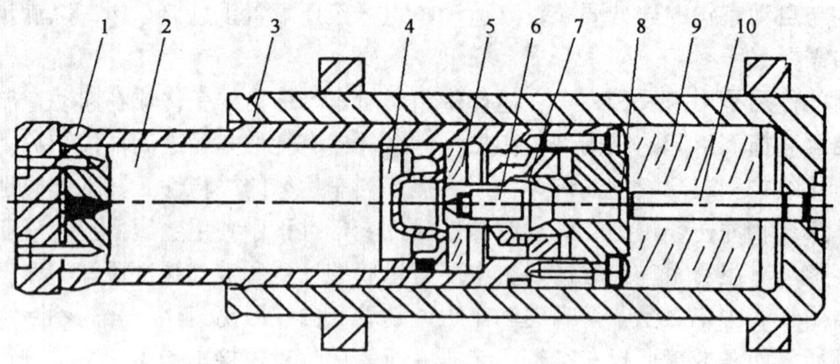

图 3.41　液气缓冲器结构原理图

1—柱塞；2—气腔；3—缸体；4—浮动活塞；5—油腔 2；6—单向锥阀；7—锥阀节流孔；8—节流阻尼环；9—油腔 1；10—节流阻尼棒

以法国 TGV 高速动车组为代表的铰接式高速动车组，其最大的特点是两车在连接处共用一转向架，因此，其车间连接装置与传统独立式车辆有着显著不同。TGV 动车组车间连接装置如图 3.42 所示。如图所示，TGV 高速动车组车间连接装置由支承臂、铰接臂和橡胶-金属锥形中央弹性铰三部分组成。车体一端设置支承臂，它由缓冲臂、冲击座、纵向联系梁、横向加强梁、吊臂和下安装座组焊而成。车体另一端设铰接臂，由上安装座、纵向联系梁和吊臂等组焊而成。中央弹性铰采用多层金属-橡胶锥形一体结构。支承臂和铰接臂分别与两车端通过台两侧立柱和端墙下横梁固接在一起。

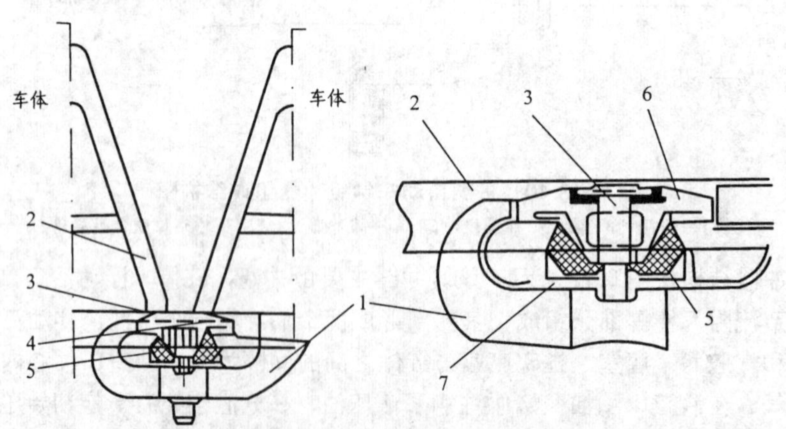

图 3.42　TGV 高速动车组车间连接装置

1—支承臂；2—铰接臂；3—安全销；4—橡胶缓冲垫；5—中央弹性铰；6—上安装座；7—下安装座

车辆连挂时，将一辆车铰接臂上安装座置于中央弹性铰内定位套锥面上，中央弹性铰外定位套再置于另一辆车支承臂下安装座上，实现两车连挂。两车各一半的重量通过支承臂一端设置的空气弹簧安装座作用在转向架空气弹簧上，支承车体，并传递垂向力，纵向力则通过牵引销传递。此外，考虑避免意外情况时两车不发生分离，还设置了安全销，将铰接臂、支承臂和弹性铰联系在一起。

二、高速动车组风挡装置

与传统铁路客车一样，高速动车组为运输需要而设置风挡装置。风挡装置是连接两车的通道，是旅客在车辆之间流动，列车乘务人员工作、服务的必经之路。一般而言，客车风挡必须保证安全，具有良好的纵向伸缩性和垂向、横向柔性，以适应车辆运行中振动和安全通过曲线、道岔的需要，能够保证良好的列车动力学性能。

针对高速动车组运行的特殊性，其风挡装置还应该满足以下需要：风挡的空气阻力应该尽可能小，保证车辆连接处光滑平整以减小列车运行时的空气阻力；具有良好的气密性，保证车辆密封；具有足够的强度，能够满足气动载荷下强度要求；具有良好的隔声性能以提高车内舒适性；此外，还需要风挡材料具有良好的防火性能。

为适应以上高速运行需要，国外高速动车组风挡主要有以下类型：

1. 滑动风挡

德国 ICE 高速动车组用滑动风挡是将车钩装置全部包容在内的双波纹结构，如图 3.43 所示。该风挡装置外端连接面为滑动面，利用弹簧压力保持滑动面连挂后持续压紧。其滑动面宽度应确保车辆间发生横向位移时不产生错位缝隙。车间渡板固定在车辆端墙上，可向上翻起。

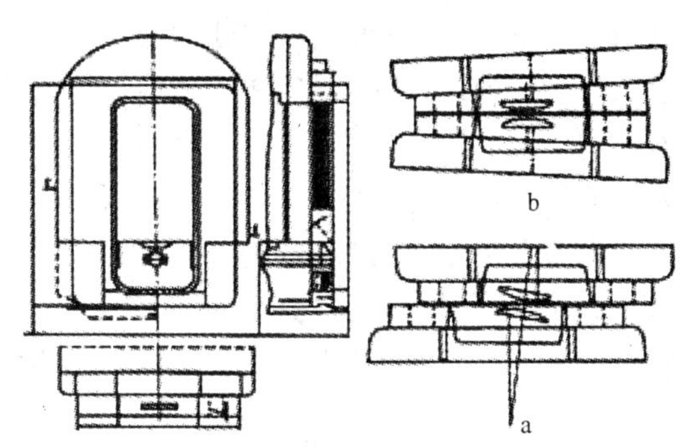

图 3.43 滑动风挡

2. 双层波纹风挡

双层波纹风挡具有良好的压力密封、耐压强度和隔声性能。内外层波纹件在折叠时反向相对，两车端墙面之间距离为 700 mm。风挡周边密封，运行中通道内净宽 1 100 mm。车间渡板采用铰接栅搭板，可防止在曲线运行时出现缝隙。车端外形轮廓处设有弹性护板以缩小车辆端墙间隙，使运行时的空气阻力减小。根据具体结构不同，双层波纹风挡可分为整体式和分体式两类，如图 3.44 所示。

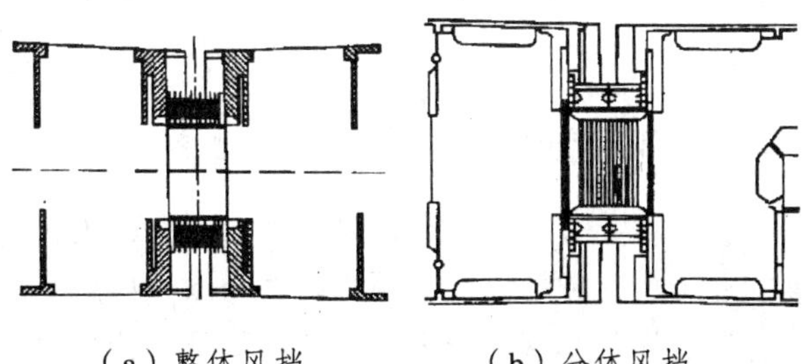

（a）整体风挡　　（b）分体风挡

图 3.44 双层波纹风挡

CRH_1 型动车组设置了气密式内风挡和外风挡两部分，其内风挡如图 3.45 所示。气密式内风挡的结构主要包括支撑梁、横梁、折棚、安装框、内外支撑框、活动踏板和固定踏板等部分。柔软的材料制成的折棚由两个安装框，内外中间框和护边组成。内外棚布用铝型材压褶在一起。框架使折棚具有刚性，折棚材料使风挡具有韧性。在棚布端部，棚布和安装框及中间框相连。折棚底部带有排水孔。安装框是由焊接的铝型材组成的，它们将折棚固定到车端上。橡胶垫用来密封安装框和车端。在车端安装、拆卸风挡时，内折棚棚布可从安装框中分开。外中间框和安装框一样是由焊接的铝型材组成的。底部有一个支撑梁靠在车钩上面的磨耗板上。外中间框固定外折棚棚布并将其分为两个部分。中间框的顶部有吊眼。内中间框和外中间框一样是由焊接的铝型材组成的，它帮助固定内折棚棚布并将其分为两个部分。中间框带有固定踏板，用来支撑活动踏板。固定踏板通过一个承载构件由螺钉固定在内中间框上。活动踏板用螺钉固定在车端上。两块踏板都是折页式的并可折叠，以便清洗和拆装螺钉。横梁是用螺钉固定在中间框下剖视的上部。支撑梁固定在中间框下剖视的下面并带有磨耗板。磨耗板靠在车钩上。气密式内风挡通过在其两端的安装支架用螺丝固定在车厢车端梁架上，不允许游动。安装支架上的橡胶垫，一是加强密封作用，二是遮风挡雨。风挡有进水迹象时需更换橡胶垫。

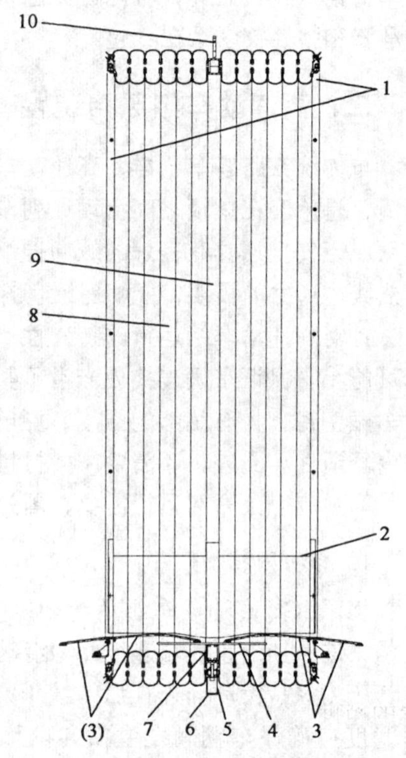

图 3.45　CRH_1 型动车组用波纹风挡

1—安装框架；2—边角部保护裙；3—活动踏板；4—固定踏板；5—支撑梁；6—磨耗板；7—横梁；8—褶皱式折棚；9—中间框架；10—吊眼

此外，国外高速动车组采用的风挡装置还有日本新干线高速动车组用全波纹气密风挡、法国 TGV 高速动车组用关节式风挡等。我国 CRH_2 型动车组除设置内、外风挡外，还设置了防雪风挡，CRH_5 型动车组也装用了双层折棚式风挡，在此不作赘述。

我国自 20 世纪 90 年代起开始对高速列车进行了大量研究工作，针对独立式客车和铰接式客车设计了不同的风挡装置，并提出相关技术要求，如满足 ±4 000 Pa 气动载荷下强度需要，满足车内压力由 4 000 Pa 降至 1 000 Pa 时间不少于 50 s 的密封性能，隔声值大于 40 dB（A）以及阻燃、隔热等。在“中华之星”等高速动车组上，我国采用了进口单囊橡胶气密内风挡加橡胶外风挡等结构形式。

三、高速动车组车端阻尼装置

随着列车技术装备的进步，旅客列车的运行速度不断提高，旅客对列车运行舒适度的要求也越来越高。但速度的提高使车体的摇头、侧滚等振动问题更加突出，成为影响列车运行品质的重要因素。人们逐渐认识到车端连接设备的刚度和阻尼特性对车辆各个自由度振动的约束作用，以及这种约束对列车运行舒适度的影响。为了提高舒适度，国内外开始在车辆的端部采用除缓冲器以外的专门的减振装置，或改进原有的某些车端连接设备的性能，如风挡的阻尼特性，使之能够衰减车辆之间的相对振动。

车端阻尼装置主要是约束车体的相对摇头、侧滚和点头运动，而衰减车体的这些运动，提高运行舒适度主要应该依靠转向架的一系和二系悬挂，车端阻尼装置只能起到辅助作用。实际上，车端阻尼装置在发挥衰减车端相对运动功能的同时，也会对转向架产生相互作用。动力学计算表明，车端阻尼值增加后，虽然约束了车辆相对运动量，但同时也对转向架产生附加反力，导致轮轨横向力、轮重减载率和脱轨系数上升，列车的曲线通过能力有恶化的趋势。从这一意义上讲车端阻尼装置对列车直线运行平稳性的影响和对曲线通过能力的影响是相互制约的。应该对阻尼装置参数进行合理选择，使之与转向架的悬挂参数相适应，保证在提高车辆运行平稳性的同时，尽量减小对列车曲线通过能力的影响。

法国 TGV 高速列车由于采用铰接式结构，转向架位于车端连接部位，转向架的各种减振器必须布置在车端。其 TGV-PSE 在车辆端部采用了一系悬挂轴箱减振器、抗蛇行减振器、横向减振器和垂向减振器，而 TGV-A 高速车则取消了垂向减振器，而在车端 4 个顶角增加了 4 个纵向减振器。其中的横向减振器和纵向减振器就属于车端阻尼装置的范畴。如图 3.46 所示，纵向减振器分上、下两层布置在 4 个角点上，主要衰减车体间的相对点头及摇头运动；横向减振器布置在车体与风挡之间，主要衰减车体间的相对横移及侧滚运动。减振器的阻尼特性取决于其功能。纵向减振器工作行程很小，振动速度低，但要求有足够的阻尼力，故纵向减振器采用具有陡前沿饱和特性的非线性减振器，具有起始段斜率大，达到饱和阻力后阻力几乎为常数，不随作用速度增加的特性。其优点是输出力恒定，不会产生过大的冲击，过弯道时又不至于对车体产生过大的纵向力。

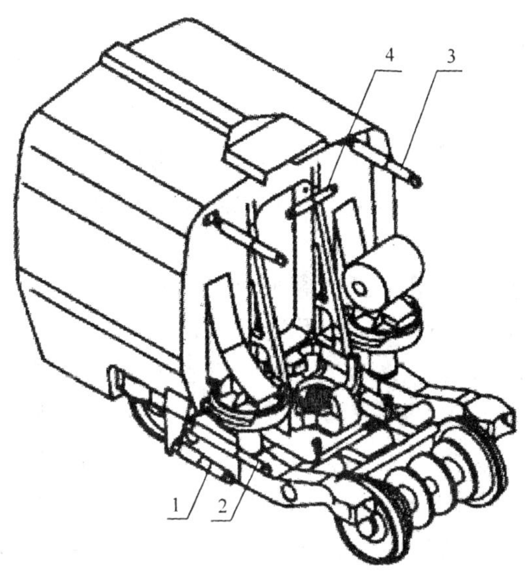

图 3.46　TGV 高速动车组车端阻尼装置

1—转向架抗蛇行减振器；2—下部纵向减振器；3—上部纵向减振器；4—横向减振器

日本铁路非常重视车端阻尼装置对提高列车运行舒适性的作用，车端阻尼装置广泛应用在特快电动车组和新干线车辆上。车端阻尼装置包括垂向车端减振器和纵向车端减振器 2 种形式，其中既有线车辆仅使用车端减振器；新干线车辆从 500 系电动车组开始，同时使用 2 种形式的车端阻尼装置。垂向车端减振器是安装在通过台上部的阻尼装置，相邻两车的车端减振器通过反对称拉杆相互连接，具有防止摇头和侧滚振动的作用。日本 20 系卧铺车安装有 YD1 车端减振器，E491 系安装 YD2 车端减振器。而其新干线列车从 0 系开始，各电动车组一直采用 YD4 型车端减振器，其原理如图 3.47 所示。纵向车端减振器是装在端墙下部车钩两侧的液压减振器，主要应用在高速新干线车辆上，在既有线上没有采用，在新干线其他列车中也只是在采用半主动或主动悬挂的电动车组上使用。在新干线高速车辆上，因编组位置的不同，横向振动的程度也有所不同，一般情况是车辆后尾部摇动大。抑制车辆间相互摇动的解决办法就是安装纵向车端减振器。500 系新干线电动车组是世界上首次采用车体间减振器的非铰接式车辆。

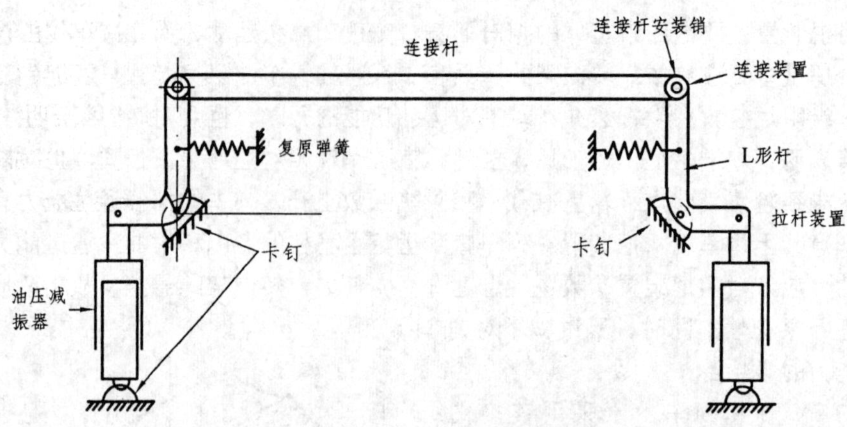

图 3.47 YD4 型车端减振器原理图

为了弥补折棚风挡刚度和阻尼特性的不足，2000 年，我国开始在 25K 和 25T 型客车上安装车端阻尼装置，该装置如图 3.48 所示。该装置由安装座、缓冲弹簧和磨耗板组成，装在折棚风挡上方，依靠相互压紧的磨耗板的摩擦力来耗散能量，约束车端相对运动。但由于车端部空间有限，又不能影响列车的自动连挂和分解，车端阻尼装置只能装在风挡的顶部。由于安装位置太高，作用点距车体断面中心太远，作用力不均衡，因此对约束车辆间的点头和侧滚振动颇为不利。而且由于圆弹簧本身不吸收能量，只能靠磨耗板提供横向和垂向的等效摩擦阻尼，其结构导致阻尼不足。所以这种车端阻尼装置可以对某些形式的车端相对运动起到一定的约束作用，但效果不理想。装有车端阻尼装置的 25K 型车除纵向和垂向加速度峰值稍有下降外，在这 2 个方向的运行平稳性比普通列车并没有明显改善。在列车稳定运行时（不发生车钩冲击，也没有各自由度的冲动），安装了车端阻尼装置的 25K 型客车的车端横向、垂向振动情况改善也不明显。

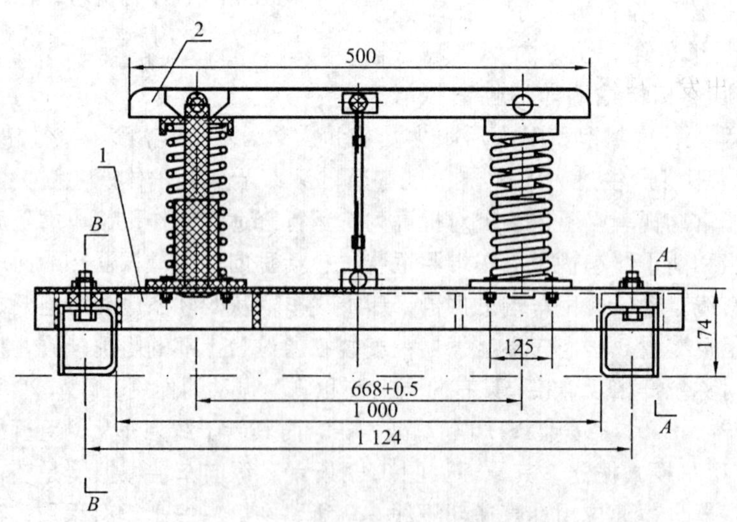

图 3.48 25K 客车用车端阻尼装置

1—安装梁组成；2—车端阻尼装置

在高速动车组车端阻尼装置运用方面，我国“中华之星”、“长白山”等高速动车组为了提高运用舒适性，采用与日本新干线电动车组结构相似的车端阻尼装置，与成田式风挡配合使用。“中华之星”动车组车端阻尼装置的作用原理与新干线 YD4 型车端减振器相同，车辆运行中通过 L 形杆和连接杆，将车端位移较大的摇头和侧滚运动转变为减振器位移较小的垂向运动，依靠减振器的阻尼衰减相对振动。计算与实验验证表明，采用该车端阻尼装置后，车辆横向平稳性指标得到了大幅度提高，对车辆曲线通过性能没有明显影响。为提高车辆运行品质，CRH_{2c} 型动车组也设置了车间纵向减振装置。

第五节　高速动车组牵引受流装置

现代高速动车组采用受电弓受流。受电弓是高速列车接受来自电网电能的部件，它是通过弓头上的导电滑板与电网接触受电。对于高速受电弓，除了与普通受电弓相同的诸如磨耗小、可靠性高、运营和维修费用低等一般技术要求外，主要还具有以下特点：

（1）受流可靠。列车运行速度提高后，受电弓沿接触网导线移动速度大大加快，接触网与受电弓的接触特性更加复杂。因此要求受电弓在高速滑动时受流可靠，即要求离线率小，接触压力尽可能保持恒定。

（2）受电弓重量需要降低。运行中的受电弓会随着接触导线不平顺而上下波动，高速运行将使这种运动加剧，从而影响受流质量。由于弓-网接触压力与受电弓静态特性和动态特性直接相关，因此，对于高速受电弓，在保证强度和刚度的前提下，应降低受电弓运动部分的质量，从而减小运动惯性力，保证弓-网良好接触。

（3）良好的空气动力学性能。高速列车运行时所受的空气阻力较常规列车大得多。安装在车顶的受电弓属于车体突出部分，必须采取相关措施提高受电弓空气动力学性能，即减小空气动力学作用对受流的影响，减小空气阻力和气动噪声。

（4）采用单弓受流。理论计算和实际运用经验表明，基于减小空气阻力、噪声，避免接触网波动的角度出发，现代高速动车组应该采用单弓受流。

为满足以上要求，高速动车组用受电弓的设计必须从动力学（弓网系统动力学）、空气动力学、运动学、电机学、结构振动乃至电蚀摩擦材料学等多方面并与接触网结构及导线结合起来系统考虑。

高速受电弓的形式多样，各有特色。我国 CRH 系列动车组所采用的 DSA250 型受电弓如图 3.49 所示，该型受电弓采用压缩空气气囊驱动升弓，自重降弓。普遍采用轻量化优质材料，具有良好的机械和动力学性能。受电弓滑板采用纯硬碳材料，对接触网线起到保护作用。如图 3.49 所示，该受电弓气动升弓装置 3 安装在底架 1 上，通过钢丝绳作用于下臂，下臂、上臂和弓头使用轻型铝合金焊接而成。滑板安装在 U 形弓头支架上，弓头支架垂悬在 4 个接簧下方，两个扭簧安装在弓头和上臂间，这种结构使滑板在机车运行方向上移动灵活，而且能够缓冲各方向上的冲击，达到保护滑板的目的。针对不同速度等级的机车其向上的空气接触压力可通过弓头翼片来调节。自动降弓装置可以监测到滑板的使用情况，如果滑板磨耗到限或受冲击断裂后，受电弓会迅速自动降下，防止弓网事故进一步扩大。更换滑板后，重新启用自动降弓装置。

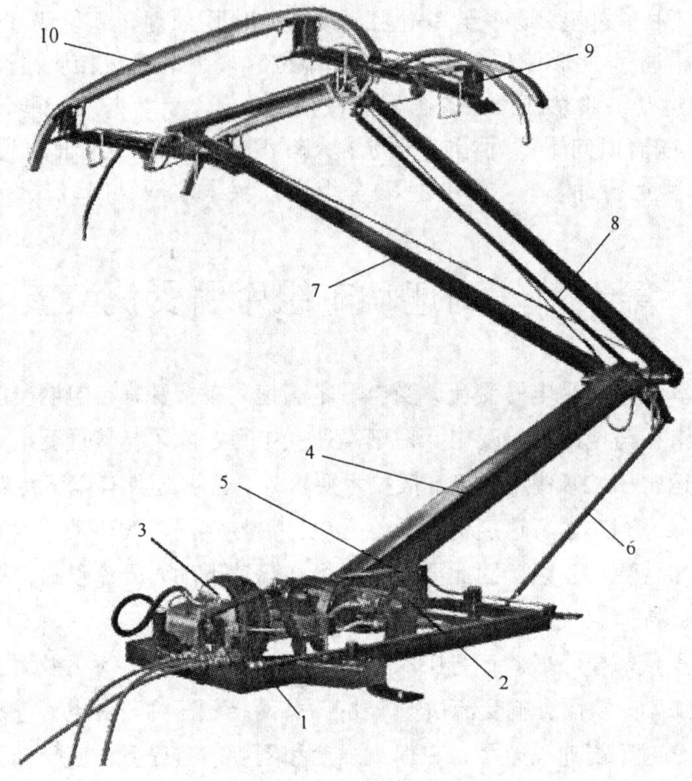

图 3.49　高速动车组受电弓

1—底架；2—阻尼器；3—升弓装置；4—下臂；5—弓装配；6—下导杆；
7—上臂；8—上导杆；9—弓头；10—碳滑板

该受电弓在设计时，通过利用有限元方法建立弓-网系统模型，受电弓模型分别由弓头质量、上臂杆、下臂杆以及联系它们之间的弹簧阻尼组成，接触网也考虑了它的导线质量、悬挂刚度，通过接触压力将受电弓与接触网导线联系，组成一个动力学系统。计算受电弓在高速运动时二者的接触状态并对受电弓的各项参数进行优化，以保证受电弓在 350 km/h 速度滑行时能满足规定的限值。动力学计算为设计受电弓提出以下几点定性的结论：弓头质量应尽量轻；弓头阻尼应趋小；弓头刚度应小于上臂杆刚度；升弓和运行时空气阻力小；对不同迎流方向有尽可能相同的空气动力学特性；产生涡流小；接触压力尽量低于 120 N；受电弓和接触导线的自振频率应避开涡流频率的影响。

日本高速动车组最初采用双臂受电弓，如图 3.50 所示，为进一步降低空气阻力，自 500 系高速动车组开始改用翼形弓头 T 形受电弓或翼形弓头 V 形受电弓。

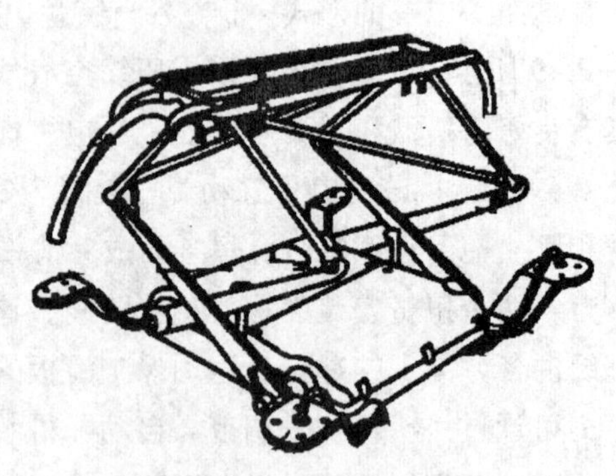

图 3.50　新干线 0 系动车组用双臂受电弓

翼形弓头 T 形受电弓如图 3.51 示。该受电弓利用仿生学原理，模拟鹰在空中飞行时翅膀的姿态，设计成在一椭圆形截面 T 形支架上支承一个翼形弓头的结构，在受流方面取得良好效果，能够满足以 300 km/h 速度运行的需要。椭圆形支架内设置气缸，采用电子装置控制，保持弓-网接触压力恒定在 491 kPa。弓头形状是通过风洞实验和运行实验确定的，为扁平椭圆形断面。受电弓设置三系悬挂系统，分别为气缸减振、弓头下螺旋弹簧和弓头内部的碳纤维增强塑料板及螺旋弹簧。该受电弓用于新干线 500 系动车组，降噪、受流效果突出。

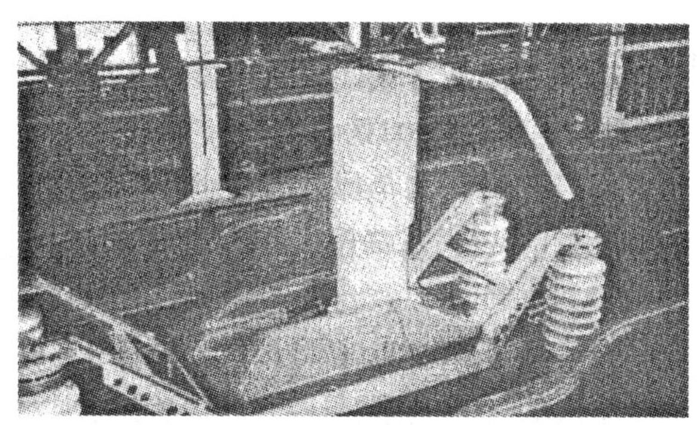

图 3.51　新干线 500 系动车组用翼形弓头 T 形受电弓

如图 3.52 所示，新干线 700 系动车组采用单臂的翼形弓头 V 形受电弓。为有效抑制噪声，弓-网间接触压力更低，保证了平稳受流。车顶靠近受电弓处设置了酒杯形截面的整体受电弓罩，保证受电弓周围气流平稳。

图 3.52　新干线 700 系动车组用翼形弓头 V 形受电弓

第四章　高速动车组制动系统

通过合理的途径，将运行中列车的动能转化为其他形式的能量，使列车速度降低，以实现调速或停车的过程称为制动。为了施行制动而在机车车辆上安装的一整套相关设施，称为制动装置。

按照列车制动力是否与轮轨黏着力有关，列车制动可分为黏着制动和非黏着制动两类。

按照列车能量消耗方式的不同，现有列车制动可分为摩擦制动和动力制动两类。

高速动车组动能与速度的平方呈线性关系。为实现有效而可靠的制动，在一定的制动距离条件下，列车的制动功率是速度的三次函数。例如，英国 MK-Ⅱ高速客车，在 100 km/h、160 km/h 和 200 km/h 速度下制动时，每一车轴消耗的制动能量分别是 3.7 MJ、9.5 MJ 和 14.5 MJ。又如 APT 高速动车组，在速度为 250 km/h 下制动时，每一车轴消耗的能量高达 42 MJ，远远大于机车牵引功率。高速动车组制动系统需要着力解决以下问题：

1. 制动能力和安全性

高速列车的制动作用包括调速制动和停车制动，其制动能力首先体现在停车制动作用时对制动距离的限制。根据列车制动系统的结构特点和司机操纵作用，停车制动有各种不同的方式，在同样的制动装置、操纵方式和线路条件下，其制动距离基本上与列车制动初速度的平方呈正比关系。所以，随着列车速度的提高，必须相应改进其制动装置和制动控制方式才能满足缩短制动距离的要求，在各种不同的制动方式中，又以紧急制动距离为最短，是检验列车制动能力和运行安全性的基本技术条件，也是通信信号系统设计和运输组织的重要依据。

紧急制动距离的设计值主要基于轮轨间制动黏着的利用、基础制动装置的热容量以及制动控制性能等各种制约因素所容许的最大紧急制动能力，此外，还应该考虑必要的安全裕量，特别是在动力制动作用不良状态下的紧急制动能力。目前，国外最高运行速度 300 km/h 的高速列车标准状态紧急制动距离一般规定在 3 000～4 000 m，我国《铁路主要技术政策》规定，运行速度为 300 km/h 的列车，其平直道紧急制动距离不得超过 3 700 m。

此外，影响制动距离的因素还有列车组成和线路条件，应按不同机车车辆的运行阻力和坡道、曲线阻力进行具体计算。为保证满足紧急制动距离即列车运行安全性的基本要求，在设计高速列车的制动能力时应留有充分的安全裕量。

2. 舒适性

从列车动力学的观点出发，旅客的乘坐舒适性包括横向、垂向和纵向三方面的指标。高速列车纵向运动的特点除起动加速度较快以外，主要是制动作用的时间和减速度远大于普通旅客列车，因此，必须有相应措施来控制旅客纵向舒适性的指标，包括对制动平均减速度、最大减速度和纵向冲动的要求，均应高于普通旅客列车。

我国普通旅客列车和高速动车组制动舒适性对比如表 4.1 所示，由该表可见，高速动车组制动舒适性要求较普通旅客列车更为严格。

表 4.1　旅客列车纵向舒适性评定指标

指　标	高速试验列车制动系统技术条件（95J01-E）（报批稿）	TB/T 2370—93 客车纵向动力学试验方法及评定指标
紧急制动最大减速度/$m \cdot s^{-2}$	≤1.4	≤1.4
常用制动平均减速度/$m \cdot s^{-2}$	≤0.6	≤1.2
最大纵向冲动	≤0.6g	≤1.0g ~ 1.2g

注：g 表示重力加速度。

目前，高速列车制动系统主要通过以下措施：采用微机控制的电气指令制动系统以实现制动过程的优化控制，并在提高平均减速度的同时尽量减少减速度的变化率；对复合制动的模式进行合理设计使不同形式的制动力达到较好的组合；减少同编组列车中不同车辆制动力的差别以缓和车辆之间的纵向动力作用；采用摩擦性能良好的盘形制动装置和强有力的动力制动装置以提供足够的制动力。

3. 可靠性

制动系统作用的可靠性是列车行车安全的基本保证。如果动车组在高速运行时制动系统失灵将造成不堪设想的后果。因此，高速列车一般采用包括设有空气制动、微机控制的电空制动和计算机网络控制制动三种制动控制方式，保证当其中任一系统故障时列车制动系统不失效。此外，高速动车组还通过设置能力足够的弹簧停车制动装置，制动能力冗余量和非黏着制动的保安作用等途径实现制动可靠性。

第一节　高速动车组制动系统概述

高速动车组制动能量较普通列车大大增加，由于受到制动热容量、机械制动部件磨耗寿命、摩擦材料性能对黏着利用的局限性、制动距离以及对旅客乘坐舒适性的不利影响等因素的限制，传统的纯空气制动能力已不能满足需要。因此，高速动车组必须采用能提供强大制动力并更好利用黏着的复合制动系统。通常，高速动车组复合制动系统由制动控制系统、动力制动、空气制动（包括盘形制动和踏面制动）系统、微机控制的防滑器和非黏着制动装置等组成。本节着重介绍高速动车组常用的制动方式与制动系统辅助设施，制动控制技术将在本章第二节予以讨论。

一、摩擦制动

摩擦制动指通过机械摩擦来消耗列车动能的制动方式，主要包括常见的踏面制动、盘形制动和磁轨制动等。

1. 踏面制动

踏面制动又称为闸瓦制动，是指用铸铁或其他材料制成的闸瓦紧压滚动着的车轮踏面，通过闸瓦与车轮踏面的机械摩擦将列车动能转化为热能，耗散于大气，并产生制动力的制动形式。其结构简单可靠，制动力不因速度过低而丧失，且能够通过改变闸瓦压力予以调整。但由于车轮材料无法改变，仅改变闸瓦材料对改进摩擦副特性效果有限，高速运行的车辆制动时将造成摩擦副热负荷过大，故该制动方式不适用于高速动车组。

2. 盘形制动

盘形制动是以合成材料或粉末冶金材料制成的闸片夹紧装在车轮轮辐或车轴上的制动盘，通过闸片与制动盘之间的机械摩擦消耗列车动能，从而产生制动作用的制动方式，如图 4.1 所示。与踏面制动相比，由于其摩擦副匹配范围大，制动热负荷能力大大提高，散热性、耐磨性好，能够满足高速动车组的制动需要。但是，不论采取何种安装方式，制动盘重量均属于簧下质量，与高速动车组对低簧下质量的要求形成矛盾；同时，由于没有闸瓦对车轮进行修圆，采用盘形制动的车辆车轮踏面缺陷会不断恶化，造成车辆冲击振动加剧，因此，盘形制动装置一般需要和踏面清扫器、防滑器配合使用。由于盘形制动属于黏着制动，其制动力受轮轨黏着限制，故仅作为高速列车辅助制动装置。

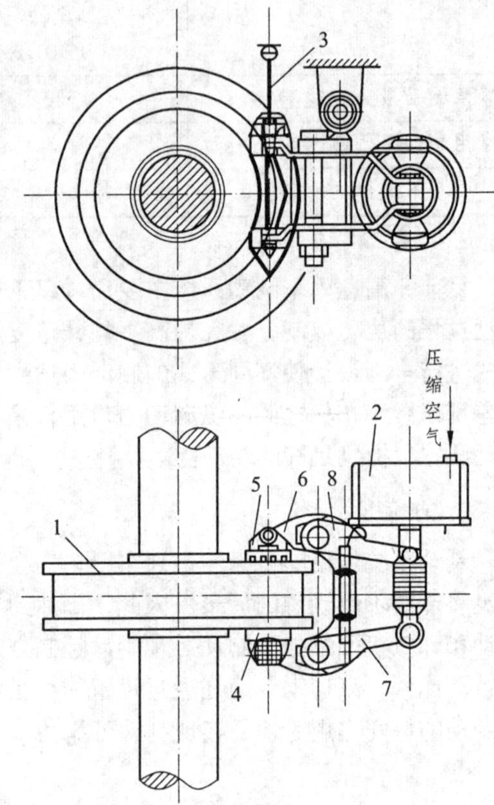

图 4.1　盘形制动装置

1—制动盘；2—制动缸；3—吊杆；4—闸片；5—闸片托；6、7—杠杆；8—支点拉板

按照安装位置的不同，可将盘形制动分为轴装盘形制动（简称轴盘制动，见图 4.2）和轮装盘形制动（简称轮盘制动，见图 4.3）两类。

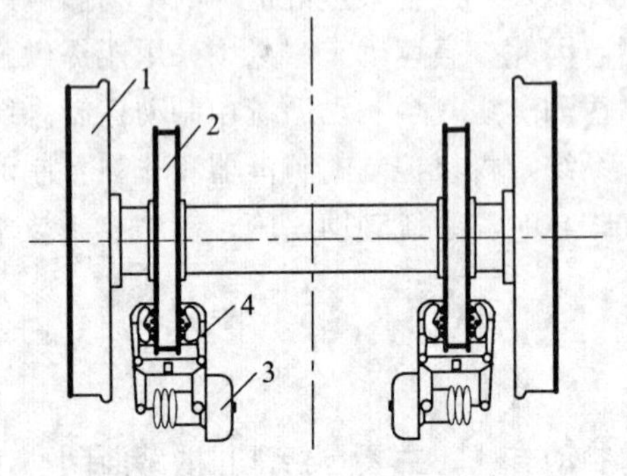

图 4.2　轴装盘形制动装置

1—轮对；2—制动盘；3—单元制动缸；4—制动夹钳；

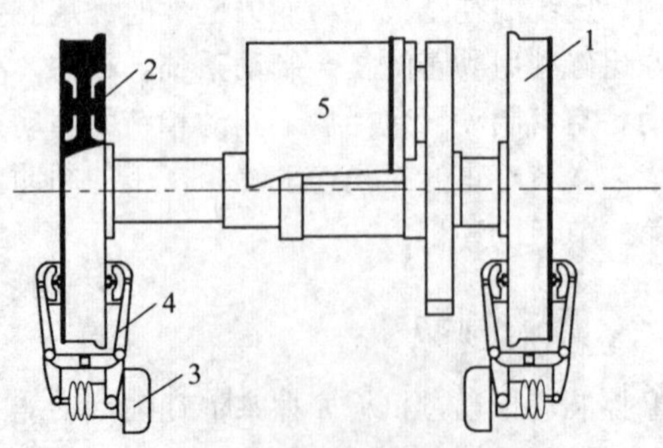

图 4.3　轮装盘形制动装置

1—轮对；2—制动盘；3—单元制动缸；4—制动夹钳；5—牵引电机

轴盘制动广泛应用在高速动车组非动力车轴上，其安装、维修方便，散热性能好，并可

根据制动力的不同要求，在每根车轴上安装 2～4 个制动盘。但在高速列车动车的动力轴上，由于受到牵引电机安装空间及转向架簧下质量的制约，一般轮盘制动将制动盘直接装在车轮的辐板上，与轴盘制动相比，其缺点是散热条件较差，导致热胀冷缩的应力状态恶化，在同等制动功率条件下摩擦表面的热密度增大而容易引起热裂纹。

按照盘形制动装置中具体结构的不同，可将其分为杠杆式和卡钳式两类。

我国铁道车辆用盘形制动装置主要采用杠杆式。如图 4.4 所示，两杠杆中部连接在转向架构架上，两端分别安装制动缸和闸片，组成 H 形连杆。制动时，制动缸通过制动杠杆使闸片夹紧制动盘产生制动力。

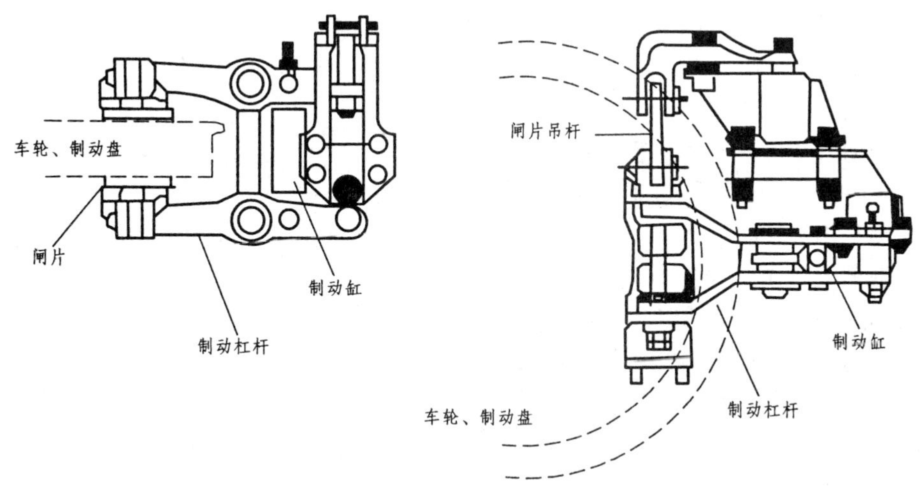

图 4.4　杠杆式盘形制动装置

日本新干线部分采用液体作为工作介质的盘形制动装置采用卡钳式模式。如图 4.5 所示，该装置由内部设置液压制动缸的制动卡钳、支架和剪刀形夹紧车轮的本体组成，支架和本体之间通过销轴连接，并设置防振橡胶垫。

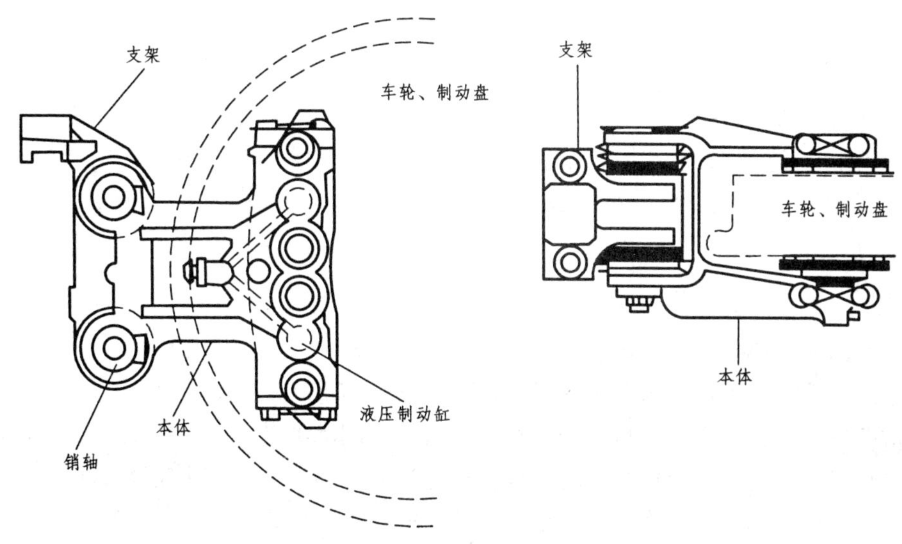

图 4.5　卡钳式盘形制动装置

对于 200 km/h 以上的高速列车，制动闸片通常采用粉末冶金摩擦材料，该类材料由基体组元、润滑组元和摩擦组元所合成，不仅具有良好的导热性而能承受较大的热负荷，而且摩擦系数在高温时无明显衰减，受气候和温度条件的影响小，又具有优于高摩合成材料闸片的耐磨性。因此，虽然制造成本较高，仍被高速列车所广泛采用。

设计高速动车组制动盘时必须校核其热负荷能力。

3. 电磁轨道制动

电磁轨道制动简称磁轨制动，是指在转向架构架侧梁下方设置制动用电磁铁，制动时将其放下并利用电磁吸力紧压钢轨，通过电磁铁上的磨耗板与钢轨之间的滑动摩擦产生制动力，并将列车动能转化为热能，耗散于大气的制动方式，其结构如图 4.6 所示。磁轨制动作用时，其制动力通过连杆装置传到转向架上，不经过轮对，与轮轨黏着无关，故为非黏制动，可为高速动车组提供附加制动力。但是，磁轨制动靠摩擦产生制动力，滑动摩擦力必定小于轮轨黏着力，且磁轨制动耗电量大，带来的摩擦与温升会对钢轨造成损伤并干扰轨道电路，故一般仅作为紧急制动时的辅助制动方式，用于黏着力不能满足紧急制动距离要求的高速动车组。

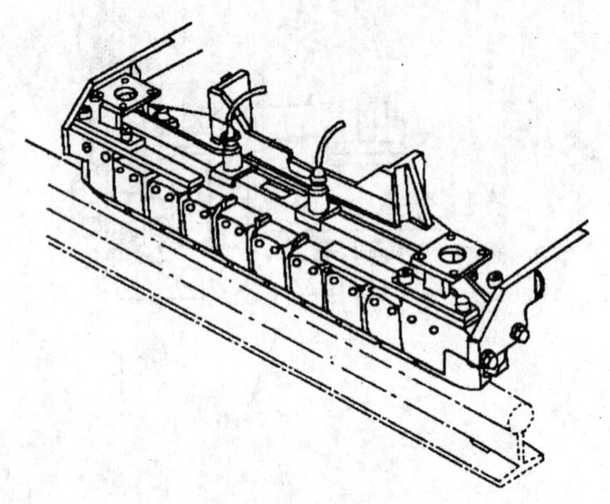

图 4.6　电磁轨道制动

二、动力制动

利用某种非接触的能量转换装置，将运行中列车的动能转化为其他形式的能量并予以消耗的制动形式称为动力制动，主要包括电阻制动、再生制动和涡流制动（轨道涡流制动、圆盘涡流制动）等形式。

1. 电阻制动

电阻制动是利用牵引电动机的可逆性，当列车需要制动时轮对带动牵引电机旋转发电，电流经制动电路传递到制动电阻，转化为热量耗散掉的制动形式，具有摩擦部件少，维修工作量小，可反复使用等优点。这种制动方式在我国电传动内燃机车和电力机车上得到了广泛应用。

2. 再生制动

再生制动的原理与电阻制动类似，也是使牵引电机作为发电机工作而产生制动力，不同之处在于所产生的电能将反馈至接触网，其回路如图 4.7 所示。由于交-直-交传动技术的发展，网侧变流器能迅速、平滑、无接点地实现牵引与再生制动的转换，即实现能量双向流动的功能，使三相异步电机由牵引电机变为发电机，通过动轴传递力矩产生制动作用。其特性主要取决于牵引电机的特性，功率亦与牵引电机的功率相当，所以具有多个牵引电机的动力分散方式往往具有更强大的动力制动能力。但对于再生制动所产生电流的质量需要严格控制，以免污染电网。此外，高速动车组进行再生制动时，附近必须有处于牵引工况的高速动车组消耗其产生的电能，在一定程度上局限了再生制动的应用。

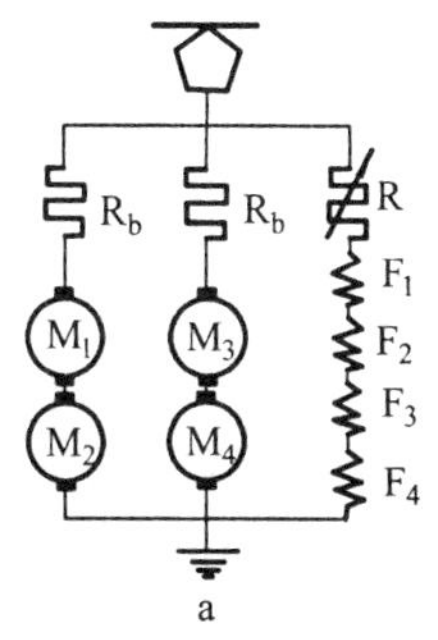

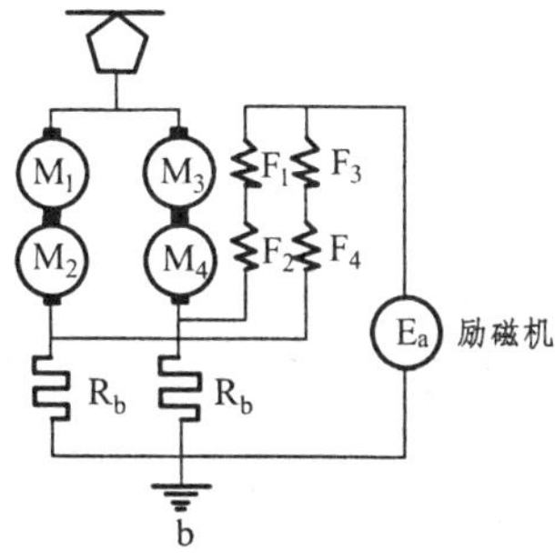

（a）接触网励磁方式　　（b）车载励磁机励磁方式

图 4.7　电力再生制动回路

3. 轨道涡流制动

轨道涡流制动也是一种非黏着制动，其作用原理是依靠列车上涡流线圈与钢轨之间的磁力来产生制动力，如图 4.8 所示。由于其属于非接触式制动，故对钢轨没有直接的磨损和破坏作用，并能无级调控制动力的大小。但这种制动方式的缺点是磁场作用会导致钢轨温升，耗电量较大，并且对轨道电路有干扰作用，且其制动效果和轨道的空气间隙有关，因此要求有很高的结构精度，以保持尽可能小的空气间隙偏差，故至今尚未被推广采用。

前进方向
转向架构架
车轮
S　N　S　N
制动靴
钢轨
制动力（磁力抗力＋摩擦力）

图 4.8　轨道涡流制动

4. 圆盘涡流制动

圆盘涡流制动被用于日本新干线 100 系、300 系和 700 系动车组，是将涡流制动线圈安装在制动盘两侧，当线圈通以电流时在转动的制动盘上可以获得作用于轮对的制动转矩，并在轮轨接触点产生制动力的制动方式，其原理和结构分别如图 4.9、图 4.10 所示。

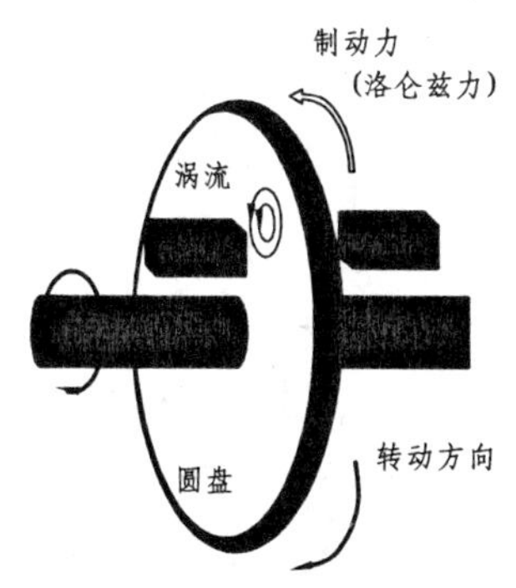

图 4.9　圆盘涡流制动原理

图 4.10　装用于日本新干线动车组的圆盘涡流制动装置

动力制动具有制动功率大，摩擦件少等优点，故被世界各国广泛用于高速动车组，是高速动车组的主要制动方式。但由于其在低速区制动效果不明显，故必须通过摩擦制动予以补充。合理的动力制动和摩擦制动方式相配合，并对其进行合理的制动力分配，构成了高速动车组复合制动系统设计的主要内容。

此外，近年来日本等国还开发了其他制动方式，如日本在新干线 FASTECH360 试验动车组上采用了翼板制动，即在列车制动时，车辆顶部升起制动翼，通过空气阻力耗散列车动能，其结构如图 4.11 所示。

图 4.11　日本新干线 FASTECH360 动车组装用的翼板制动装置

三、高速动车组制动辅助设备

铁道车辆是利用车轮与轨道之间的黏着力运行的交通工具，虽然具有运行阻力小的优点，但也带来了制动力超过黏着力时车辆滑行的问题。由于滑动摩擦力小，车轮滑行将造成车辆制动性能下降，引起踏面擦伤和钢轨损伤，使车辆舒适性降低。车轮擦伤还给车辆其他部件造成较大的冲击振动，缩短部件使用寿命，故必须采取相应措施控制制动力，避免车辆滑行。

避免车辆滑行的主要途径是设置防滑器。按作用原理的不同，可将铁道车辆用防滑器分为机械防滑器和电子防滑器两类。现代高速动车组均采用电子防滑器，电子防滑器作用原理如图 4.12 所示。

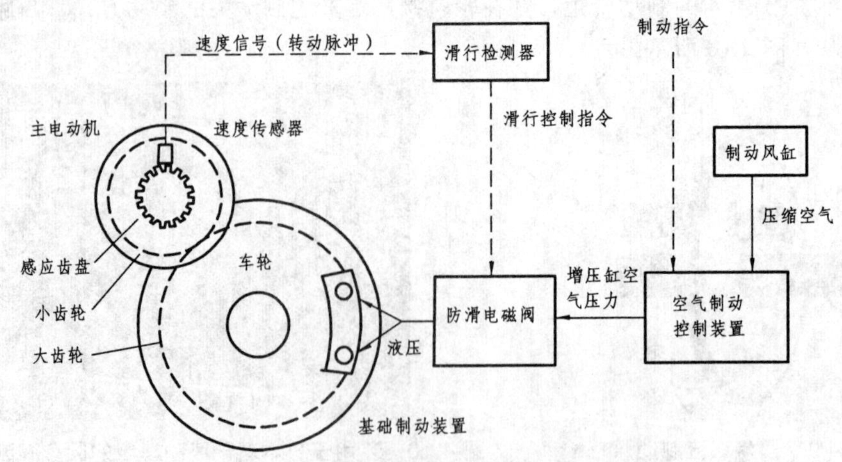

图 4.12　日本新干线动车组用防滑器作用原理

如图所示，防滑器由速度传感器、滑行检测器及防滑电磁阀组成。当车辆制动力超过轮轨黏着力时，车轮运动由滚动变为滑动，车轮转速急剧下降。此时，滑行检测器根据速度传感器送来的转动脉冲信号进行计算、分析和判断，如果判断滑行的大小超过规定门槛值，防滑电磁阀动作，制动缸工作介质压力降低，制动力减小，直至车轮恢复滚动后再施行制动。

速度传感器一般采用感应齿轮式，即在每个车轴的轴头上装有感应齿轮，轴箱盖上设置脉冲发生器，脉冲发生器与齿轮间存在间隙，当齿轮旋转一周时将发出代表旋转速度的脉冲信号到滑行检测器。

高速动车组用滑行检测器通过微机控制。当各车轴的速度信号传递到滑行检测器后，将进行即时的监测、比较、修正、补偿和判别，以判别车辆是否出现滑行。通常的检测判据包括转速差、角减速度和滑移率三种。

防滑阀实际上是一种大通量双电磁阀，是防滑器的执行单元。在得到滑行检测器的相关指令后，防滑阀将对车辆制动力予以控制。

防滑器在我国 120 km/h 以上速度客车上得到了广泛应用，采用盘形制动单元的 25G、25K、25T 客车均安装了由铁科院或 WABCO 等厂商生产的微机控制防滑器。

与采用闸瓦制动的传统铁路客车不同，现代高速动车组主要采用盘形制动，单纯采用盘形制动将引起黏着降低。当车辆滑行等原因造成车轮踏面失圆时，盘形制动装置无法通过摩擦对其修圆，踏面缺陷将随着车辆的运行而逐渐恶化，引起车辆振动加剧、乘坐舒适性下降和线路破坏。因此，采用盘形制动的车辆需要设置踏面清扫器（见图 4.13）以通过摩擦逐渐修复车轮踏面缺陷，提高车辆运行品质。

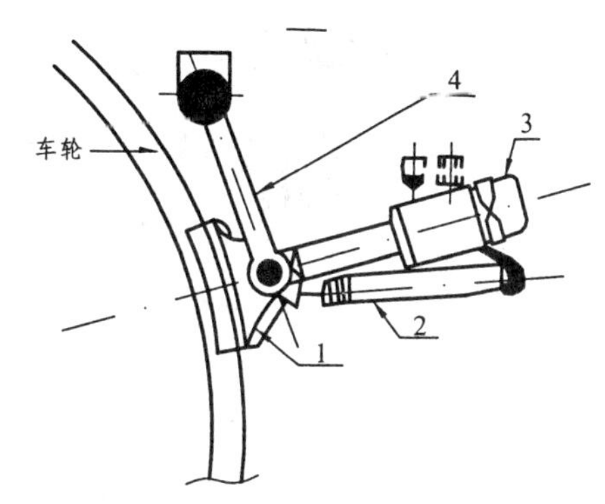

图 4.13　踏面清扫器

1—清扫闸瓦；2—缓解弹簧；3—制动缸；4—吊杆

踏面清扫器作用原理与踏面制动所使用的闸瓦完全相同，由专用的制动缸、吊杆或杠杆以及清扫闸瓦等部分组成。制动缸工作介质由制动主管提供，其容积较小，因此，踏面清扫器制动缸先于制动盘制动缸动作，实现踏面清扫。

除采用普通清扫闸瓦增加黏着外，日本等国近年来还通过采用增黏研磨块提高黏着性能。试验表明，采用含有硬质颗粒合金材料的增黏研磨块，其黏着系数能够提高 30% 左右。使用等离子、电火花和电磁方式提高黏着系数的方法也在研究中。

四、高速动车组制动新技术

1. 基础制动装置采用液体作为工作介质

南车四方机车车辆股份有限公司与日本 Kawasaki 等企业合作生产的 CRH_2 动车组采用了液压基础制动装置。其实质是在保持传统铁道车辆利用压缩空气作为制动系统工作介质的基础上，仅改变基础制动装置工作介质，采用液压实现盘形制动装置的制动与缓解作用。这样既充分利用了成熟的压缩空气制动系统，减少投资，又利用了液压系统体积小，响应快的优点。

实现气压-液压转换是液压基础制动装置的关键环节，CRH_2 动车组通过采用增压缸实现这一功能。增压缸由空气缸、液压缸及防滑电磁阀组成，吊挂在转向架构架纵向辅助梁上，其外形及结构分别如图 4.14、图 4.15 所示。

图 4.14　增压缸

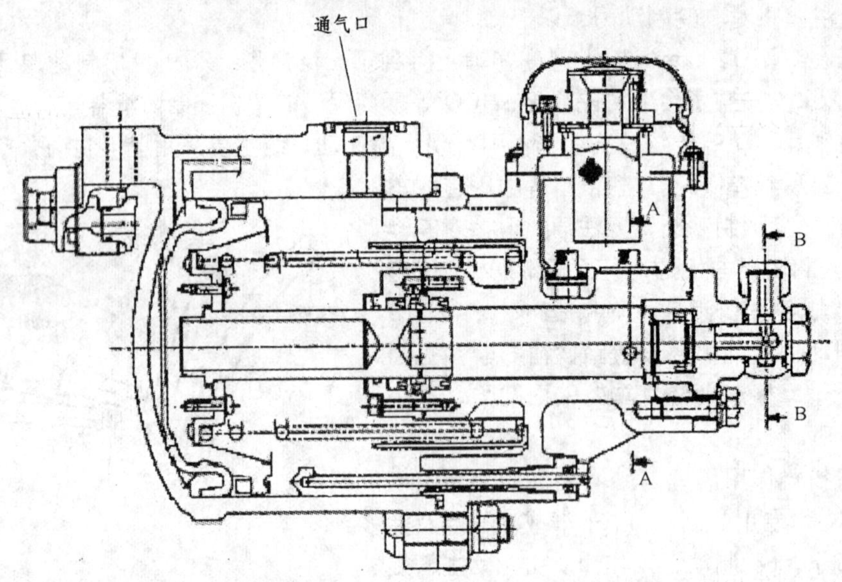

图 4.15　CRH_2 动车组用增压缸结构

2. 制动系统工作介质的替代

传统铁道车辆制动系统工作介质为压缩空气，俗称为“风”。但是，空气系统具有质量大、体积大、响应速度慢等缺点，不能很好地满足高速动车组运行需要。为此，日本尝试将空气部件更换为液压件，制动与缓解指令通过电信号传递，这样可以在确保新系统具有传统空气制动系统良好可靠性的同时，实现轻量化和快速响应。

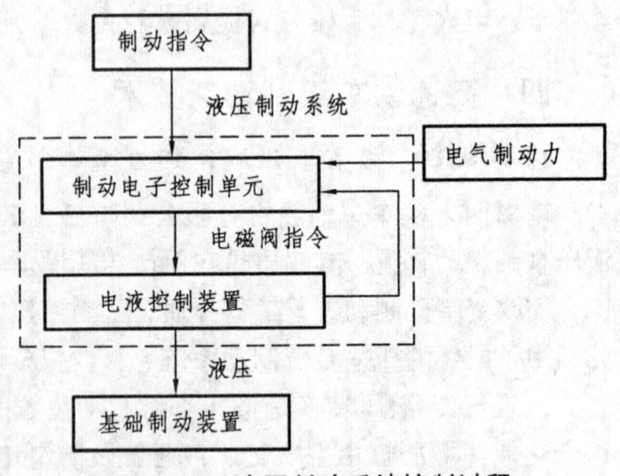

图 4.16　液压制动系统控制过程

液压制动控制过程如图 4.16 所示。该系统由装在车上的制动电子控制单元和吊挂在转向架纵向辅助梁下部的电液制动装置组成。

电液制动装置包括由液压泵等组成的压力发生部、确保压力的蓄能器、可迅速动作的高速电磁阀、电源断电或液压不足时动作的紧急部及回油部等部分。与传统空气制动系统相比，由于其风缸、空气阀等部分可以被取消，故其质量能减少 1/3 左右。

3. 提高轮轨黏着系数

为提高轮轨黏着系数，国外还尝试通过喷射增黏剂来提高轮轨间的制动黏着系数以提高制动力。使用的增黏材料为氧化铝或陶瓷类的微粒，该方法已通过日本新干线的现车试验，表明可将湿轨状态的制动黏着系数提高 1 倍左右，从而接近于干燥状态的黏着系数水平。

第二节　高速动车组复合制动系统

高速动车组复合制动系统指由空气制动、动力制动和非黏着制动综合的制动系统。对于高速动车组，在正常情况下应当优先并充分发挥动力制动能力，空气制动作为辅助；在特殊情况时应以空气制动为主；在紧急制动时除空气制动和动力制动外还有非黏着制动的保安作用。

合理分配各种制动方式的制动能量是复合制动系统面对的首要问题。动力制动能力主要取决于动车的数量和各动力轴的电机功率。根据国外经验，动力集中型动车组方式动轴的动力制动功率可高达 1 000～1 200 kW/轴；动力分散方式的轴重较轻，其动力制动功率和牵引功率相当，通常在 300 kW/轴左右。故动力制动分担制动能量的比例主要和动车组模式、制动方式、制动初速度有关。日本新干线的 300 系和 500 系动力分散式高速列车在调速制动时几乎不用空气制动，在常用制动和紧急制动时也主要依靠动力制动，包括再生制动和涡流制动的能量占全部常用制动能量的 97%～98%，仅在接近停车的低速时才有少量空气的机械制动作用。对于动力集中方式的高速列车，如法国的 TGV-R 列车，在调速制动时动力制动也占有较大的比例，但在常用制动时动力制动仅占约 30%，此时动力制动已达极大值，可调的只有空气制动力，特别在常用全制动和紧急制动时主要依靠空气制动作用。此外，在紧急制动时为保证高速列车运行安全附加有非黏着制动，例如，德国 ICE 列车设置磁轨制动装置，其制动能量占全部紧急制动能量的 10% 左右。

动力分散方式和动力集中方式在 300 km/h 初速下制动停车的制动能量分配比较，如图 4.17 所示。

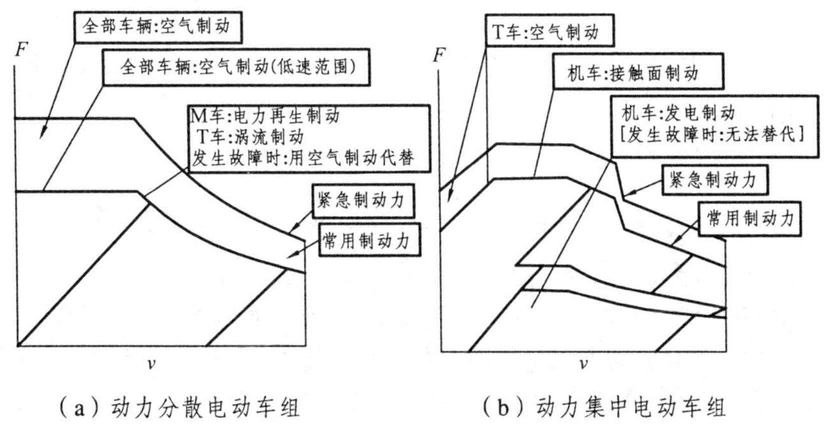

（a）动力分散电动车组　　（b）动力集中电动车组

图 4.17　高速动车组制动能量分配

此外，还需要考虑复合制动系统中不同车辆的制动能量分配和制动热负荷问题。对于高速动车组，动车的动力制动能力应该按动轴电机的最大制动功率设计，在常用制动时还可以分担拖车的部分制动负荷。空气制动能力的设计主要受到轮轨制动黏着系数的限制，并必须考虑盘形制动结构的限制。通常，由于安装牵引电机的空间结构所限，每根动力轴上只能安装 2 个轮装制动盘，在拖车的非动力轴上则至多可安装 4 个轴装制动盘。因此，不同车辆空气制动能量分配的关键是紧急制动时的空气制动力设计。无论在复合制动或纯空气制动条件下都应该尽量减少列车编组中不同车辆制动力的差别，这是减轻高速列车纵向冲动和提高旅客乘坐舒适性的重要措施之一。

高速列车的复合制动模式包括不同车辆在不同制动作用工况和各种速度下的制动能量分配关系，应根据列车的动力方式和编组条件进行设计并通过微机控制，这是高速列车的关键技术问题之一。

第三节　高速动车组制动控制技术

基于系统可靠性和响应特性考虑，高速动车组采用微机控制的制动控制系统。该系统由电气部分和气路阀类部分组成。

电气部分包括制动控制器、微机控制系统和安全联锁装置。气路阀类部分由制动电磁阀和缓解阀、紧急制动电磁阀、强迫缓解电磁阀和切换阀、荷重传感器和 EP 传感器、重空车压力平衡阀、紧急限压阀、制动缸压力中继阀、总风缸及电空制动压力开关、空电转换电磁阀等组成。利用这套控制系统可以操纵两种制动装置：其一是正常情况下使用的采用微机控制的直通式电空制动装置，这是一种以动力制动为优先的动力制动、空气制动、磁轨制动的复合制动方式；其二为在电空制动失效的情况下使用的处于热备用状态下的自动空气制动装置。整个制动系统分为网络控制、电空制动控制和空气制动控制三级控制。网络控制通过网络传输控制指令，实现 ATP 列车控制；电空制动控制是以贯穿全列车的电空制动电缆为介质来传输控制指令及电制动力的模拟指令；空气制动是以贯穿全列车的列车管压力为介质来传输控制指令。上述三种控制的安全级别以空气制动最高，其余依次为电空制动和网络制动。而其指挥级别以网络控制最高，电空制动控制次之，空气制动控制最低。

该系统由列车管减压方式变为电气指令式的控制装置，不仅缩短列车制动空走时间，还包括有复合制动控制、空重车调整、制动模式控制、监控信息处理和显示等功能，从而可适应于 ATP、ATC 列车自动控制甚至最新的列车控制信息管理（TIS）装置的运用要求。

日本高速列车制动控制系统如图 4.18 所示，分为常用制动、紧急制动和辅助制动三种工况。常用制动时，列车制动力沿速度-黏着特性曲线连续控制。紧急制动时具有紧急增压作用。制动指令通过各指令线的组合送入制动输出控制装置，同时输入列车速度和动力制动的指令，由控制装置进行制动力的运算，使空气制动力等于指令力减去动力制动力，即空气制动起动力制动的补偿作用，该空气制动力通过电流信号送给 EP 电空转换阀转换成空气压力，再经中继阀变为制动缸压力。

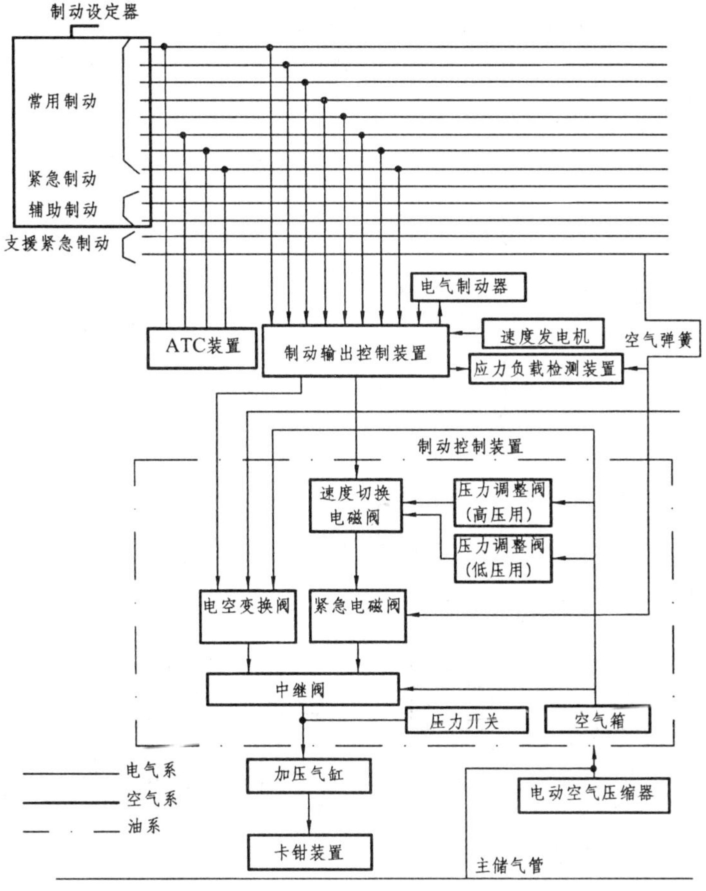

图 4.18　日本高速动车组制动控制系统

德国 ICE 高速列车采用克诺尔（KNORR）公司生产的微机控制的模拟式电气指令直通电空制动系统，其原理如图 4.19 所示。由司机制动操纵单元发出指令，经中继阀单元控制列车管压力；由电空单元控制输入制动缸的空气流量。微机控制制动力分配的优先顺序是：再生制动、线性涡流制动和空气盘形制动，确定制动力分配的主要依据是实际速度和所要求的减速度。

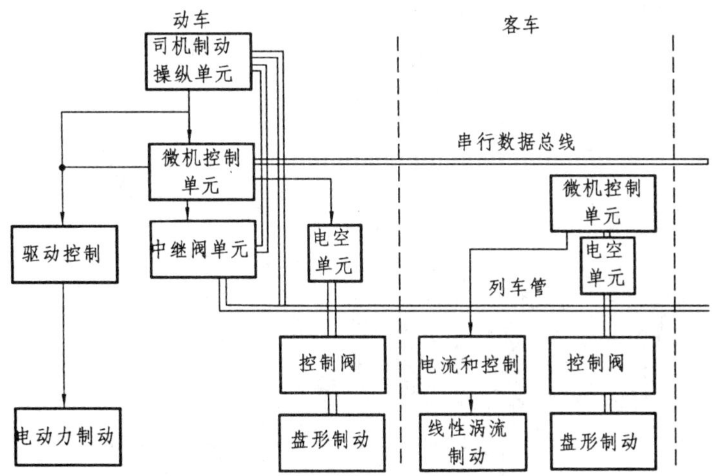

图 4.19　德国 ICE 高速动车组制动控制系统

如图 4.20 所示，法国和西班牙高速列车的制动系统通过操纵司机控制器，以电磁阀实现列车管的减压或充风，并依靠列车管压力传感器传送制动指令。在制动作用时根据列车管减压状态，将制动指令送入微机，再经过运算，使制动电磁阀励磁，直接向制动缸充气。该制动控制系统同样属于数字-模拟式电空制动机。

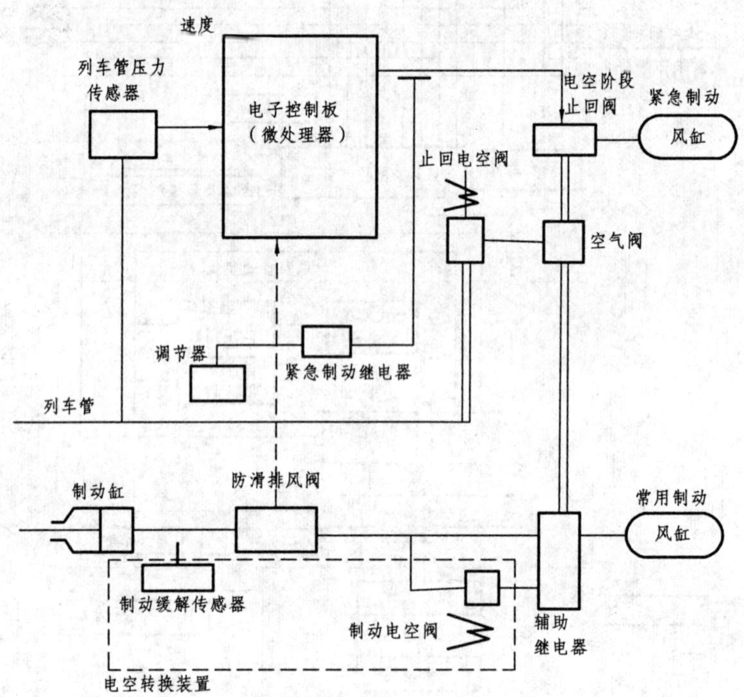

图 4.20　法国、西班牙高速动车组制动控制系统

第五章　高速动车组电力牵引与电力传动

动车组高速运行所需的动能需要由其他形式的能源转化而来。电能是现代铁路电传动动力车的最终驱动能源，按照电能来源的不同，一般将机（动）车分为内燃机（动）车或电力机（动）车。内燃机（动）车上需要设置柴油机或燃气轮机等形式的内燃机，将燃油的化学能量通过发电机转化为电能，再供给转向架上的牵引电机；而电力机（动）车则只需要将接触网提供的电能引入本车，经过相关控制和变换环节后即可直接供牵引电机使用。

由于经过了多次能量转换，内燃机（动）车能源利用率低，驱动装置功率受内燃机功率限制，就我国现有机车车辆产品而言，南车戚墅堰机车车辆厂设计制造的 DF8CJ 型内燃机车为我国功率最大的内燃机车，其柴油机标称功率为 3 650 kW，最大运用功率为 4 410 kW，而同为 C_0-C_0 轴式的 SS_3 型交-直传动电力机车功率为 4 800 kW，交-直-交传动机车由于采用单位功率体积更小的交流牵引电机，单轴功率甚至可以达到 1 800 kW，其差距显而易见。同时，基于环保、经济和可靠性等因素综合考虑，高速动车组只有采用电力牵引才能满足高速运行的需要。

第一节　高速动车组电力牵引传动系统概述

早期的电力牵引传动系统均采用交-直传动，用直流电动机驱动。采用抽头切换、间断控制或可控硅连续相位控制技术进行调速。无论是动力分散配置的日本 0 系、100 系、200 系，还是动力集中配置的法国 TGV-PSE 和意大利的 ETR450 均采用直流牵引电机，继承了传统的交-直传动机车牵引传动系统技术。由于直流电动机的单位功率重量较大，使高速列车既要大功率驱动又要求减轻轴重，特别是要减轻簧下质量，形成了难以克服的矛盾。因此，直流牵引电动机最大功率仅为 580 kW。

到 20 世纪 80 年代末 90 年代初，高速列车开始采用交流电动机驱动，并存在两种不同的技术路线，即交流同步电机和交流异步电机。法国选择了自换相三相同步牵引电动机，把单台电机功率提高到 1 100 kW，从而在 TGV-A 动车组上用 8 台交流牵引电机，代替 TGV-PSE 动车组上的 12 台直流牵引电机，将列车功率由 6 800 kW 提高到 8 800 kW。最高运行速度由 270 km/h 提高到 300 km/h，列车质量由 418 t 增加到 479 t，列车定员由 368 人增加到 485 人。

TGV-A 高速动车组采用 GTO 晶闸管逆变器，同步电动机加上辅助设备的质量比 TGV-PSE 的直流电动机增加了 30 kg，而功率却增加了 1 倍。

日本和德国则与法国不同，它们采用异步牵引电动机驱动。同步牵引电动机结构上虽然比直流牵引电动机简单，但它仍有滑环及电枢绕组。而异步电动机中的鼠笼型感应电机（简称异步电机），转子用硅钢片叠压，用裸铜条作为导体，无滑环等磨耗装置。结构简单，可靠性好，体积小，重量轻，可实现电机无维修。

由于电力、电子元器件设备及其控制理论的逐步成熟，交流传动系统已成为高速列车牵引传动系统的主流方向。

高速动车组电力牵引系统还包括从变电站到列车受电弓在内的供电部分。如图 5.1 所示，列车受电弓从接触网上取得的是一定频率和恒定电压的电源，而牵引电动机在所要求的转速、转矩范围内工作，需要的是电压和频率均可以调节变化的三相交流电。因此，必须设计一组变流调频装置。

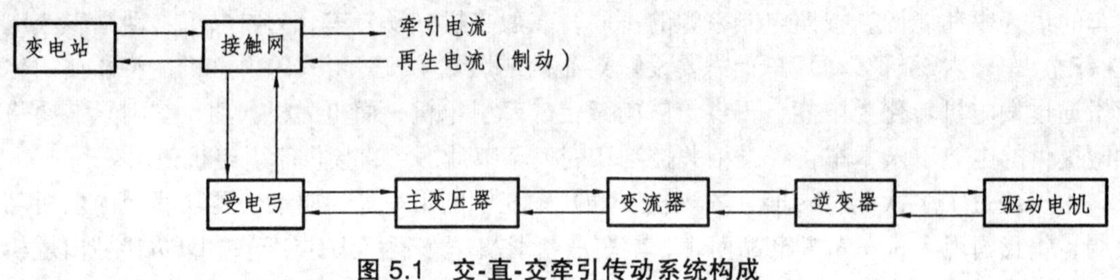

图 5.1 交-直-交牵引传动系统构成

图 5.2 是 ICE 动力车牵引电传动系统的主电路原理图，受电弓从接触网接受 15 kV，$16\frac{2}{3}$ Hz 交流电，经过隔离开关 TS，空气断路器 HS 和网侧滤波器 ND、NK 输送至主变压器 TR 的高压绕组。降下受电弓时用隔离开关保证系统与接触网电流断开。为了分别给每台电动机供电，主变压器设 4 个相互退耦的二次绕组分别向各自的变流器分配要求的功率和规定的电压。4 台 4QS 被称为四象限变流器，相互错开脉冲相位，并将电网电流中的高次谐波分量减至最少。主变压器一次侧绕组的干扰电流滤波器与四象限变流器节拍相位相差 90°，可使噪声干扰电流数值较小，因而对信号和通信设备的干扰很小。为尽量减小通过四象限变流器获得的中间直流电压的脉动量，每 2 个 4QS 共设一个 $33\frac{1}{2}$ Hz 的吸收电路 SK。

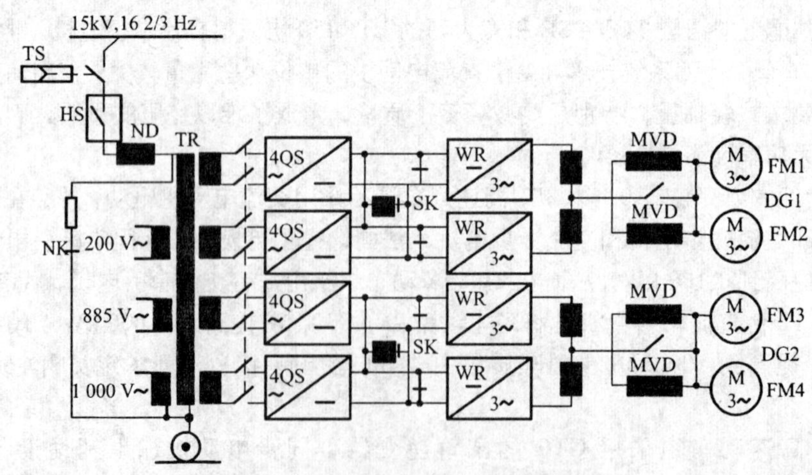

图 5.2 牵引电传动系统主电路原理图

TS—隔离开关；HS—主断路器；ND—滤波电抗器；NK—滤波电容器；TR—主变压器；4QS—四象限变流器；SK—吸收电路；WR—电机侧逆变器；MVD—电动机串联电抗器；FM—牵引电动机；DG1—转向架 1；DG2—转向架 2

脉冲逆变器分为 4 个功能单元 WR，每 2 个功能单元构成一个三相交流母线，一台动力转向架上的 2 台牵引电动机通过 1 个三相电动机串联电抗器并联在该三相交流母线上。由此可见，一台转向架的电传动系统，从主变压器输出绕组到牵引电动机都是相互独立的，在运行中一般只与一台转向架有关，不会干扰到另一转向架的牵引电机，所以，牵引电机的功率调节和控制是按每台转向架进行，这种情况称之为“架控”。

图 5.1 中，从左向右表示牵引电流的传输方向，从右向左是列车在进行动力制动时，驱动牵引电动机成为发电机，产生的再生电流按此方向输入电网。

根据高速列车的重量、阻力特性和最高运行速度可以计算出列车所需要的牵引功率。这些牵引功率通过牵引电机将电能转换为机械能驱动列车的动力轮对。动力轮对通过轮轨黏着蠕滑作用，将牵引电机的驱动转矩转换为轮轨之间的牵引力，牵引列车运行。

列车牵引动力系统主要包括如图 5.2 所示的主变压器、变流器、逆变器等各种动力设备，以及空调机、空压机、各种风机、蓄电池、辅助逆变器等多种辅助设备。因此，在考虑列车动力配置的同时，必须考虑这些设备的合理布置。

现代高速动车组趋向于采用动力分散模式。动力分散高速动车组由若干个牵引单元组成，在每一个动力单元中驱动轴分散布置在单元的每一个或部分车轴上，传动系统的各个动力设备也分散地设置在各个车辆底下，而不仅仅是占用某一辆车厢。图 5.3 为动力设备分散布置示意图，图中两辆动力车和一辆无动力拖车组成的一个牵引单元，列车可以按需要由若干个单元组成。主变压器（MTr）、变流器/逆变器（C/I）等动力系统的主要设备和空压机、空调机等辅助设备都以吊挂的方式置于各车的底部。图示动力分散动车组主变压器承担前后两台动力车的功率供给，即两台动力车共用一台主变压器。

图 5.3　动力分散动车组设备布置示意图

SIV—静止式逆变器；M—动轴；Batt—蓄电池；T—非动力轴；MTr—主变压器；
A/C—空调装置；C/I—变流器/逆变器；CP—空气压缩机

动力分散布置列车的单元一般可由 2～4 辆车构成，根据列车的牵引、加速、最高速度等特性决定各单元动力车（M）和拖车（T）的组合。

第二节　高速动车组交流传动技术

一、高速动车组交流牵引传动系统的组成

目前，世界各国高速动车组均采用交流传动技术。高速动车组交流牵引传动系统主要由以下部分组成：

1. 交流牵引电机

交流传动与传统交-直传动技术的根本差异在于所采用的牵引电机。与直流电机相比，交流传动所采用的三相交流电机结构简单、可靠性好、单位体积和质量功率大、黏着利用率高、维修保养性好，适合高速动车组大功率、小轴重、低簧下质量的要求。

表 5.1 列出了日本用于新干线 100 系和 300 系高速列车的两种牵引电机的主要技术参数。从表可看出，交流牵引电机单位功率的体积、重量远低于直流电机。因此，20 世纪 80 年代以后，随着交流传动技术的成熟和实用化，世界各国的高速列车均将交流电机用作牵引电机。

表 5.1　日本新干线电动车组用直流牵引电机与交流牵引电机

电机形式	100 系用直流牵引电机	300 系用交流牵引电机
功率/kW	230	300
重量/kg	825	390
转速/$r \cdot min^{-1}$	2 900	3 825
外径/mm	580	458
长度/mm	715.5	700
体积/m^3	0.189	0.115
单位体积功率 /$kW \cdot m^{-3}$	1 216.93	2 608.70
单位质量功率 /$kW \cdot kg^{-1}$	0.278 8	0.769 2

2. 变流装置

为了在高速列车上使用性能优越的三相交流牵引电机，必须采用比直流传动系统技术复杂得多的变流装置。交流传动系统的变流装置是将单相交流电转变为频率和电压可调的三相交流电。这种大功率牵引变流器不同于应用在一般工业领域中的变流器，它的技术特点可简要归纳为：

(1) 调速范围宽。根据列车速度要求，变流器调频范围从 0.4 Hz 一直到 200 Hz 以上，且调频连续平稳，无冲击。

(2) 控制特性复杂。一般高速列车的牵引性能由恒转矩区、恒功区及自然特性区组成，并且要求起动转矩大、恒功区宽。

(3) 有良好的稳态控制特性和快速动态响应特性。电力机车或动车通过弓网传递能量，通过轮轨传递牵引力，空转、打滑、跳弓离线及网压波动等均能引起功率的急剧变化，牵引变流器应能适应这种负载及外界环境的急剧变化。

(4) 输出电压波形质量好。为了减少谐波分量对牵引电机谐波热损耗和转矩脉动的影响，输出波形应尽量接近正弦形。

(5) 由交流电网供电时，应使功率因数尽可能接近 1，电网电流波形接近正弦形，从而降低对供电系统的影响和对外界的干扰。

(6) 牵引与再生制动频繁转换，能量双向流动。

(7) 效率高，利用率高，可靠性高。

(8) 由于安装在车上，对重量、体积和耐振动性能有严格要求。

(9) 便于安装、调度和维修。

图 5.4 为新干线 100 系高速列车直流传动主电路简图，采用相控整流器进行调压控制，其结果造成电网侧功率因数小且电网电流谐波含量大。图 5.5 是 300 系高速列车交流传动主电路简图，采用交-直-交牵引变流器，电网侧采用可双向控制能量流动的四象限变流器，使输入端功率因数为 1 且输入电流波形接近于正弦形，大大改善了对电网及沿线设备的影响。电机侧采用变压变频（VVVF）的三相逆变器，使异步牵引电机具有良好的牵引特性。

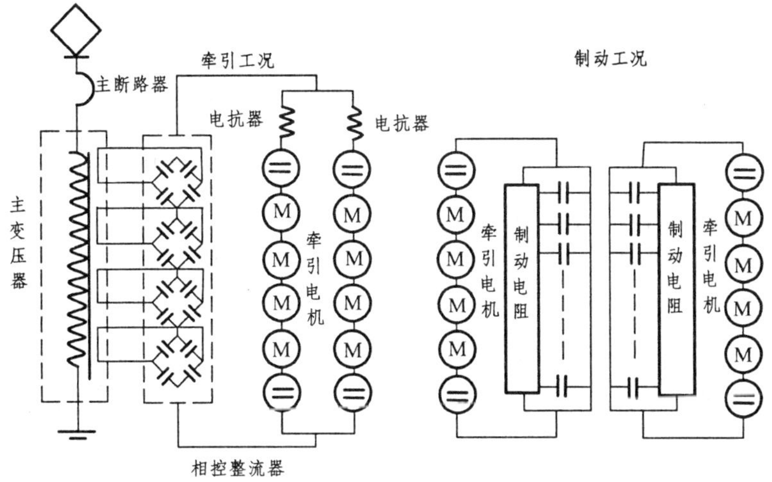

图 5.4　日本新干线 100 系动车组主电路简图

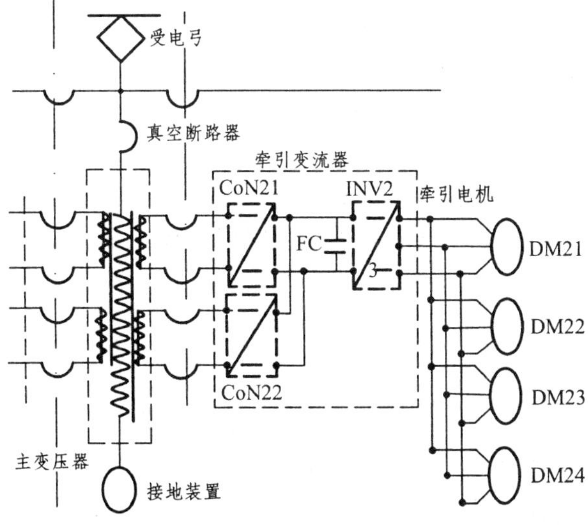

图 5.5　日本新干线 300 系动车组主电路简图

直流传动系统在主电路中设有换向器以实现机车换向运行，而交流传动系统无需换向器，只要改变逆变器三相输出的相序，即可改变运行方向。

从图 5.4 可看出，100 系高速列车采用电阻制动，将动能转变为热能消散掉，在由牵引工况转变为制动工况时，主电路要进行转换，同时，在低速区，难以产生大的制动力。而 300

系高速列车由于采用交-直-交牵引变流器，可以十分方便地实现再生制动，且牵引和再生两种工况转换平稳、连续，无冲击，无需主电路换接，可以始终提供大制动力，直至停车。当交流电机转速低于同步转速，即为牵引工况；当电机转速高于同步转速，即转为制动工况。这样，只要控制逆变器的输出频率（即同步转速），即可控制牵引与再生工况转换及牵引力或制动力的大小。

二、高速动车组交流牵引传动技术及主变流器

1. 电力半导体器件

大功率交-直-交传动系统性能的提高与电力半导体器件的发展密切相关，电力半导体器件的特性决定了变流装置的性能、体积、重量和价格。从铁道牵引的角度看，理想的电力半导体器件应是：断态时能够承受高电压，通态时可流过大电流且通态压降小，可在通态和断态之间进行快速切换，即开关频率高、损耗小、易于控制。应用于铁道牵引的电力半导体器件大致经历了晶闸管、GTO、IGBT 三个发展阶段。

（1）晶闸管。晶闸管具有高耐压、低损耗、大容量等优越性能，适用于大容量的功率变换装置，是最早应用在铁道牵引领域的大功率半导体器件。早在直流电机牵引时期，晶闸管便应用于相控机车上。早期的交流传动机车，例如，欧洲的 E120 型、E117 型、EA3000 型电力机车，均采用晶闸管牵引变流器。目前，奥地利 Elin 公司生产的 1014 型双流制电力机车仍采用晶闸管交流器。

但是，由于晶闸管不是自关断器件，在需要强迫关断的电路中需要增加换流回路，如图 5.6 所示，不但增加了重量、体积、费用，而且影响变流器效率及可靠性，因此，在大功率自关断器件问世后，这种半导体器件在铁道牵引中的应用越来越少。

（2）GTO 元件。门极可关断晶闸管——GTO 元件的出现，有力地推动了铁道牵引变流技术的发展，它大大简化了牵引变流器的主电路结构，如图 5.7 所示，确定了电压型变流系统的优势地位。自 20 世纪 80 年代第一台 GTO 交流传动机车问世后，直到今天，世界上绝大多数交流传动机车、动车均采用 GTO 元件。一些原来采用晶闸管的机车，在后续生产中也改用 GTO 元件。例如，德国 ICE 高速动车，第一批交货的采用晶闸管牵引变流器，第二批在机车基本性能参数不变的情况下改用 GTO 牵引变流器，整车质量减少了 3.5 t。由于取消了换流回路和减少了元件数量，简化了控制系统，提高了机车运行可靠性和效率。

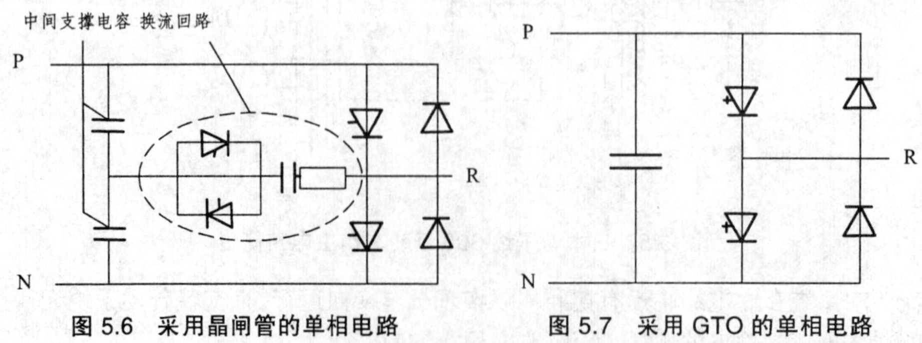

图 5.6　采用晶闸管的单相电路　　图 5.7　采用 GTO 的单相电路

近年来，GTO 元件的性能不断提高，可关断电流达 4 000 A，阻断电压达 6 000 V 以上，开关速度也有所提高。一个由 ABB 公司生产的三相逆变器 GTO 模块，采用 6 个 GTO 元件，

容量可达 4 000 kV · A，单位重量容量可以达 10 kV · A/kg。目前，最大的 4 轴交流传动电力机车，功率超过 7 000 kW。

GTO 元件在应用中也存在不足，由于它增益比较小，关断 2 000～3 000 A 电流，需要高达 700～800 A 的门极电流，这对门极驱动装置的要求很高。另外，GTO 元件在高电压下导通，大电流下关断，电流、电压变化率及应力很大，需要设置性能良好的吸收电路，这就增加了开关损耗，降低了效率，并对冷却系统提出了更高的要求。

（3）IGBT 和 IPM 元件。绝缘门极双极型晶体管——IGBT 元件兼有功率 MOSFET 高输入阻抗特性（电压控制型）及双极型器件优良的通态特性，同时开关频率也远高于 GTO 元件，是一种比较理想的适用于铁道牵引变流器的器件。GTO 元件和 IGBT 元件的基本性能比较见表 5.2。

表 5.2 GTO 与 IGBT/IPM 基本性能比较

	GTO 元件	IGBT/IPM 元件
电压	4 500 V（>6 000 V）	3 300 V（>4 000 V）
电流	3 000～4 000 A（可关断电流）	1 200 A
开关频率	ca.500 Hz	5 kHz
开关损耗	大	小
通态损耗	小	大
吸收回路损耗	大	小
驱动功率	大（电流控制型）	小（电压控制型）
du/dt, di/dt 限制	严格（需加阳极电抗器）	不严格（无需阳极电抗器）
保护功能	外设	完善的自我保护

需要指出的是，IGBT 开关频率的提高，带来了很多好处，例如，PWM 调制频率提高，在电机侧，可使得电机电流的高次谐波减少，使电机的损耗、噪声下降；在电网侧，可降低电网电流的谐波，减小等效干扰电流，减少变压器的损耗和噪声。

目前，IGBT 牵引变流器的输出功率超过 1 200 kW，各种不同功率等级的 IGBT 变流器的使用几乎覆盖了从城市轻轨、地铁动车直到干线电力机车、动车及内燃机车等各种机车车辆。可以预见，在铁道牵引领域，IGBT 这类器件必将会取代 GTO 元件。

IPM（Intelligent Power Module——智能功率模块）元件是在 IGBT 模块中集成了驱动和保护电路而派生出来的，其结构如图 5.8 所示。IPM 的触发信号可和 TFL 电平兼容，它本身具有短路、过流、过热及电流实时控制等完善的保护功能，更有利于应用。目前，日本新干线 E2 系高速动车的牵引变流器即采用 IPM 元件。

综上所述，电力半导体技术的进步，为高速列车牵引动力的发展不断注入生机。

变流电路是随着电力电子器件的发展而发展的，如 20 世纪 60 年代出现了晶闸管，随之而来的是铁道牵引领域中的相控机车、动车，70 年代末到 80 年代初大功率自关断器件 GTO 的出现，确立了电压型变流器—交流异步电机传动系统的优势地位。

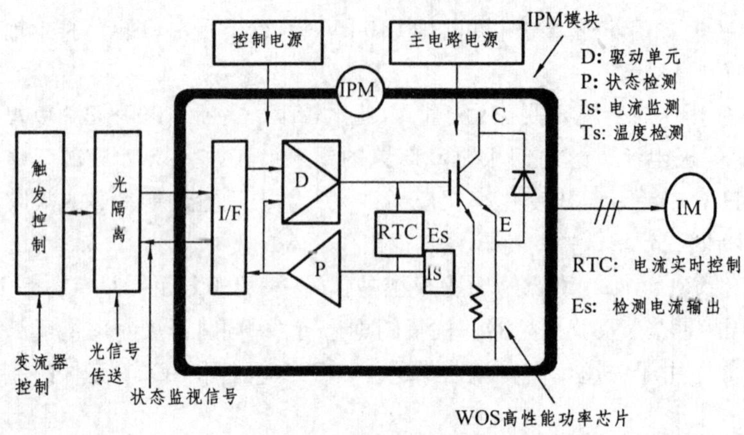

图 5.8　IPM 结构示意图

在铁道牵引交流传动初期，限于当时的电力半导体器件水平（仅有晶闸管），围绕变流系统争论的焦点集中在变流电路的复杂程度，各种元器件的数量，变流器的容量、重量、体积等方面。但随着电力半导体器件的发展，尤其是性能优越的大功率自关断电力半导体器件——GTO、IGBT的出现，使铁道牵引电传动系统的主要矛盾发生了变化，人们关注的焦点转向牵引性能、谐波含量、电磁干扰、控制特性及运用成本等方面，从而影响和推动了变流电路技术的发展。

2. 同步牵引电机和异步牵引电机

从制造、维修的角度看，同步电机的结构与直流电机的区别不大，而异步电机比二者都更简单、更可靠、维护量更少。20 世纪 80 年代初，法国铁路采用了同步牵引电机方案，研制出 TGV 高速动车，图 5.9 是同步牵引电机传动系统主电路图。同步机牵引传动系统的优点是变流电路比较简单，其晶闸管是借助于同步电机提供的反电势进行自然换流，因此，不需要具有自关断能力的电力半导体器件。电网侧采用桥式全波整流器，为了提高功率因素和减少谐波电流，在变压器次边绕组上加装了 LC 滤波器（AFP 功率补偿器）。随着自关断电力半导体器件的出现，使铁道牵引电传动系统的可靠性、性能、效率等主要取决于牵引电机，显然，同步牵引电机远不及异步牵引电机。基于此，异步牵引电机传动系统（见图 5.10 和图 5.11）得到了全世界的认可，就连法国铁路也开始转向异步机系统，研制出采用异步电机的 36000 型电力机车，新一代 TGV 高速列车也将采用异步电机。

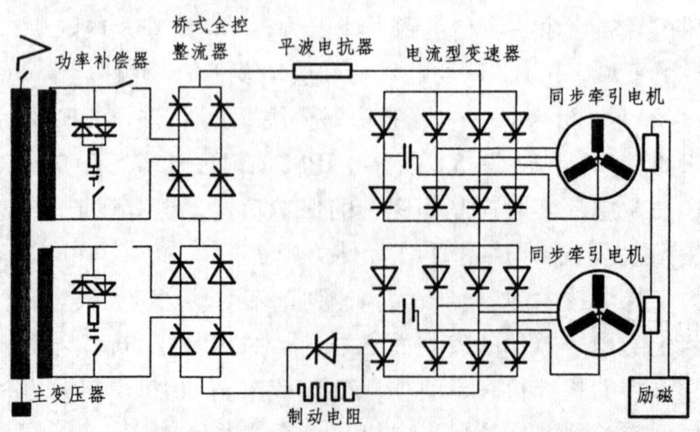

图 5.9　同步牵引电机传动系统主电路图

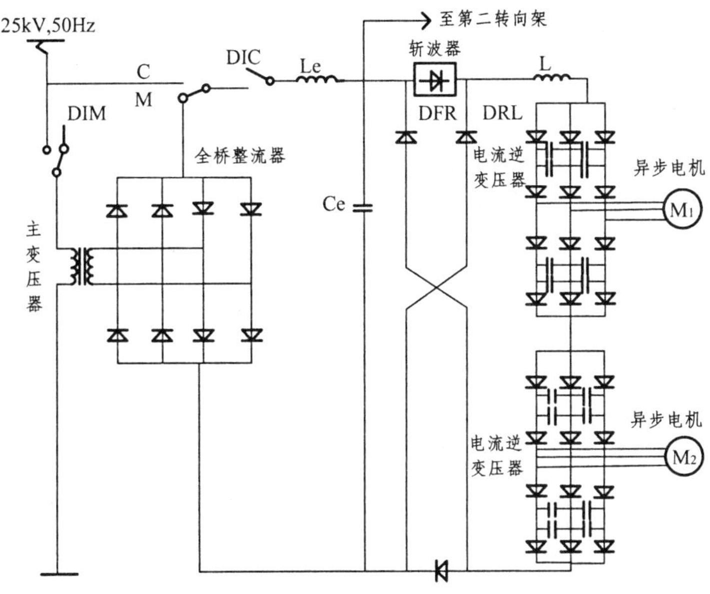

图 5.10　电流型异步电机传动系统主电路图

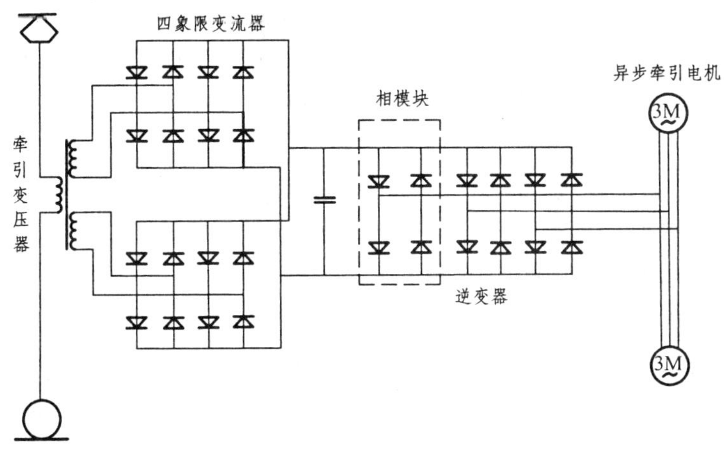

图 5.11　电压型异步电机传动系统主电路图

3. 电流型变流器和电压型变流器

根据变流系统中直流环节性质的不同可将变流系统分为两种类型：在直流环节接有大电感，相当于电流源的称为电流型变流系统（见图 5.10）；在直流环节接有大电容，相当于电压源的称为电压型变流系统（见图 5.11）。由于电流型变流器电路比较简单，对电力半导体器件要求不高，控制也相对较为容易，且造价相应便宜，因此，在交流传动初期，电流型变流器主要用于动车牵引。图 5.10 是法国 Alstom 公司生产的 Z2N 动车组电流型异步电机传动系统的主电路图。20 世纪 80 年代初，德国也曾研制出一台采用电流型变流器的电力机车。但电流型变流器控制性能不如电压型变流器，对电机设计又有特殊要求，因此，随着电力半导体器件的发展，电压型变流器越来越显示出其优越性。目前，电压型变流器在高速列车牵引领域占据主导地位，法国的欧洲之星、德国的 ICE、日本新干线 90 年代以来制造的各种型号的高速动车，均采用电压型异步电机传动系统，图 5.11 是德国 ICE 高速动车电压型传动系统的主电路图。

4. 两电平电路和三电平电路

铁道牵引变流器功率一般在 1 000～2 000 kW 左右，直流电压最高为 2 800 V 或更高，在这样的功率和电压等级上，牵引变流器一般采用两电平电路为好。与三电平电路相比较，两电平电路线路简单，控制容易，重量、体积小，运行可靠性高，易于维护，因此，只有在电力半导体器件电压水平达不到要求时，才采用三电平电路。在 GTO 元件应用初期，出现过 GTO 三电平变流器（瑞士联邦铁路 Re460 型电力机车），但随着 GTO 元件阻断电压的提高，很少再有三电平电路了。目前，IGBT 元件的电压为 3 300 V，在直流环节电压小于 1 800 V 的情况下，一般采用两电平电路，当超过 1 800 V 后，多采用三电平电路。三电平电路除了可提高电压水平外，还能带来减少谐波、降低噪声、提高效率等优点，但综合考虑，当 IGBT 电压继续提高（大于 4 000 V），在牵引领域还是两电平电路占有较大优势。

5. 吸收电路

电力半导体器件的开关过程都是在微秒级的时间内完成，电压和电流变化率很高，如 GTO 的 di/dt 可达 300 A/μs，du/dt 可达 1 000 V/μs。因此，电力半导体器件在应用中一般均要设计吸收电路，以控制开关过程中电压及电流的轨迹，抑制电压、电流的变化率，降低开关损耗。

设计吸收电路一般依据下述原则：减少开关过程中电压、电流的大小及变化率；保证器件工作在安全区内；减少器件开关损耗和系统总损耗；改善器件的过载和短路能力。

图 5.12 所示是 GTO 元件常用的几种吸收回路。

对于新型器件，诸如 IGBT，IPM，由于对 di/dt，du/dt 耐受能力增强，通过合理地设计驱动电路可以简化吸收回路，甚至可以取消吸收回路。

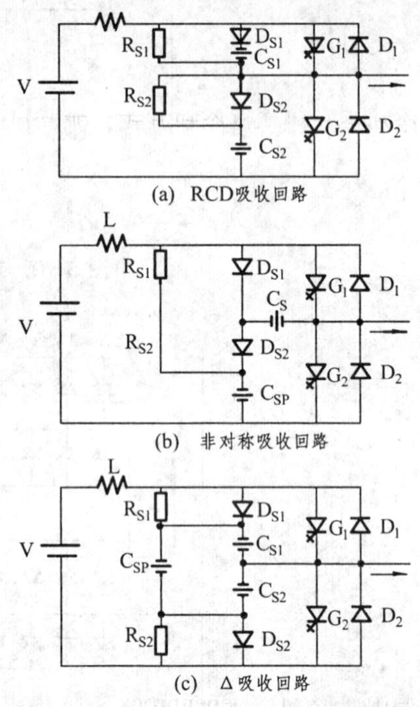

图 5.12　GTO 元件吸收回路

图 5.13 是用于 IGBT 元件的几种吸收回路及其电压电流波形。

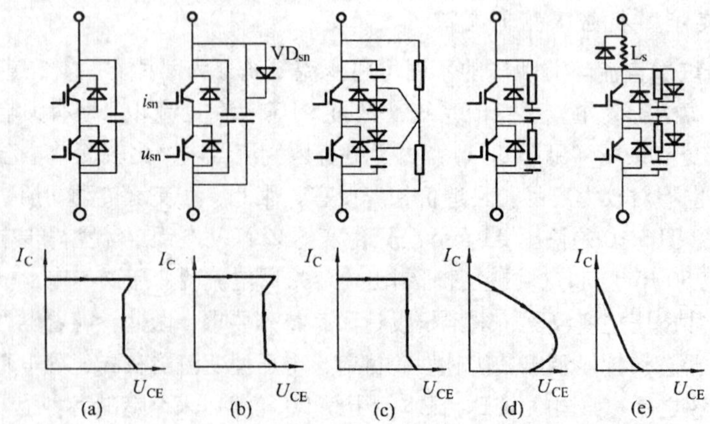

图 5.13　IGBT 元件吸收回路及电流-电压波形图

6. 冷却技术

电力半导体器件的特性由两方面确定：一是电工性能；二是热工性能。冷却技术就是要满足电力半导体器件的热工性能要求，保证器件安全、可靠工作。对高速列车牵引变流器冷却技术的基本要求是效率高、体积小、重量轻、易于运用维修，且不污染环境。半导体器件的冷却方式多种多样，应根据实际需要选用。

目前，重要的冷却措施主要包括风冷、沸腾冷却、油浸式冷却和热管冷却几种。风冷散热方式结构简单、成本低、维护方便，主要用于电流额定值为 50～500 A 的器件；沸腾冷却指电力半导体器件浸放在沸腾液（R113）中，冷却器中上半部为沸腾气体，德国 ICE 高速动车采用这一冷却方式；油浸式冷却指半导体器件浸泡在冷却油中，冷却油循环，将热量带到油-空气热交换器中散掉，Adtranz 公司的大多数干线机车、动车均采用这种冷却方式；热管冷却是一种高效冷却方式，尤其是采用水作为冷却介质的热管，且具有不污染环境的优点。日本新干线高速动车牵引变流器均采用热管冷却方式。

三、高速动车组交流传动控制技术

1. 交流传动控制策略

交-直-交传动控制系统主要由网侧变流器控制和电机侧逆变器控制两部分组成。其控制策略主要包括：

（1）网侧变流器控制。单相交流供电制的电气化铁路，在采用电压型异步电机传动系统时，一般均需增加电网侧变流器。该变流器的基本功能主要包括：将单相交流电转变为稳定的直流电压，保证牵引逆变器正常工作；网侧功率因数尽可能接近于 1，且电网电流接近正弦形，以降低对电网的影响和对外界的干扰；可迅速、平滑、无接点地实现牵引与再生制动转换，即能量的双向流动控制。

人们曾尝试过相控、扇控等多种技术，但都难以达到满意的效果。20 世纪 70 年代中期，德国教授 M．Depenbrock 等人提出了四象限变流器方案，很好地满足了上述要求，很快在电力机车、动车上得到普遍采用。

四象限变流器（脉冲整流器）的主电路结构类似于一个单相逆变电路，通过对其输入电压的幅值与相位控制，达到稳定输出电压，功率因数接近于 1 的要求；通过 PWM 调制技术，使电网电流接近正弦形。在具体实现上，四象限变流器的相构件与逆变器的完全相同，这就更有利于运用和维修。

目前，四象限变流器有各种控制方法，图 5.14 所示是一种采用双闭环的控制方案。主环为中间电压 U_d 闭环，辅环为电网电流相位闭环。中间电压给定值 U_d^*，与中间电压检测值 U_d 相比较，差值送电压调节器。电压调节器输出即为四象限变流器输入电压 u_{s1}^* 的相位 ψ_s^*。φ^* 是电网电压 u_N 和电网电流 i_N 之间相位给定值，i_N 和 u_N 分别经有源滤波、整形环节后进到相位检测环节测得二者相位 φ，与相位给定 φ^* 的差值送相位调节器。相位调节器输出为四象限变流器输入电压 u_{s1}^* 的幅值 U_{s1}^*。u_N 的同步信号经锁相环后送 PWM 调制环节。PWM 调制环节采用正弦波与三角波相交方法产生 GTO 触发信号。

图 5.15 是四象限变流器运行时牵引网电压和电流波形。

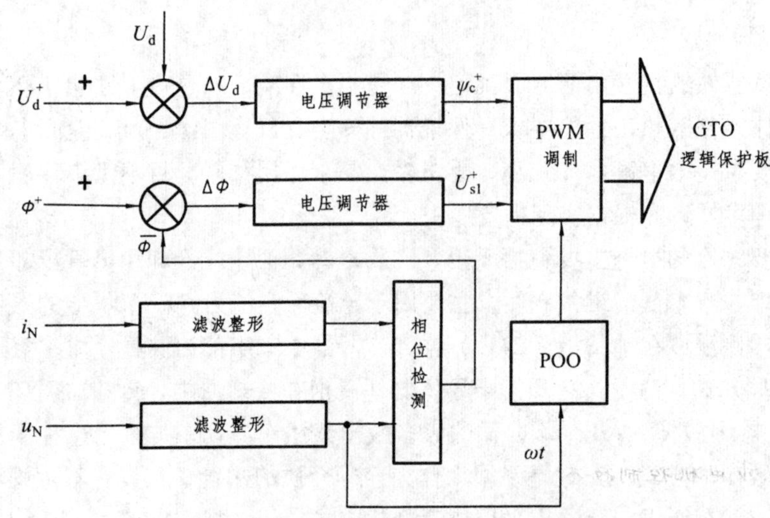

图 5.14　四象限变流器双闭环控制

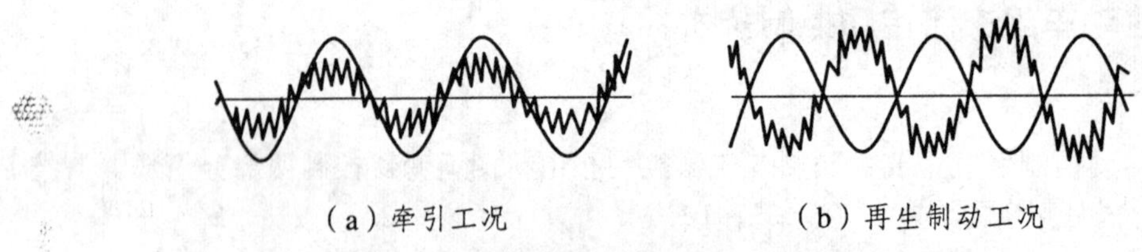

图 5.15　四象限变流器运行时电网电压、电流波形

（2）电机逆变器控制。铁道牵引三相交流传动系统的控制对象是三相交流异步牵引电机，而其牵引力、制动力的发挥又是通过轮轨之间的黏着关系，这就决定了铁道牵引控制技术的特殊性。

与一般工业领域变频调速相类似，异步电机控制技术可分为两部分，一是可调频调压的三相交流电的生成，二是异步电机的调节。

到目前为止，由直流电压生成可调频调压的三相交流电的基本方法是 PMW 脉宽调制法，自 1964 年德国学者 A．Schonung 等人提出分谐波脉宽调制思想以来，为了生成品质良好的三相交流电，人们对这项技术进行了广泛深入的研究，出现了种类繁多的 PWM 调制方法。适用于铁道牵引大功率牵引变流器的 PWM 控制技术，除了应满足牵引变流器技术特点的要求外，还具有下述特征：

（1）大功率牵引变流器的电力半导体器件开关频率较低，GTO 元件的开关频率一般为 250～350 Hz，IGBT 元件的开关频率也不超过 2 kHz，这就要求 PWM 控制策略应在较低开关频率下，获得较好的调制性能，以满足机车动车牵引性能要求。

（2）直流输入电压利用率要高，以便发挥机车、动车的最大牵引力。

针对这些特点，在铁道牵引变流器中，一是多采用较为简单可行的 SPWM 正弦波脉宽调制方法，图 5.16 所示是三相 SPWM 逆变器相电压和线电压输出波形。图中，e_r 是三角形载波，e_{Ra}、e_{Rb}、e_{Rc} 是三相正弦调制波，三相的幅值与频率均相等。由 e_r 与 e_{Ra}、e_{Rb}、e_{Rc} 波形的交点分别确定逆变器各开关元件的开关状态，从而得到如图 5.16（b）、（c）、（d）所示的相电压波形，图 5.16（e）所示为逆变器输出的线电压波形。另外，随着计算机技术和控制理论的发展，出现了许多新的 PWM 调制方法，诸如谐波消除法、磁链轨迹控制法等。这些方法多用在比较先进的电机控制方法中，像磁链轨迹 PWM 调制方法应用于直接力矩控制，较好地满足了牵引变流器的要求，在较低的开关频率下，获得良好的调制性能，改善了牵引电机在启动过程和低速下的转矩脉动，整个加速过程平稳、连续，消除了以往调制方法中调频比转换时的冲击和剧烈变化的音频噪声，电压利用率也比 SPWM 提高了 15%。

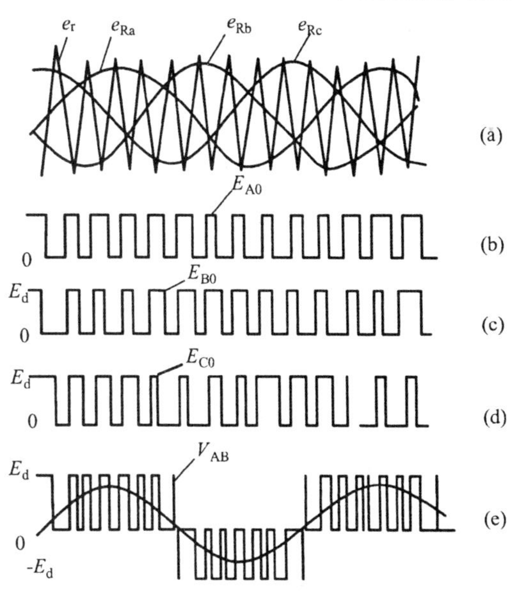

图 5.16　SPWM 调制波形

2. 交流异步电机控制技术

直流电机的电磁转矩控制可以分别对电枢电流和励磁电流进行独立控制，如图 5.17 所示，它们之间没有耦合，所以直流电机具有良好的调速性能。异步牵引电机则不同，可控制的量只有定子电流（因为只有一个供电回路），而定子电流的变化不但影响输出转矩，而且也使气隙磁链发生变化，也就是说异步电机的转矩控制和磁通控制之间存在着很强的耦合，因此，异步电机的控制技术是使交流传动系统的调速性能达到直流传动系统水平的关键。目前已成熟地应用于交流异步牵引电机的控制方法有三种：即转差特性控制、矢量变换控制和自接力矩控制。

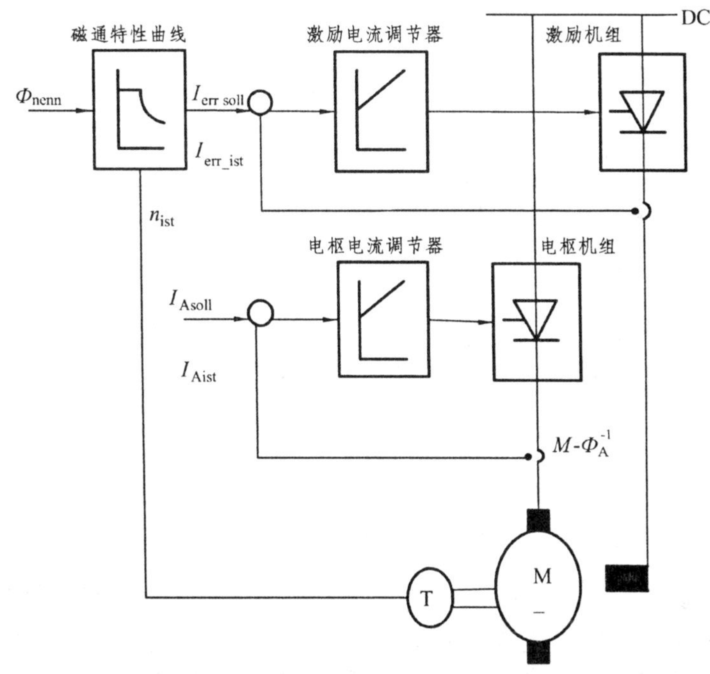

图 5.17　直流传动控制原理图

早期的交流传动车，如德国 E120 型电力机车、日本 300 系高速动车等，都采用转差特性控制（见图 5.18）。这种转差控制属于标量控制范畴，是基于异步电机静态等值电路和静态转矩公式的控制。对于异步电机这种多变量、强耦合、非线性控制对象，必然会产生较大偏差，尤其是动态性能难以满足要求。

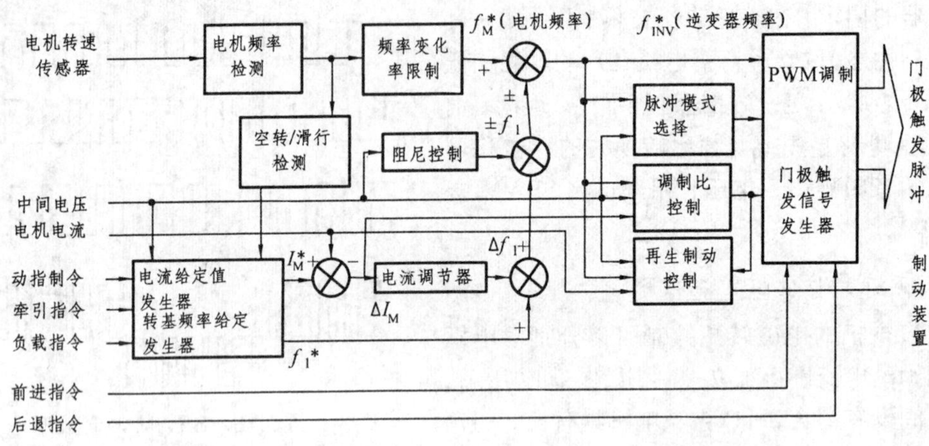

图 5.18　日本新干线 300 系高速动车组控制原理图

异步牵引电机的矢量变换控制方法模仿直流电机调速，将直流电机换向器的功能通过控制的方法来实现，从而达到对磁通和转矩的分别控制。由于矢量控制是对电压、电流以及它们所产生的磁势、磁链的瞬时值进行控制，因此，使异步牵引电机获得了可与直流电机相媲美的动、静态性能。自 20 世纪 80 年代末起，三相交流传动机车、动车普遍采用了矢量变换控制方法，其典型代表是西门子公司生产的 ICE 高速动车（见图 5.19）。

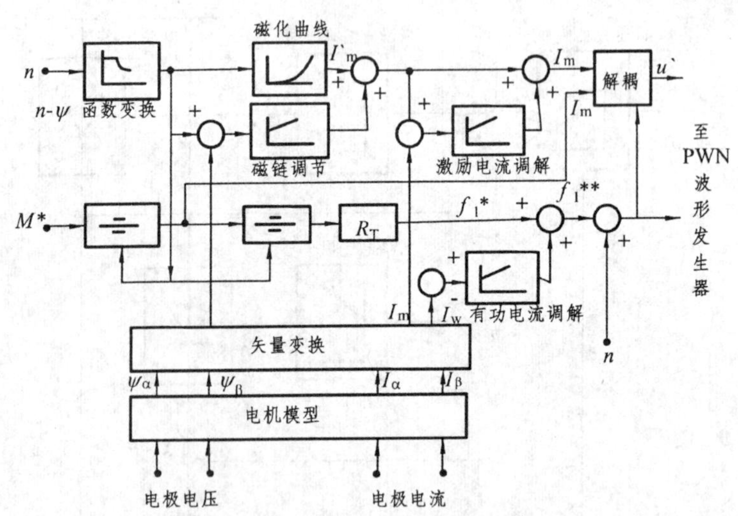

图 5.19　ICE 高速动车矢量控制框图

1985 年德国的 M. Depenbrock 教授提出了异步电机的直接力矩控制方法，这种方法避开了矢量变换控制方法中的两次坐标变换等复杂计算，而直接在定子坐标系中计算磁链和电机转矩，通过磁链调节器和转矩调节器对电机磁链和转矩进行直接控制，同样获得了可与直流电机相媲美的控制特性。这种方法很快也应用到交流传动机车、动车上。目前，由 Adtranz

（原 ABB 公司）公司生产的机车、动车，基本上都采用直接力矩控制（见图 5.20）。

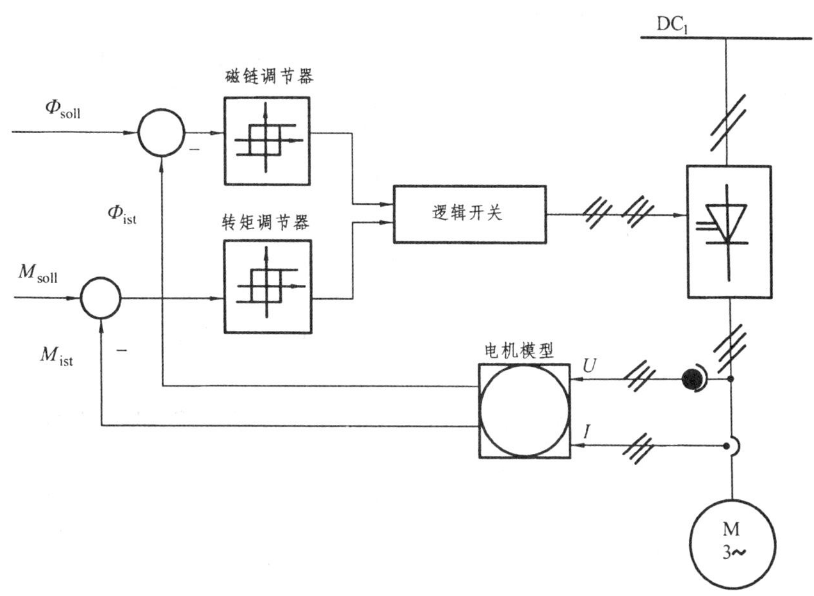

图 5.20　直接力矩控制框图

铁道牵引传动系统先进的控制功能、优越的牵引-制动性能的实现依赖于控制硬件水平的不断提高，回顾其历史，经历了由模拟技术到数字控制技术，由 8 位微机到 16 位微机直到 32 位微机及数字信号处理器，由单机个别控制到车载计算机网络的发展过程。

四、高速动车组主变压器

主变压器的容量必须考虑到整个系统所需要的功率和热损耗。根据列车运行区间线路的坡度，运输对速度和加速度的要求等求出整个线路所需要的实际有效功率。然后再考虑到牵引电机、机械传动机构、变流器、逆变器乃至变压器的效率，得到变压器用于牵引动力系统的功率。另外，再加上列车的辅助驱动系统所需的功率及列车汇流母线所消耗的功率即为主变压器的额定功率。以德国 ICE 的一台动力车为例，主变压器用于牵引的功率（计入效率取 0.8）为 4×1 125 kV · A＝4 500 kV · A，用于辅助系统功率为 200 kV · A，用于列车汇流母线 500 kV · A，故主变压器的额定功率为 5 200 kV · A。变压器体积较大，质量约 10 t，需要安装在车体中部底架上，油箱则伸向底架下部。主变压器一般有 2 个冷轧矽钢片组成的芯柱，每个芯柱侧轴向布置了 2 个相邻的二次绕组，2 个并联的一次绕组，一次绕组上面是加热绕组，每个芯柱上还有一个辅助驱动绕组。主变压器铁芯和绕组浸在油箱中，油箱中还安放了 2 个吸收电路电抗线圈。

变压器油通过油泵强迫循环，并经 2 个铝散热器冷却。

近年来，全控型高频率开关器件构成的脉宽调制（PWM）整流器和变压变频（VVVF）逆变器控制异步电机的传动系统得到广泛采用。它对主变压器的特性有一定要求，否则它将对变流器的运行稳定性有较大影响。为此，一般要求主变压器：二次侧各绕组有很高的阻抗，以抑制二次电流纹波及网侧谐波电流；二次侧各绕组的电抗值相等；二次侧各绕组之间必须去耦，如采取磁去耦结构，以抑制二次电流波形产生紊乱；直流偏磁时二次侧励磁电抗减少量尽量小。针对上述要求，可采取以下措施：一次、二次绕组之间设置带气隙的铁芯，增大漏磁以提高电抗，同时可抑制直流偏磁时二次绕组电抗的减小；一次绕组并联，二次绕组对称布置在其两侧，相邻的二次绕组之间设置分列式铁芯以免二者相互干扰，这样，各二次绕组之间就是一种去耦结构，而且还可以使各二次绕组之间电抗相等。

对于动力分散布置的动力传动系统，需要将主变压器安装在车体下部有限的空间，因此，对体积和重量的要求更加严格。为了小型化和轻量化，主变压器采用外铁芯结构。另外，采用硅油代替绝缘冷却油，既保证安全又不用更换，便于维修。

第三节　高速动车组牵引电动机

牵引电机的主要电气参数应取决于列车的牵引特性曲线、列车运行要求和脉冲逆变器的供电特性。又要求脉冲逆变器保持在规定的电压、频率和漏感等限值以内。牵引电机的机械结构又与所采用的电机悬挂方式和驱动传动形式有关。此外，还必须选定电机的冷却方式。

一、异步牵引电动机的设计特点

异步牵引电动机具有以下特点：

(1) 恒功调速范围广。异步牵引电动机能满足在很宽的速度区间内保持较高的运转效率，在设计时应考虑电机在低转速和高转速下的电磁性能都能达到列车的牵引性能。

(2) 高次谐波的影响。在逆变器供电下，电压、电流中含有一定的谐波分量，会在电机中产生谐波磁场，对电机的损耗、效率、功率因数、转矩等产生不良影响。因此，在电机设计开始就需要对谐波之间的相互影响进行分析。同时，电机定子、转子的槽形设计，电机漏抗的大小及转差率的选取都要与逆变器电源相匹配。

谐波电流的大小与电机的转速和负载大小无关，而主要取决于电机的漏电抗。为了减小电流谐波，提高功率因数和改善换流性能，在设计电机时希望有较大的定子、转子漏电抗。

由于电压型逆变器供电的电机要求有较大的漏电抗，故应选取较高的电压，因为漏电抗与绕组匝数的平方成正比，当电机额定功率一定时，电压越高，电流越小，绕组匝数越多，其漏电抗越大。

电机极数的多少与电机的基本尺寸和参数有关，极数小，定子绕组端部增长，漏电抗增大，所以电压型逆变器供电的电机适合选取较少的极数。但当电机转速一定时，极数少，定子绕组端部加长，从而增加了电机的轴向长度。同时，由于极数少，使每极磁通增大，相应的定子轭部高度增加，从而使定子铁芯外径增大。此外，极数增多后，相应增加了电机的供电频率，不仅会增加逆变器功率元件的开关损耗，也会增加电机的损耗。由此可见，电机极数应在电机尺寸大小、重量许可的情况下，不宜过多。

电机定子、转子漏电抗与电负荷成正比而与磁负荷成反比。电机的气隙越大，励磁电抗越小，励磁电流越大。电压型逆变器供电的电机应取较大的电负荷和较小的磁负荷，选取较小气隙，可增大励磁电抗而减小励磁电流。

为了增加漏电抗，通常把定子槽形设计得窄而深。为了减少基波和谐波电流的铜耗，定子绕组电阻越小越好，同时尽可能减少定子绕组的集肤效应。

（3）异步牵引电机与逆变器的匹配。异步牵引电机与逆变器之间存在两种极端的匹配关系，在实际设计中应按需要在不同转速区段设计不同的匹配关系。

异步牵引电动机恒压恒功运行条件下，其最大转矩与其转速成正比，即其转矩过载率不再为常数 1.2，而是高速与低速的转速比。这时异步牵引电动机必须按最大转矩设计，以至于体积、重量相应增大。所以，称逆变器与牵引电动机的恒压恒功匹配为大电动机匹配，恒功恒压工作时电流必然恒定，功率最小，故又称大电机小逆变器匹配。

（4）并联运行。由于现有的交流传动列车的动力车都是一台逆变器给 2 台或多台电动机供电，轮径的偏差对电机负荷分配的影响是电机设计的又一重要因素。因此，在电机制造过程中，要求有严格的工艺措施来保证各电机之间的性能偏差最小。在设计时应合理选择转子电阻和转差率，控制转子的发热量，合理分配电动机内部风量，控制出风温度，保证电机的温升限值。

（5）耐电晕绝缘系统。电机由逆变器供电时，在逆变器换流过程中会产生较大的尖峰电压，在元件转换过程中，电压的变化率较大，尤其对于目前采用的 IGBT 元件，开关频率高，电压变化率 du/dt 可达到 6 500 V/μs，会在电机绕组绝缘材料内部产生高频的强电场，损坏电机绕组的绝缘。故应选用特殊的耐电晕的绝缘系统来加强绕组的绝缘，特别是靠近电压入口端的线圈匝间和层间绝缘。采用 200 级耐电晕绝缘结构和 200 级绝缘漆及相关工艺构成的绝缘系统，是逆变器供电的异步牵引电动机设计和制造中的重要一环。

二、高速动车组用牵引电动机简介

高速列车的牵引电动机必须根据列车的牵引、制动特性，列车运用要求以及电机悬挂方式和机械传动机构进行设计、制造。

1. 德国 ICE3 高速动车组用牵引电动机

ICE3 高速动车组用牵引电动机外观如图 5.21 所示。为了将牵引电机与传动机构组装在一起，牵引电机机座为圆柱形焊接结构，以适应将电机集成在 UmAn 传动系统的要求。

高导磁低损耗定子叠片铁芯用压配合叠压在机座中，通过一低压力下焊接的环固定。它通过叠片铁芯背面的风道和定子绕组与转子之间的气隙来实现通风冷却。定子绕组由绕包绝缘的矩形铜导条双层线圈组成，绕组用无溶剂聚酰亚胺树脂两次真空压力浸渍。线圈采用 H 级绝缘材料。

图 5.21 ICE3 动车组牵引电机定子、转子

鼠笼转子由梯形铜棒组成，短路棒的接头和端环是铜焊接的。为清除离心力引起的鼠笼的应力，端环由高强度的热套护环固定。鼠笼转子铁芯通过有加强筋的压圈轴向固定在电动机轴上。转矩通过热压配合从铁芯传递到转轴上。转子轴设有 1∶50 锥度，以

便安装小齿轮。

要求牵引电动机轴承必须至少安全走行 (1±20%) 240×10^4 km。转子轴选用了滚锥轴承。B 侧轴承用脂润滑，A 侧（传动侧）用传动齿轮润滑油润滑。

转子通风通过转子叠片铁芯中的 2 排冲孔、气隙以及短路环范围中的强环流来实现，同时转子棒两端伸出叠片铁芯约 2 cm，因此可直接冷却。

为监视牵引电动机的温度，在 3 个定子绕组槽中嵌有温度探针。用装在 B 侧端盖外的脉冲传感器监测转速。为监视轴承温度，在轴承上装了 PTl00 探针。

为抑制变流器运行时产生的高次谐波电流而安装了三相电动机串联电抗器（MVD）。当电动机频率至 70 Hz 时，三相电动机串联电抗器与牵引电动机串联连接。该电抗器与牵引电动机并列，强迫通风冷却，此时牵引电动机所需冷却风量为 1.0 m^3/s，电动机串联电抗器冷却风量约 0.4 m^3/s，通过旁路从牵引电动机冷却风中获得。三相电动机串联电抗器由串联通风的 3 个分电抗器组成，每相的分电抗器电感为 0.92 mH，整个电抗器总重约 200 kg。

在 110 km/h 以上的速度范围，牵引电动机可在 1 250 kW 功率双曲线上持续运行；在速度约 150 km/h 以上时，电动机串联电抗器被旁路。

2. 日本新干线 300 系高速动车组用牵引电动机

300 系高速动车组用牵引电动机结构如图 5.22 所示。其设计思想主要是除了在电机本身的机械结构和绝缘系统方面减轻重量之外，还从电机与变流器匹配的系统上进行减重。其设计、制造具有以下特点：

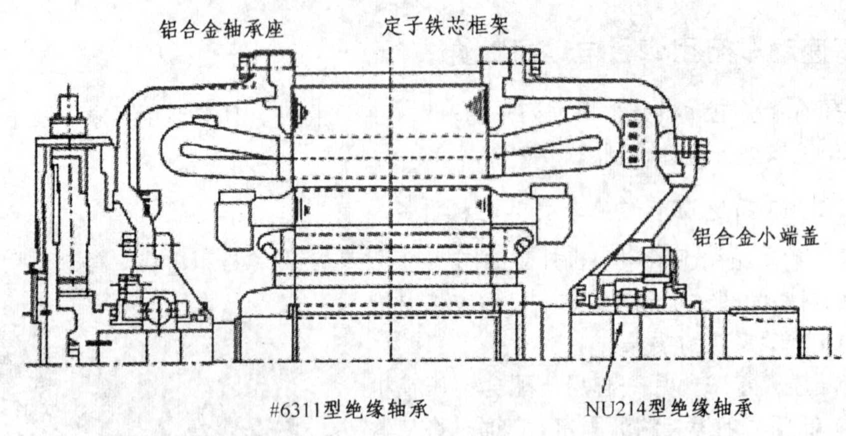

图 5.22 日本新干线 300 系高速动车组 TMT3 牵引电机结构

(1) 从主电路系统出发，优化 VVVF 终端频率，减轻包括主变压器、主变流器和牵引电动机在内的系统设备的重量。

(2) 从结构和材料等各方面着手彻底减轻各部件的重量。其样机 TMTl 采用较薄、带窗孔、非传动侧外径较传动侧小、安装支脚也较小的机壳；定子铁芯压圈厚度较薄，线圈用玻璃丝绑带支撑而不用常用的金属箍；转子取消了端环的压圈，增加了铁芯的风孔数量并增大了孔径，从而提高了冷却效率，减轻了质量。

在样机的基础上，其批量生产的 TMT3 型牵引电机采取了以下途径减轻质量：

(1) 用无机壳（框架式）定子。异步电动机的机壳不形成磁路，因此，强度允许的话可以不要机壳。300 系 TMT3 型牵引电动机采用了无机壳定子，它是用由 6 块连接板固定定子铁芯两端的笼形框架来支撑牵引电动机，与圆筒形有机壳定子结构相比可以减轻定子铁芯背面部分的重量。电机上面的挂鼻和下面的支脚步以及车轴端的辅助挂鼻都直接焊在铁芯压圈上，铁芯两端压圈上还留有与两端端盖的配合部位，端盖用螺栓直接紧固在铁芯压圈上。

（2）两端轴承座（端盖）采用铝合金铸件。定子铁芯两端的轴承座的作用是支撑转子、引导冷风和保护定子线圈等，出于强度方面的考虑，轴承座大多采用钢板或铸钢制造。300 系要求采用铝合金材料来减轻重量，在选材等方面做了很多的努力。选取的材料是 AC7A 系列中的 C5M4，延展性较大，耐应力腐蚀性能好，最小厚度是 16 mm，以保证列车 300 km/h 运行时飞石对电机轴承座的打击不损坏轴承座的里面。表面全部进行 10 μm 厚的阳极氧化膜处理以提高耐腐蚀性能。因铝合金轴承座直接与定子铁芯压圈配合，为防止温度上升时铁铝热膨胀量不同引起的偏心和在部件中产生的应力，将铁芯压圈配合面做成双重接口，把轴承座上圆筒形凸起部分嵌进去，并用高强度螺栓紧固。为防止两种金属之间的电腐蚀，采用氧化铝膜处理，并对配合面涂以密封材料进行防水处理。

（3）定子线圈采用聚酰亚胺绝缘。定子线圈要经过各种绝缘处理后才能嵌入铁芯的槽内，所用的绝缘材料较薄时，槽的宽度和深度都可以减小。因此，铁芯磁路断面积相同时，减小槽宽可以减小叠片铁芯的尺寸（厚度），减小槽深可以减小定子铁芯的外径，从而减轻铁芯的重量。TMT1 的定子线圈使用 H-DGC 绝缘，TMT3 则采用了聚酰亚胺薄膜，线圈裸线的宽度和厚度分别可减小 0.2 mm，槽的深度和宽度可分别减小 2.8 mm 和 0.4 mm。

（4）优化牵引电动机内部冷却回路，提高冷却效率。采取了两种方法，一是在温度较高的部位设计新的通风回路，二是优化各通风回路的风量分配，温度较高的部位分配较多的风量。对牵引电动机内部定子温度分布测定结果表明，传动侧线圈端部下面温度最高，因此，在定子铁芯外侧下面设计了新的通风回路。以往牵引电动机转子铁芯内侧风孔风量是整个冷却风量的 60% 左右，但冷却效率并不太高。为了使温度高的气隙部分（发热部分）尽可能分配到更多的风量，在结构上保证转子铁芯内侧 12 个风孔中有 8 个通风。当然，气隙部分多给风量的前提是保证额定风量在 20 m^3/min 时的静压与 TMT1 的相同，定子铁芯背面设计的新的风路的风量占 10% 左右。

（5）采用直径小的轴承。采用直径小的轴承不但可以减小轴承的尺寸，而且还可以减小轴承箱上排风口内径，从而减轻轴承及轴承箱的重量。300 系 TMT1 型牵引电动机只有传动侧滚动轴承采用小直径轴承，这是基于使传动侧和非传动侧轴承计算寿命尽可能接近。

批量生产的 TMT3 型牵引电动机采用以上减重措施后，质量比样车用的 TMT1 型牵引电动机减轻了 13%，由 457 kg 减轻到 396 kg。

3. 法国 TGV-A 高速动车组用 STS-45-39-6 型牵引电机

TGV-A 高速动车组用牵引电机如图 5.23、图 5.24 所示。其设计上的显著特点是采用自换向同步牵引电动机，它的优点之一是简化了电路设计。由于同步牵引电动机可从蓄电池获得励磁电源，从而方便地转变成为交流发电机向制动电阻供电，可实现与供电电源无关的电阻制动。

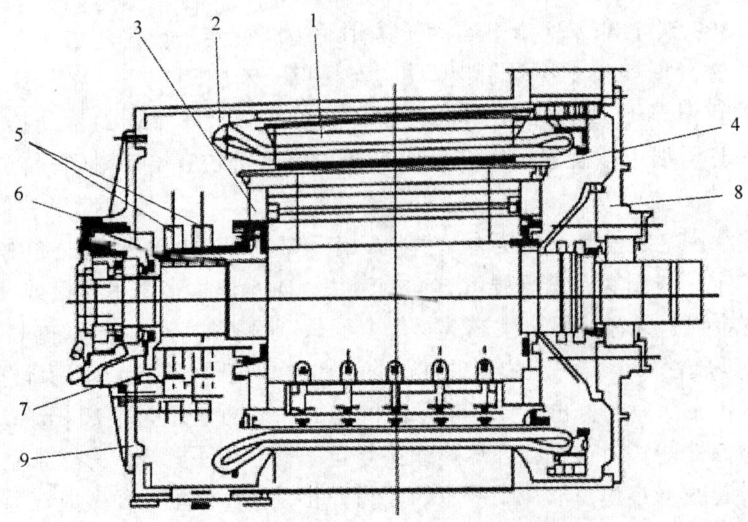

图 5.23　STS-45-39-6 牵引电机纵剖面

1—磁路；2—定子绕组；3—励磁绕组；5—阻尼线圈；5—集电环；6—凹口盘；7—转子位置传感器；8—驱动端轴承；9—非驱动端轴承

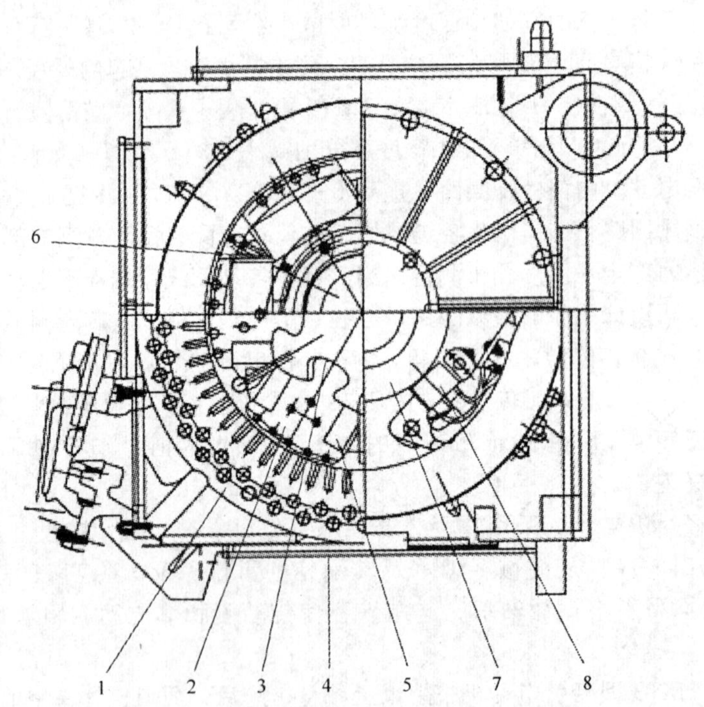

图 5.24　STS-45-39-6 牵引电机横剖面

1—全通风冲槽定子叠片；2—转子铁芯；3—燕尾式结合；5—阻尼杆；5—励磁绕组；6—锁销；7—集电环；8—刷架、电刷

该型电机无换向器，因而与直流电机相比结构简单、维修方便。

自换向同步牵引电动机的主要优点在于电流换向是利用同步电机产生的电动势自然实现的，其用于调节电压和频率的逆变器结构简单，重量轻。此外，同步电机不存在当接触网出现故障断电时的制动安全问题，这是因为同步电机可在任何转矩下利用普通蓄电池组实现励磁，迅速转为发电机，由制动电阻消耗电能，并通过控制励磁电流来控制制动力的大小。

与 TGV-PSE 列车所采用的直流牵引电机相比，STS-45-39-6 牵引电机输出功率增加 1 倍，启动牵引力增加了 0.6 倍，而电动机重量却轻了 110 kg。

电机采用 C 级绝缘（NFC-76439 标准），允许温度为 250°C，这就为实现良好的启动性能提供了足够的安全裕量。电机试验的超转速达 5 000 r/min，是额定转速的 1.25 倍。每台牵引电机有单独的通风设备，风量为 1.25 m^3/s。

该型电机的尺寸比 TGV-PSE 的直流牵引电动机有所减小，因而安装比较容易。

电机要求逆变器的输入电压为 1 519 V，输入电流为 754 A。

STS-44-39-6 型同步牵引电动机的机座由相同的两部分组成。磁路由经过处理的硅钢片组成，硅钢片呈扇形叠压，扇形块径向排列，形成一个平行六面体，并由 4 片有一定厚度的钢板固定起来。电机采用轴向通风，冷却空气穿过硅钢片中所有冲压成形的圆柱体通风孔。这种结构避免了径向通风所存在的因电动机而异的风力大小不均的缺陷，保证了电动机具有良好的降温特性。

定子绕组为串联、并联重叠式绕组，线圈的匝间绝缘采用 Kaptomteflon 薄膜，对地绝缘用云母带缠绕，这种绝缘方法的优点是两种绝缘材料之间有一定的气隙，线圈的端部设有一个金属端环，并用毛毡包扎起来，这样可以避免突然短路时线圈端部变形的危险。整个绕组连同机座采用 C 级无溶剂硅树脂真空压力浸渍绝缘。

转子包括转轴和磁极铁芯，二者为燕尾式结合。转子直径为 420 mm。电机转速为 4 000 r/min 时，圆周速度达 90 m/s。

圆截面铜杆嵌在极靴中，铜杆的端部装有一个阻尼环，最顶端是短路环，这种阻尼绕组使瞬时电抗保持在较低水平，从而保证了定子电流的自然换向。

磁极铁芯由改善了机械性能的硅钢片叠成，两端分别用冲压成形钢板压紧，再用钢制螺栓紧固成一体，然后嵌入经过绝缘的励磁绕组。

励磁绕组用裸扁铜线绕制，匝间绝缘为硅树脂预浸渍的 Nomer 纸，通过热压方式与绕组黏合在一起，在装到磁极铁芯上之前，励磁绕组的外面还要用云母带包扎作为对地绝缘。

励磁绕组和磁极铁芯装到转轴上后，应嵌入固定键。此外，为避免运转时切向离心力影响下产生变形，绕组中还要嵌入锁销。锁销用螺杆固定在转轴上。

集电环为不锈钢结构，电刷为人造石墨结构。

STS-44-39-6 型同步牵引电动机与齿轮箱之间采用法兰连接，其优越性在于电动机只通过一个小齿轮与减速器直接连接，而无需特殊的连接装置。齿轮箱润滑油可同时为电动机滚动轴承润滑。电动机采用强迫风冷方式，因而滚动轴承可完全密封。

由于齿轮箱另一面的滚动轴承需承受小齿轮在啮合时产生的轴向推力，因此，该系统有两个滚动轴承：一个圆柱滚子轴承和一个 4 点接触滚动轴承。由于这两个滚动轴承尺寸小且载荷适中，因而只需用油脂润滑。

当电动机转速较低时，电动势太低，不能保证自然换向，因而须设置可确定转子角位置的辅助换向装置。

位置检测装置由两个部分组成：一是与转子固定在一起的钢制凹口盘，其精确固定位置应根据励磁绕组而定；二是定位传感器，其精确固定位置根据定子叠片冲槽而定。定位传感器根据凹口盘上槽齿交错位置随时确定转子的确切位置，从而控制定子经绕组的晶闸管整流相位电源，以获得最佳的转矩。当启动电流是额定电流的 1.4 倍时，启动转矩则是额定转矩的 2 倍。

第六章　高速动车组通信网络与运行控制系统

现代高速动车组趋向于采用动力分散模式，列车牵引、制动等设备分散布置在动车组各车辆上，其控制方式与传统机车牵引客车模式有很大差别。要保证分散布置的电器设备动作与控制指令协调一致，则高速动车组内部信息交换必须由通信网络实现。

第一节　高速动车组通信网络

一、列车通信网络的发展

20 世纪 70 年代后期，微处理器技术得到迅速发展，计算机开始被运用于轨道交通工具控制 。最初的微处理器主要应用于机车车辆单个设备的控制，如 SIEMENS 等厂商于 20 世纪 80 年代初将 8086 微处理器应用于机车或动车的传动控制。随着微处理器控制、服务对象的增多，车载计算机的应用也越来越广泛，列车通信网络在初期的串行通信总线的基础上应运而生，并从原来不同公司的企业标准发展为国际标准，逐步形成了列车通信与控制系统标准化、模块化的硬件系列以及全方位的开发、调试、维护、管理软件工具。一些大公司以牵引控制系统为基础，以列车通信网络为纽带，以新器件和新工艺为载体，相继推出了覆盖牵引、制动、辅助供电系统，具有车辆设备控制和显示、诊断等功能的列车通信与控制系统，在欧洲一般简称为 TCC。在北美，类似的系统被称为基于通信的列车控制系统，简称 CBTC。

1999 年 6 月，经过长达 11 年的工作后，国际电工委员会（IEC）第 9 技术委员会（TC9）以及 UIC（国际铁路联盟）的代表组成的第 22 工作组（WG22），在 ABB 的 MVB、SIEMENS DIN43322 和意大利的 CD450 等运行经验的基础上，制订了列车通信网络（TCN）标准 IEC61375。

在北美地区，由美国 Echelon 公司于 1991 年开发的主要用于建筑自动化和工业控制的现场总线 LonWorks 被部件供应商和铁路公司接受。IEEE 于 1999 年 8 月制订了 IEEE1473 列车通信协议。该协议包含 IEC61375 规定的 TCN（1473-T）和 LonWorks（1473-L）。

二、列车通信网络简介

列车运行的干扰状况和运行环境的恶劣程度是其他工业场合不可比拟的，所以，对列车通信网络系统的可靠性要求极高，不能因网络本身的故障引起列车破坏性和灾难性的后果。同时，又要求通信网具有实时性，即良好的事件驱动能力和时间驱动能力。

初期的列车通信网络与列车控制系统是相对独立的。列车通信网络的任务主要是收集全列车各部件的状态、数据，以便进行监视和诊断；而列车控制系统主要通过硬连线把命令传送到各节车厢，从而实现全车的重联控制。列车控制的命令是不经网络传送的，从而在列车网络通信失效时，不会使列车控制也跟着失效。这样做的主要原因是初期列车通信网络的可靠性还远未达到可信赖的程度。

世界各国铁道机车车辆生产企业在各自发展过程中使用了不同的列车网络技术。目前，广泛使用的列车通信网络有符合 IEC 标准的 TCN 网络（IEC61375）、符合 IEEE 标准的列车通信网络（IEEE1473），以及其他工业控制网络，如应用于 TGV 高速列车 AGATE 控制系统的 WorldFIP 网络、应用于日本新干线高速列车的 ARCNET 网络等。它们都在各自的应用中取得了成功。

1. TCN

TCN 是由 IEC/TC9/WG22 为铁路设备的数据通信制定的一项标准。1999 年 6 月，IEC/TC9/WG22 在 ABB 的 MVB、西门子的 DIN43322 和意大利的 CD450 等运行经验的基础上制订的列车通信网络（TCN）标准——IEC61376—1 正式成为国际标准。

列车通信网络（TCN）规定为由多功能车辆总线（Multiply Vehicle Bus，MVB）和绞线式列车总线（Wired Train Bus，WTB）组成。其通用的拓扑结构如图 6.1 所示。

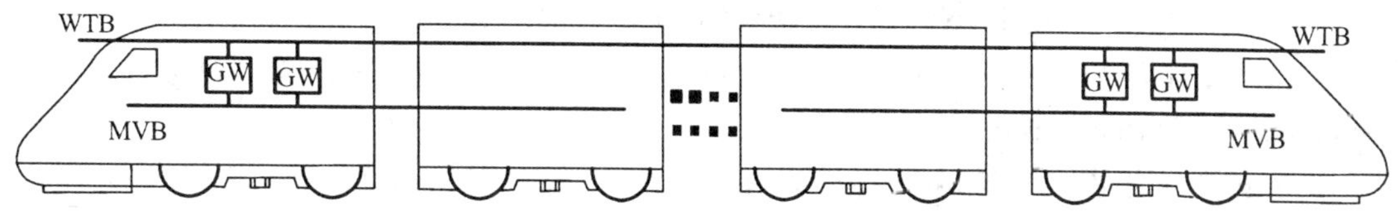

图 6.1　TCN 网络一般结构

WTB—绞线式列车总线；GW—网关；MVB—多功能车辆总线

列车通信网络的基本结构是两条总线组成的列车级控制、车辆级控制、设备级控制三层结构，如图 6.2 所示。列车通信网络包含了两种总线：连接一个车辆内设备的多功能车辆总线（MVB），总线能快速响应，工作速率为 1.5 Mbps，介质为双绞线或光纤；连接列车中各车辆的绞线式列车总线（WTB），总线能自己组态，工作速率为 1 Mbps，介质为双绞屏蔽线。

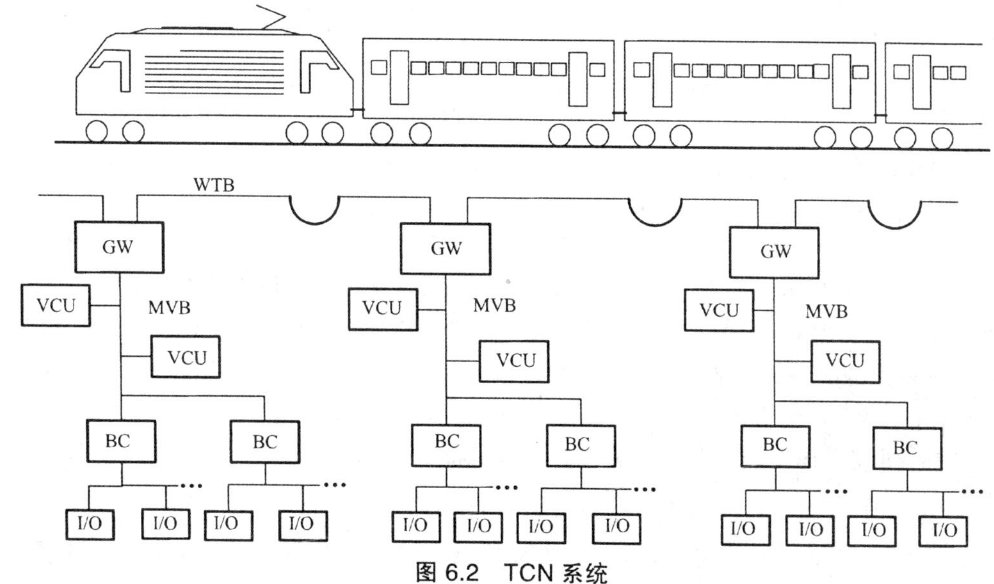

图 6.2　TCN 系统

WTB 与 MVB 之间通过网关进行协议转换。列车总线 WTB 是对西门子的 DIN43322 总线的改进，主要用于车辆之间的重联通信，其最大的特点是具有列车初运行和烧结（通信连接器触点去氧化）等功能，能自动识别车辆在列车编组中的位置和方向，从而满足开式列车需要频繁编组等特殊要求；车辆总线 MVB 则来源于 ADtranz 公司的 MICAS 总线（后更名为多功能车辆总线 MVB），主要用于车辆内控制设备的互连。TCN 网络采用基于总线管理器（BA）的集中式介质访问控制，并支持介质和总线管理器的冗余，因而具有强实时性和高可靠性等特点。

目前，TCN 在国际上得到了广泛应用。近年来，TCN 网络技术在欧盟范围内还得到了一些控制部件供应商的开发支持，除 Siemens 的 SIBAS16、SIBAS32 系统，ADtranz（目前属于 Bombardier 公司）的 MICAS-S2、MITRC 系统外，芬兰的 EKE 电子公司、意大利的 Far-system 公司以及捷克的 Unicontrol 公司都开发出了符合 TCN 和 UIC 标准的网关产品，瑞士的 Duagon 等公司则开发出了基于 FPGA 的系列 MVB 网卡和 I/O 设备，用户可以通过购买网络部件来进行 TCN 网络控制系统的集成和应用开发。

2. LonWorks

LonWorks（以下简称 LON）是美国 Echelon 公司 1991 年推出的全开放智能分布式测控网络技术。LON 采用 LonTalk 协议，其遵循 OSI 参考模型的全部 7 层协议。LonTalk 协议被封装在称之为 Neuron 的神经元芯片中。

LON 支持总线型、星型和环型等多种拓扑结构，网络结构可以是主从、对等或客户/服务式。传输介质可以是双绞线、同轴电缆、电力线、无线电和光纤等。采用双绞线通信时，最高通信速率为 1.25 Mbps/130 m，直线传输距离可达 78 kbps/2 700 m。

LON 采用带预测 P-坚持 CSMA 的通信介质访问方式，既具有 CSMA/CD 的实现简单、带宽利用率高、单点故障不影响网络通信和节点可灵活进退网络等优点，又改善了一般 CSMA/CD 在网络重载时的性能。优先级机制使紧急数据具有优先的响应时间，使 LON 可以适应控制网络的要求。

LON 具有完整的 7 层协议，具备了局域网的基本功能，与异型网的兼容性比现存的任何现场总线都完善。它还提供了与 LAN 互连的接口，从而实现两者的有机结合。

1997 年 5 月，美国铁路协会 AAR 将 LON 作为其列车内部通信规范，编号为 S-4230。1999 年 8 月，IEEE 将 LON 作为其制订的列车通信协议标准 IEEE1473—1999 的一部分，即 IEEE1473—L。IEEE1473 定义了 T 型（TCN）、L 型（LonWorks）和 T/L 混合型（WTB/LonWorks）多种组网方式。新泽西的“彗星”号列车，由采用 TCN 的 ADtranz 机车和采用 LonWorks 的 ALSTOM 客车组成，ADtranz 已着手开发 WTB/LonWorks 网关。实际上，将 WTB 网卡与 LonWorks 网卡的双口 RAM 数据通过第三方 CPU 定时调度即可实现网关功能。

2002 年 7 月，我国铁道部制订了列车通信网络标准 TB/T 3035—2002，也将 LonWorks 网络作为列车通信网络的一部分，并开始正式在我国机车车辆上进行应用。

目前，LonWorks 网络在北美及亚洲一些国家应用较多，如纽约地铁车辆、“美洲飞人”高速列车、重载列车的 ECP 电空制动系统、日本的单轨车辆，以及我国的一些机车车辆都有应用。

3. WorldFIP

WorldFIP 总线是由于 1987 年 3 月成立的 WorldFIP 组织以法国几家大公司为主要成员

开发的 FIP 现场总线技术。

FIP 最初为法国标准，后来采纳了现场总线国际标准 IEC61158—2，成为 WorldFIP。现在 WorldFIP 是欧洲现场总线标准 EN50170-3 和国际标准 IEC61158—type7。其采用 3 层结构：物理层、数据链路层和应用层。其传输介质为屏蔽双绞线或光纤，传输速率为 31.25 kbps、1 Mbps、2.5 Mbps 和 25 Mbps；采用生产者/使用者、广播方式的通信模式，由总线仲裁器（bus arbitrator，BA）进行集中式介质访问控制。WorldFIP 根据应用程序所要求的服务来规定总线上信息的传送次序，执行 3 种功能：扫描周期性变量、扫描非周期性变量和传输消息。因此，数据链路层提供两种类型的传输服务：变量交换和消息传递。传输可以是周期性的或非周期性的，且在带宽的分配和提供的服务上非常灵活，并具有极强的抗干扰能力，完全满足 IEC 关于电磁兼容性的 EMC 标准。WorldFIP 通信模式支持后台传输消息、周期和事件变量，保证诊断信息传输不影响实时控制；物理层采用 IEC 标准，支持电缆冗余，大部分协议固化在硬件上，稳定性强。不论高速还是低速，WorldFIP 只有一套通信协议，所以不需要任何网桥或网关，低速和高速的衔接只用软件就可以完成。

WorldFIP 技术已经被广泛使用在世界上 70 多个国家的能源、化工、电力等工业领域，其在铁路上也有成功的应用。法国 ALSTOM 公司将 WorldFIP 作为标准通信协议应用于其开发的 AGATE 列车控制系统，并成功应用于 TGV 高速列车。我国上海轻轨明珠线上的轻轨车辆也使用了 WorldFIP 技术。

4. ARCNET

ARCNET（Auxiliary Resource Computer Network）是一种基于令牌传递（Token Passing）协议的现场总线，其最初是美国 Datapoint 公司在 20 世纪 70 年代末作为办公自动化网络发展起来的。该系统具有快速性、确定性、可扩展性和支持长距离传输等特点，非常适合过程实时控制，近年来被广泛应用在各种自动化领域，是一种理想的现场总线技术。

ARCNET 是一个真正开放标准协议，1999 年成为美国国家标准 ANSI/ATA-878.1。从 OSI 参考模型来看，ARCNET 位于 ISO/OSI 7 层网络体系模型中的数据链路层和物理层。它开放底层接口，允许用户自行开发嵌入式设备。每个 ARCNET 物理节点包括一个数据链路层的通信控制器芯片和一个物理层的收发器芯片。在数据链路层，它采用令牌环机制，各节点通过传递令牌来协调网络使用权。节点使用唯一的 MAC 地址标志自己，单个 ARCNET 子网最多可有 255 个节点，ARCNET 支持点对点的定向消息和单点对多点的广播消息。在物理层，ARCNET 支持总线型、星型以及分布式星型拓扑结构。ARCNET 速率为 2.5 Mbps，传输的介质有同轴电缆、双绞线、光纤，可满足绝大多数自动控制应用对速度、抗干扰性和物理介质的要求。使用光纤时的新型 ARCNET plus 速率已从原来的 2.5 Mbps 增加到 100 Mbps。

在 ARCNET 网中，由于采用了令牌传递协议，任何节点都不能独占网络，只有在持有令牌后才成为网络的临时主节点，才能发送一次有限长的信息。一旦信息发送完毕，必须将令牌传递给逻辑环上的下一个节点，收到令牌的节点就成了网络的临时主节点，如此循环，构成令牌环。ARCNET 使用令牌传递机制来仲裁各网络节点对网络的访问权，不存在竞争，在传递时间上是可预测的（事实上，能够计算出在最坏情况下节点间传递信息所需的时间），这一点与使用冲突检测机制的工业以太网和 CAN 有显著的不同。ARCNET 网即使在网络负载重、流量较大的情况下，也不会造成网络阻塞。

与办公自动化网络不同，现场总线必须能够在预先确定的时间内完成信息的传输。ARCNET 所采用的令牌传递协议能满足这个要求。在现场总线中，传递的消息通常是短消息，ARCNET 支持长度可变的数据帧（0～507 字节），再加上其数据速率较高，使其具有良好的快速响应性能和适应性。现场总线必须坚固可靠，ARCNET 具有内置的 16 位 CRC 校验、出错重传等机制，支持包括光纤在内的多种连接介质，可以适应各种环境下对通信质量的需求。另外，现场总线要求的软件开销小，由于数据链路层协议固化在控制器芯片内部，因此，ARCNET 不用软件就能自动完成诸如错误检测、流量控制以及网络配置等功能。

ARCNET 的可靠、高速及稳定的性能已被许多工业领域应用，成为工业自动化系统的重要组成部分。现在全世界已有大约 450 万个 ARCNET 节点应用于工业领域中，加入 ARCNET 行业协会（ATA）的企业已经遍布了工业领域的几乎所有行业。随着每年近 50 万新的 ARCNET 网络节点安装，到 2000 年底 ARCNET 网络节点达到了 600 万个节点。

日本的高速列车所使用的列车通信网络主要采用 ARCNET 网络，我国“和谐号”CRH2 型动车组也使用了 ARCNET 网络技术。

5. CAN

CAN 全称为“Controller Area Network”，即控制器局域网，是国际上应用最广泛的现场总线之一。该总线最初由德国 Bosch 公司在 20 世纪 80 年代初期提出，是为汽车监测、控制系统而设计开发的一种串行数据通信总线。CAN 被设计作为汽车环境中的微控制器通信，在车载各电子控制装置 ECU 之间交换信息，形成汽车电子控制网络。

1991 年 9 月，Philips Semiconductors 制定并发布了 CAN 技术规范（Version2.0）。该技术规范包括 A 和 B 两部分。1993 年 11 月，ISO 正式颁布了道路交通运载工具——数字信息交换-高速通信控制器局部网（CAN）国际标准（ISO11898）。

标准的 CAN 协议仅定义了 OSI 参考模型中的物理层和数据链路层。CAN 采用多主竞争式结构，其信号传输介质为双绞线、同轴电缆或光纤。采用双绞线通信时，速率最高可达 1 Mbps/40 m，直接传输距离最远可 5 kbps/10 km，可挂接设备数量为 110 个。

CAN 的通信介质访问方式为带优先级的 CSMA/CD。CAN 信号传输采用短帧结构，每帧的有效字节数为 8 个，传输时间短，受干扰的概率低，错误严重的 CAN 节点能自动切断该节点与总线的连接，避免对总线上其他节点造成影响。

应用层协议可以由用户定义成适合特别工业领域的任何方案，已在工业控制和制造业领域得到广泛应用的标准是 DeviceNet，CANopen 等。由于 CAN 总线具有较高的实时性和总线利用率、极低的成本、极高的抗噪声性能和灵活性，目前已经在汽车、航空、工业控制、安全防护等领域中得到了广泛应用。

近年来，CAN 与 CANopen 协议在轻轨、地铁、货车等轨道车辆以及车门、空调、倾摆、制动、牵引、旅客信息等控制子系统中获得了广泛应用。比如：SAB-Wabco 的基于 CANopen 的制动控制系统、德国货运和法国国铁的货车车辆网络、捷克 Unicontrol 公司开发的基于 CANopen 的模块化的控制系统 UnitrackII、芬兰 EKE 电子公司开发的 WTB/CAN 网关、Selectron 在车辆翻新改造项目中使用的基于 CANopen 的分布式控制系统等。另外，Kontron、MEN、SMA 等公司可为用户提供满足铁路要求的带 CAN 接口的 CPU 控制板。Siemens、Alstom、Bombardier、Fiat、Stadler Rail、GE 等公司在其内燃机车、轻轨车辆、地铁等产品中也使用了 CAN 和 CANopen。

CiA 非营利组织（CAN in Automantion）负责 CANopen 应用层协议规范的开发。近年来，CANopen 轨道车辆特殊兴趣组织(SIG)正专注于轨道车辆网络应用规范的开发，而 CANopen 轨道车辆特殊市场组（SMG）则通过一些公共活动来推进这些规范的应用。这些规范详细说明了通过 CANopen 网络连接的即插即用设备的接口协议。

CANopen 轨道车辆集成网络规范（CiA421）用于连接由不同公司制造的子系统，这些子系统包括司机操纵台、牵引控制、主变流器、门控器等。

目前，在德国的高速磁悬浮列车上，其连接各个磁浮控制器的车辆总线就采用了 CAN 总线。我国的一些动车组也采用了 CAN 总线完成动车之间的重联控制。

表 6.1 为各种列车通信网络系统特点比较。

表 6.1　列车通信网络系统比较

通信技术	功能与特点	可靠性	价格	适用场合
FSK 列车总线	19.2 kbps，双绞电缆，860 m，功能齐全，具有开发、调试、维护、管理工具支持	高	中	列车总线，联结长距离、灵活编组
MVB/WTB	TCN 标准，1.5 Mbps，光纤，2 000 m，功能齐全，具有开发、调试、维护、管理工具支持	高	高	车辆总线，机车车辆内信息主干线
CAN	62.5 kbps，200 m 以上，可支持 20 个站以上，具有过程数据、简单的消息数据、监管数据传输功能	高	低	子系统级总线
Lonworks	78 kbps，300 m 以上，CMSA/CD 方式，具有高层协议支持，开发、调试工具齐全	高	中	列车总线，车辆总线

三、列车通信网络在我国的运用

我国列车通信网络的发展可以追溯到 1991 年，当时株洲电力机车研究所在购买 ABB 公司的牵引控制系统开发工具特别是软件开发工具的基础上，与高校合作开发出了我国第一套电力机车微机控制装置，安装于 $SS_4$0038 电力机车上。在该装置中，系统被明确划分为人机界面显示级、机车控制级和传动控制级 3 层。层与层之间通过串行总线连接，形成了二级总线的雏形。其中，该机车连接司机台显示器与机车控制级之间的显示总线，在“春城”号动力分散电动车组上扩展为连接各动力车的机车控制级与司机台显示器的列车显示总线；连接机车控制级与传动控制级的近程控制器总线在“先锋”号动力分散交流传动电动车组上扩展为连接动力车节点与传动控制单元和 ATP 的中程控制器总线。

20 世纪 90 年代中期，动车组在我国逐步得到应用，使列车通信网络特别是机车的重联控制通信的需求十分迫切。一方面，铁道部开展了列车通信网络研究课题，另一方面路内外许多单位也先后自发地开展了自我开发、联合开发或技术引进工作。这些工作主要在局域网、现场总线、TCN、通信介质、基于 RS485 的通信协议等领域展开。如上海铁道大学与株洲电力机车研究所合作开发的基于 ARCNET 的列车总线和基于 HDLC 的车辆总线的列车通信网络的研究；上海铁道大学用 CAN 作为连接司机台和列车控制单元的局部总线的研究；国防科技大学用 CAN 作为磁悬浮列车的列车总线的研究；西南交通大学用 RS485 协议、LonWorks 作为摆式列车倾摆控制总线的研究；北方交通大学对通信介质及其转换的研究；大同机车厂对列车通信网结构及其协议的研究和对 BITBUS 的研究；株洲电力机车研究所的基于 FSK 的列车通信的研究，基于 RS485 协议的局部总线的研究，基于 LonWorks 的列车总线和局部总线的研究，CAN 总线用于列车监控装置和摆式列车局部控制总线的研究，基于 ModBus 的 ISO 局部总线的研究，MVB、WTB 的研究等，以及国产化的 MVB 产品与其他公司的 MVB 产品的兼容性试验；四方车辆研究所、铁道科学研究院、西南交通大学、武进市剑湖铁路客车配件厂、武汉正远公司等对 LonWorks、MVB、WTB 进行了研究，购买了 LonWorks、MVB、WTB 的开发工具。部分研究成果在国产机车车辆产品上得到了应用，如表 6.2 所示。

表 6.2　采用了列车通信网络的国产机车车辆产品

车　型	列车总线	车辆总线	子系统总线	供货商
唐山双层动车组	RS485			SIEMENS
“春城”号电动车组	远程 RS485		RS485 连接机车级与传动级	株洲所
“新曙光”号内燃动车组	LonWorks 动车重联			株洲所
“大白鲨”电动车组	FSK 连接动车和控制车	MVB 连接显示器和牵引控制	RS485 连接机车级与传动级	株洲所 ADtranz
“蓝箭”电动车组	WTB 连接全列各车	MVB 连接单车所有设备		ADtranz
“神州”内燃动车组	LonWorks 动车重联/CAN 动车重联			株洲所/武汉正远
“先锋”电动车组	FSK 连接全列各车	MVB 连接制动控制、辅助系统控制、车辆设备控制、显示器	远程 RS485 连接牵引控制、ATP	株洲所
“中原之星”电动车组	FSK 连接两牵引单元	MVB 连接一牵引单元内所有设备		株洲所
DJ2 交流传动电力机车	LonWorks 动车重联	MVB 连接机车内所有智能设备		株洲所

“新曙光”号是首列采用 LonWorks 列车总线技术的内燃动车组。在该项目中，LonWorks 列车总线网卡插在内燃机车微机控制装置 EXP 机箱中。首尾动力车的重联通信通过 LonWorks 列车总线以显式报文方式实现，而 EXP 机箱内的主 CPU 通过机箱背部的并行 FE 总线访问网卡上的双口 RAM 实现信息交换。“神州”号的 LonWorks 列车重联通信与此类似，但采用了二路，即设置了一路 LonWorks 冗余通道。

“先锋”号是首列采用了株洲电力机车研究所的列车通信与控制系统的动力分散交流传动电动车组。每节动车或拖车上都有一个列车总线节点，列车总线贯穿全列车连接各个节点。在每节动车或拖车内，各智能控制设备通过 MVB 或控制器总线与节点交换信息。在司机台显示器上可以选择查看全列车各个设备的状态。

“中原之星”号是第二列采用 TEC 技术的动力分散交流传动电动车组。其与“先锋”号项目的主要区别是采用了 MVB 光缆连接一个车组单元内三节车的所有智能控制设备，而整列车仅设置了 2 个列车总线节点，即每个车组单元只设置 1 个列车总线节点。从而从列车总线往下看，好像整个列车是由 2 个基本运转单元构成，简化了控制信号在列车总线上的传递。另外，“中原之星”号的车辆总线、列车总线、列车控制单元、某些重要设备控制用的数字输入/输出通道（如继电器）等采取了冗余措施。

“新曙光”号、“神州”号列车重联通信的成功应用，特别是“先锋”号、“中原之星”号的较为完备的列车通信与控制系统的成功应用，标志着我国列车通信与控制系统的发展已经进入实用化的新阶段。

第二节　高速动车组运行控制系统

铁路通信信号系统是铁路运输的基础设施，是实现铁路统一指挥调度，保证列车运行安全、提高运输效率和质量的关键技术设备，也是铁路信息化技术的重要技术领域。

现代信息类技术的迅速发展，对铁路信号、通信产品和服务产生了重要影响。铁路通信和信号技术，以及现代铁路信息化系统之间的关系和作用变得密不可分。车站、区间和列车控制的一体化，铁路通信信号技术的相互融合，以及行车调度指挥自动化等技术，冲破了功能单一、控制分散、通信信号相对独立的传统技术理念，推动了铁路通信信号技术向数字化、智能化、网络化和一体化的方向发展。

在列车运行控制技术方面，计算机、通信、控制技术与信号技术集成为一个自动化水平很高的列车运行自动控制系统（简称列控系统）。列控系统不仅在行车安全方面提供了根本保障，而且在行车自动化控制、运营效率的提高及管理自动化等方面，提供了完善的功能，并向着运输综合自动化的方向发展。列控系统技术是现代化铁路的重要标志之一。

随着列车速度的提高，列车的运行安全除了以进路保证外，还必须以专用的安全设备，监督、强迫列车（司机）执行。这些安全设备从初级的列车自动停车装置、自动告警装置、列车速度自动监督系统（或列车速度自动检查装置）发展到列车速度自动控制系统。

列车自动控制系统（ATC）一般指系统设备（包括地面设备和车载设备），同时也是一种闭塞方式，主要包括：以调度集中系统 CTC 为核心综合集成的调度指挥控制中心、以车站计算机联锁系统为核心综合集成的车站控制中心、以列车速度防护与控制为核心综合集成的列车运行控制系统和以移动通信平台构建通信信号一体化的总成系统。

列车自动控制系统（ATC）主要实现以下功能：

（1）检查列车在线路上的位置（列车检测）。

（2）形成速度信号（调整列车间隔）。

（3）向列车发送速度信号或目标距离信号（信号传输）。

（4）按速度或目标距离信号控制列车制动（制动控制）。

列控 ATP 是列车超速防护和机车信号系统的一体化系统，列控 ATP 系统主要由车载设备及地面设备两大部分组成，地面设备与车载设备一起才能完成列车运行控制的功能。

图 6.3 是列车运行控制系统地面设备原理框图。

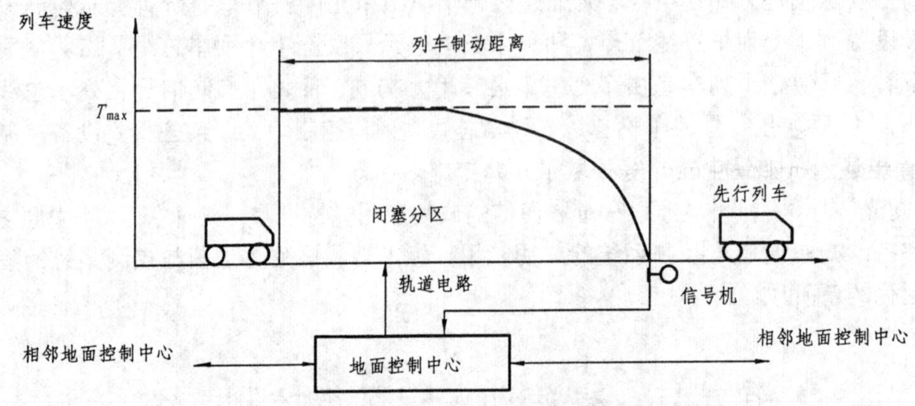

图 6.3 列车运行控制系统地面设备原理框图

地面控制中心通过电缆与铁路线上的轨道电路、信号机、应答器等设备相连。主要完成列车位置检测、形成速度信号及目的距离等信号，并将信号传递给列车，车载设备将按照速度信号控制列车制动。

列控 ATP 系统车载设备原理框图见图 6.4。

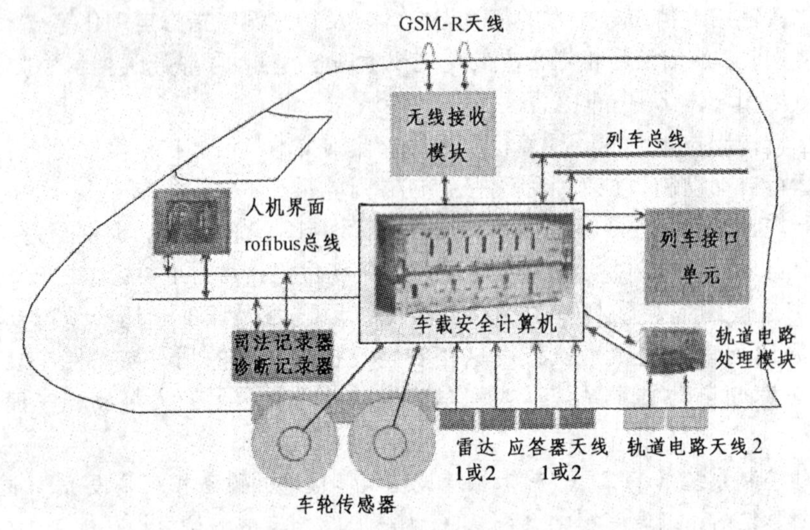

图 6.4 列控系统车载设备原理框图

车载设备主要由天线、信号接收单元、制动控制单元、司机显示器、速度传感器等组成。

机车头部的天线接收到地面的速度命令及目的距离等信号，经过信号接收单元放大、滤波、解调后，将此命令的数据送到司机显示器和制动控制单元。制动控制单元收到速度传感器传送的信号，测量出列车的实际速度，将实际速度与信号命令比较，如果判断列车需要制动，则产生制动信号，直接控制列车制动系统，列车就会自动减速或停车。

列控 ATP 系统的主要功能包括防止列车冒进关闭的信号机；防止列车错误出发；防止列车退行；防止列车超速通过道岔；防止列车超过线路允许的最大速度；监督列车通过临时限

速区段；在出入库无信号区段限制列车速度等。

为保证列车运行控制系统不间断地工作和加强设备的维修与管理，在列车运行控制系统的地面和车上都安装有监视设备。

地面监视系统可以检测信号机、轨道电路、地面控制中心的接收和发送设备等。检测结果可以在维修工区显示及储存，也可以通过通信网送往维修基地和调度中心。设备异常前数小时内信号设备动作情况可以保存下来，供故障分析用。

车上监视设备可以将列车运行过程中的速度信号、制动装置动作以及列车实际速度和司机操作等状态保存下来。一般可保存 12～72 h 有关运行安全的资料。

国外铁路采用的列控系统主要有日本新干线 ATC 系统、法国 TGV 铁路和韩国高速铁路的 TVM300 及 TVM430 系统、德国及西班牙铁路采用的 LZB 系统以及瑞典铁路的 EBICA900 系统等。

各国的列车自动控制系统都具有自己的特点，有不同的技术条件和适应范围。

按照地面向机车传送信号的连续性来分类，列控 ATP 系统可分为连续式列控系统和点式列控系统。前者主要包括德国的 LZB 系统、法国和 TVM 系统和日本的数字 ATC 系统，其主要特点是车载设备可连续接收到地面列控设备的车-地通信信息，是列控技术应用及发展的主流。采用连续式列车速度控制的日本新干线列车追踪间隔为 5 min，法国 TGV 北部线区间能力甚至达到 3 min，连续式列控系统可细分为阶梯速度控制方式和曲线速度控制方式。瑞典 EBICAB 系统是点式列控系统的代表，其接收地面信息不连续，但对列车运行与司机操纵的监督并不间断，因此也有很好的安全防护效能。

按照列车速度防护方式可将列控 ATP 系统分为阶梯控制方式和曲线控制方式两类。阶梯控制方式包括法国 TVM300 系统采用的出口速度检查方式和日本新干线传统 ATC 系统采用的入口速度检查方式。法国 TVM430 系统采用的分级曲线模式和德国 LZB 系统、日本新干线数字 ATC 系统采用的速度-距离模式均属于曲线控制方式。

按照人机关系来分类，列控 ATP 系统分为两种类型：设备优先控制的方式（如日本新干线 ATC 系统）和司机优先控制方式（如法国 TVM300/430 系统、德国 LZB 系统）。

对于阶梯控制方式，每个闭塞分区设计为一个目标速度。在一个闭塞分区中无论列车在何处都只按照固定的速度判定列车是否超速。

阶梯控制方式可不需要距离信息，只要在停车信号与最高速度间增加若干中间速度信号，即可实现阶梯控制方式。因此轨道信息量较少，设备相对比较简单，这种传统的控制方式是目前高速铁路最普遍采用的控制方式。

阶梯控制又分为出口速度检查和入口速度检查两种方式。

法国 TGV300 系统采用了出口速度检查控制方式。该方式要求列车在闭塞分区内将列车速度降低到目标速度，设备在闭塞分区出口进行检查。如果列车实际速度未达到目标速度以下则设备自动进行制动。

阶梯控制出口速度检查方式示意图见图 6.5。

TVM300 系统是其早期产品，系统构成简单，由于受当时技术条件限制，地对车信息传输容量仅有 18 个，因此它的速度监控是阶梯式的，它只检查列车进入轨道区段的入口速度，不检查出口速度。因此，为保证安全，它需要有一个保护区段，这对线路的通过能力有一定的影响。同时，这种阶梯监控分段制动的方式也不符合一般列车的连续制动模式。

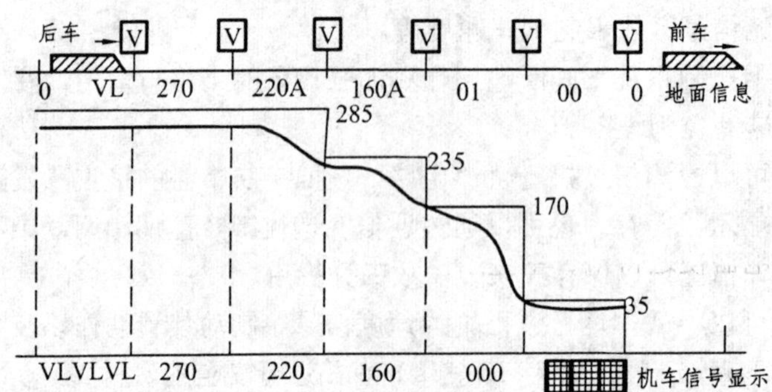

图 6.5　阶梯控制出口速度检查方式示意图

VL—线路空闲（一个绿灯）；A—警告（一个黄灯）；V—区间标志

TVM300 系统的速度监督模式曲线如图 6.6 所示。

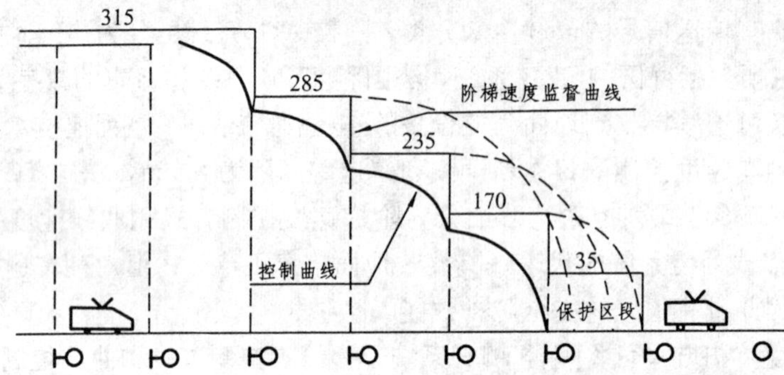

图 6.6　法国 TVM300 系统阶梯控制出口速度检查方式示意图

TVM300 车载设备系统结构如图 6.7 所示。

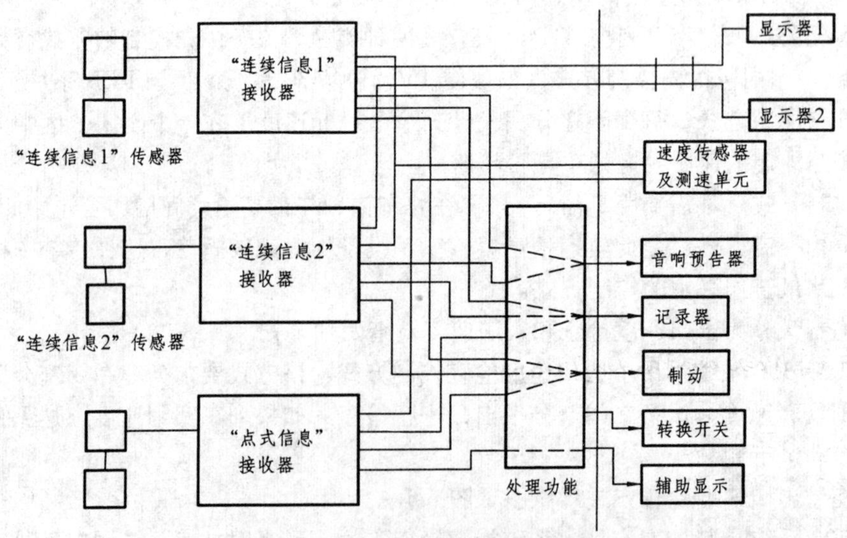

图 6.7　TVM300 车载设备系统框图

TVM300 车载设备主要包括连续式信号传感器及接收机、点式信息传感器及接收机、速度传感器及处理单元、速度显示器、音响报警器、制动阀转换开关、辅助表示灯等。

连续式机车信号接收机接收地面连续信息，通过处理给出目标速度和监督速度，同时把来自测速单元的列车实际速度和监督速度进行比较，如果列车实际速度超过监督速度，则控制列车实施制动。连续式机车信号是车载设备的核心，采用了主备方式的双重结构。

连续式机车信号的接收，其主备两套设备完全相同，从感应器、接收机到显示器都是分开的，两套同时工作接收地面信息。两套设备正常工作时，主备两机的速度控制继电器以并联方式控制制动继电器使之得电，主显示器和主机接通工作，各显示器备机电路断开备用，报警电路只接入主机，当主机或备机发生故障时，不会导致制动继电器失电而自动停车。但这种概率很小，当主机发生故障时，通过自动转换电路，把备显示器接入备机，报警电路也由主机转到备机；如果备机故障，主机处于原来的工作状态，主备机均有故障报警；仅主显示器故障时，自动转换电路还在工作，由司机用转换开关手动接通辅助显示器。

测速设备由测速电机和测速单元组成，只采用一个测速电机，但是测速单元为两路，只选择一路输出至机车信号接收器。设有两路检查工作情况的电路，如果测速电路故障，两路速度相差很大，则发出灯光报警，司机通过开关选择速度较高一路作为安全输出。

法国 TGV 地面信号传输设备为 UM71（或 UM2000）型轨道电路。地面不设信号机，只在闭塞分区分界点处设停车标。司机驾驶列车完全根据机车信号的速度显示，视机车信号为主体信号。

TVM300 每一个闭塞分区内只按照一个允许速度进行控制。列车的允许速度为本区段的入口速度，即上一区段的目标速度。机车信号显示器给出的是目标速度，要求列车在区段的出口处必须保持或降低到此速度。如果司机按照机车显示给出的目标速度运行，速度监督设备不干预司机操作。当列车速度超过规定的允许速度时，速度监督设备则自动实施制动。

TVM300 型设备包括连续式机车信号、点式信息接收设备以及列车速度监督设备。速度监督设备分为两部分，一部分是测速单元，另一部分为列车制动控制电路。TVM300 型车上设备与 UM71 轨道电路、地面点式环线系统构成完整的列车运行间隔调整系统，对高速列车运行进行安全防护。地面发送设备具有 18 个低频信号（TBF）。法国 TGV 实际只使用了 14 个 TBF 信号。此外，地面还配有环线点式发送设备，具有 14 个单频信号，向机车传递“列车进入上行线”、“列车进入下行线”、“绝对停车”、“驶出 TVM300 控制区段”等信息。

为发挥乘务员的责任感及驾驶技巧，法国铁路采用了以人控为主，设备起监督作用的控制方式。

出口速度检查方式要在列车到达停车信号处（目标速度为零）才检查列车速度是否为零，如果列车速度不是零，设备才进行制动。由于制动后列车要走行一段距离才能停车，因此停车信号后方要有一段安全防护区。

日本新干线传统 ATC 系统采用入口速度检查控制方式。新干线采用速度分级，人工制动，自动缓解的控制方式。该方式要求列车在闭塞分区入口处接收到目标速度信号后立即以此速度进行检查，一旦列车超速，则进行制动使列车速度降低到目标速度以下。

新干线 ATC 列车检测采用了有绝缘音频轨道电路。新干线 ATC 车载设备与我国普通机车信号不同，它不向司机预告前方地面信号的灯光显示而是给出列车所在区间列车的目标速度。

采用 ATC 设备后，司机按照机车上的 ATC 速度信号行车，普通自动闭塞采用的地面信号机就不设了。列车经过的正线、到发线、咽喉区都发送相应的速度信号。司机按照机车上的速度信号进出车站。

阶梯控制入口速度检查方式示意图见图 6.8。

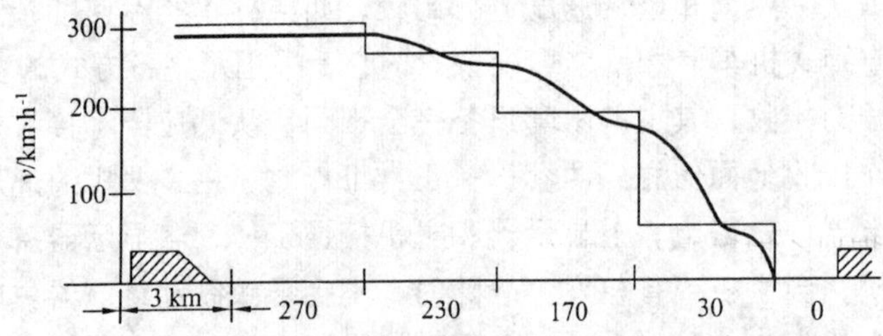

图 6.8 日本新干线传统 ATC 系统阶梯控制入口速度检查方式原理示意图

列车的允许速度为本区段的入口速度，即上一区段的目标速度。机车信号显示器给出的是目标速度，要求列车在区段的出口处必须保持或降低到此速度。如果司机按照机车显示给出的目标速度运行，速度监督设备不干预司机操作。当列车速度超过规定的允许速度时，速度监督设备则自动实施制动。

日本新干线传统 ATC 系统阶梯控制入口速度检查方式原理示意图如图 6.9 所示。这种方式在遇上前方停车信号时，列车在闭塞分区入口处立即制动，对许多列车来说会过早地停车，为防止列车冒进信号，ATC 系统除靠轨道电路连续传送速度信号外，还设有一些辅助信号，日本新干线采用了停车信号前再装 P 点的方式，轨道电路发送 30 信号，只在列车收到 30 信号且又经过 P 点时车上才会形成停车信号。当轨道电路发送 30 信号时，经过 P 点后变为 O_1 停车信号。在车站到发线停止标志和警冲标之间设有环线可以发送 O_3 停车信号，列车收到 O_3 信号后非常制动。

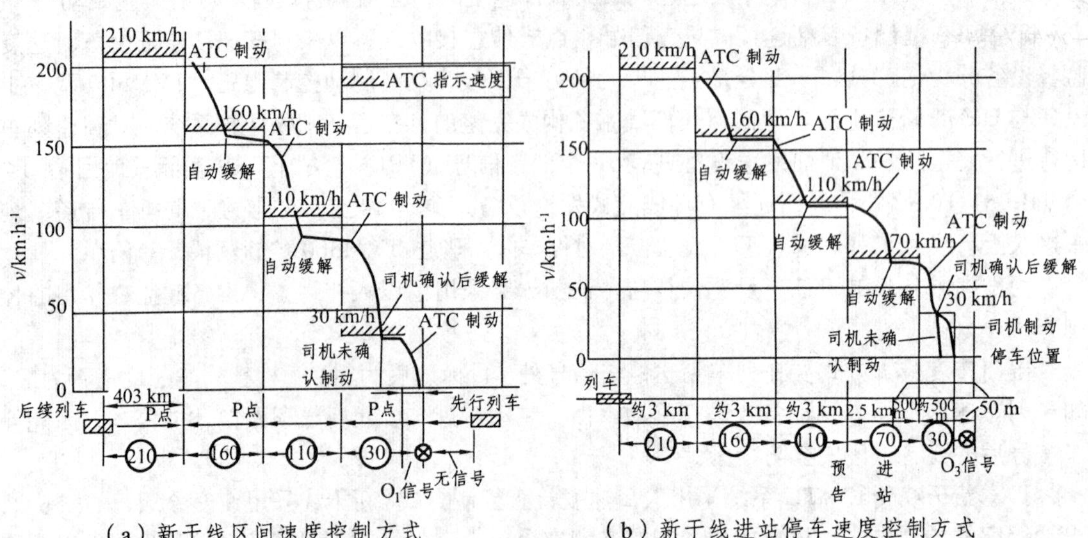

（a）新干线区间速度控制方式　　（b）新干线进站停车速度控制方式

图 6.9 日本新干线传统 ATC 系统阶梯控制入口速度检查方式原理示意图

在新干线 03 区段内又加装了点式冒进检测装置，当列车冒进后关闭全站信号，轨道电路发送 02E 信号使列车制动，以防止发生侧面冲突重大事故。

分级速度制动方式存在以下主要问题：

（1）制动距离的确定。由于线路上运行的各种列车制动性能各异，为了确保安全，系统只能按制动性能最差的列车性能来确定制动距离，这对于制动性能好的列车来说是个损失，影响进一步提高运行密度。

（2）ATP 制动控制只进行制动和缓解两种操作，不调整制动力大小，因此，列车减速度变化大，旅行舒适度差。

（3）采用多段制动方式时，每个闭塞分区都要考虑列车从入口速度降低到出口速度的减速制动距离，列车实际的减速过程要包括列车在信号设备动作时间及制动空走时间中走行的距离，此外，还要在防护点之前留有一定的安全距离。如果列车从 200 km/h 分 3 段降到速度 0，则存在 3 个空走距离和 3 个安全距离。如果只用一次制动的话，则只需要一个空走距离和一个安全距离。分段制动方式增加了列车追踪间隔。分段制动方式和一次制动方式示意图如图 6.10 所示。

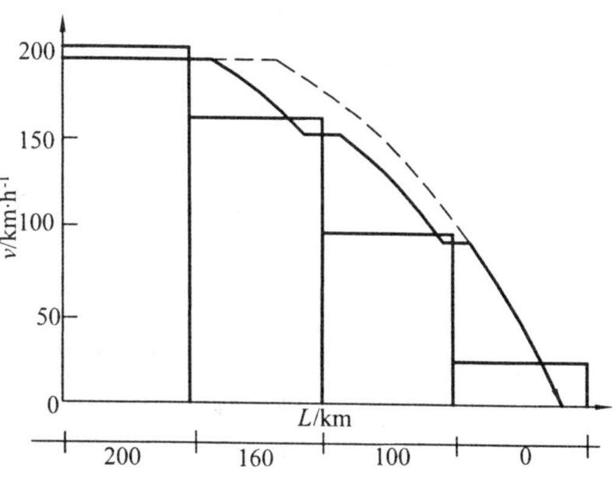

图 6.10　分段制动方式和一次制动方式示意图

曲线控制方式包括分级曲线控制方式和速度-距离模式曲线控制方式两种。

法国 TVM430 系统采用了分级曲线控制方式。该方式要求每个闭塞分区入口速度（上一个闭塞分区的目标速度）和出口速度（本闭塞分区目标速度）用曲线连接起来，形成一段连续的控制曲线，曲线控制方式和阶梯控制方式一样，每一个闭塞分区只给定一个目标速度。控制曲线把闭塞分区允许速度的变化连续起来。地面设备传送给车载设备的信息是下一个闭塞分区的速度、距离和线路条件数据，没有提供至目标点的全部数据，所以系统生成的数据是分级连续制动模式曲线（即以分级小曲线的变换点连成的准一次制动模式曲线）。TVM430 是 TVM300 的换代产品，地面采用 UM2000 型轨道电路。

TVM430 每一个闭塞分区给定一个目标速度，但用曲线代替原来的阶梯控制线。列车速度超过限速曲线时，列控设备实施制动。为防止冒进信号发生追尾，仍设有保护区段。TVM430 的允许速度不是固定为该区段的入口速度（上一区段的出口速度），而是随着列车的移动而变化，在出口处达到目标速度。因此超速制动的时机要早一些，有利于缩短列车追踪间隔。此外，TVM430 还增加了下一个闭塞分区的速度预告，如果下一个闭塞分区要求减速则速度显示闪动，提醒司机注意。如果速度显示稳定则表示下一个闭塞分区不减速。法国 TVM430 速度曲线控制方式见图 6.11 中曲线。

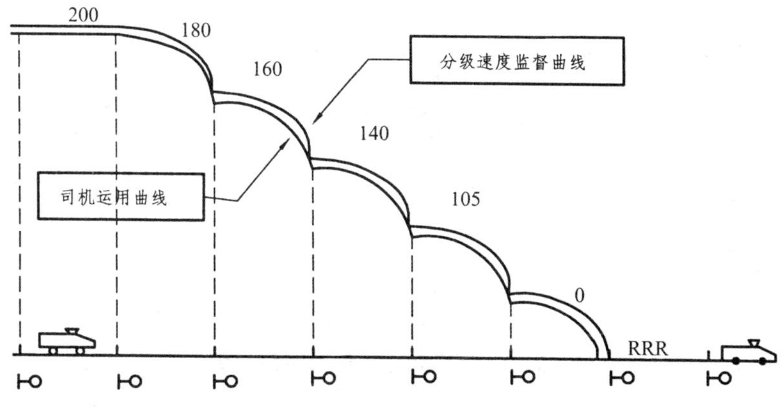

图 6.11　法国 TVM430 曲线控制方式示意图

在曲线控制方式下，列车在一个闭塞分区中运行时，列控设备判定列车超速的目标速度不再是一个常数，而是随着列车行驶不断变化，即是距离的函数。因此列控设备除了需要接收目标速度信息外，还要接收到闭塞分区长度及换算坡度的信息。TVM430 系统的轨道电路可以传递 27 bit 信息，其中目标速度信息 6 bit，距离信息 8 bit，坡度信息 4 bit。

法国 TGV 区段允许双线双方向运行，反向运行按单线自动闭塞方式处理。TGV 区段每隔 25～30 km 设有区间渡线，用于特殊情况下组织反方向运行。

图 6.12 是渡线道岔反位时允许列车以低于 160 km/h 的速度进入邻线的速度控制方式。渡线区前方设绝对停车标和绝对停车的点式环线。列车通过渡线后，如果前方区间空闲则列车可以提高速度运行。

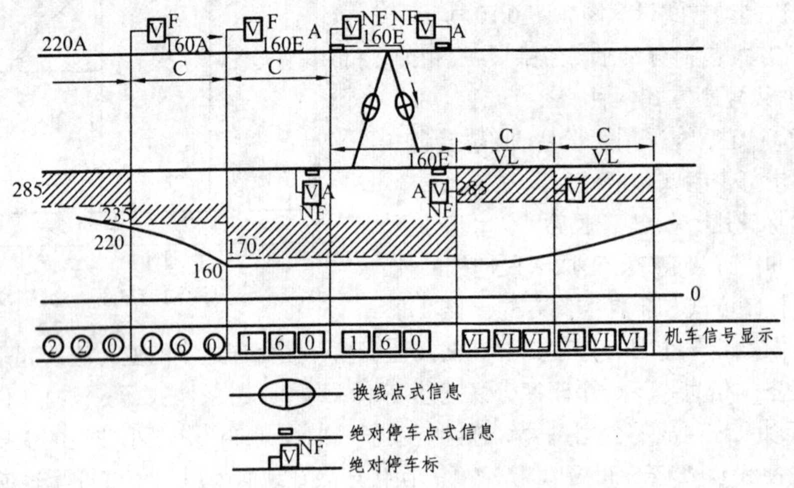

图 6.12 列车越渡线时的列车控制

法国 TGV 线与普通线连接处设有地面信号机和 TGV 标志牌，过分界的速度为 160 km/h。图 6.13 所示是列车由普通线进入 TGV 的控车方式。

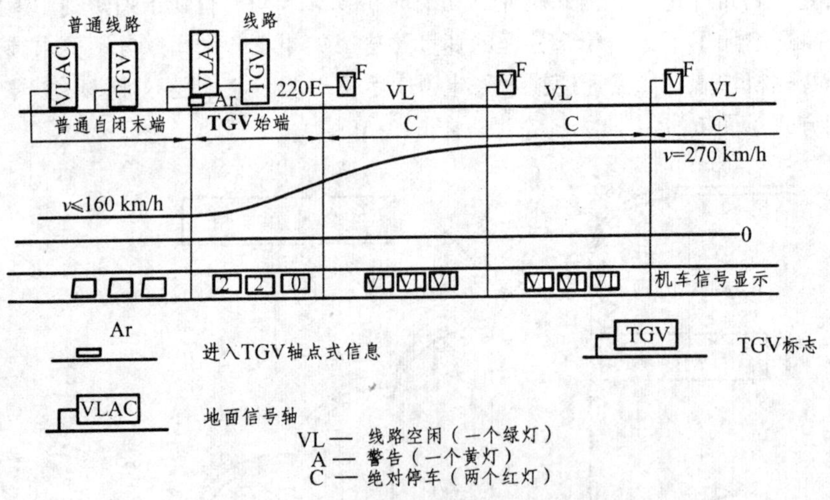

图 6.13 列车越渡线时的速度控制

图 6.14 所示是列车由 TGV 线进入普通线的控车方式。

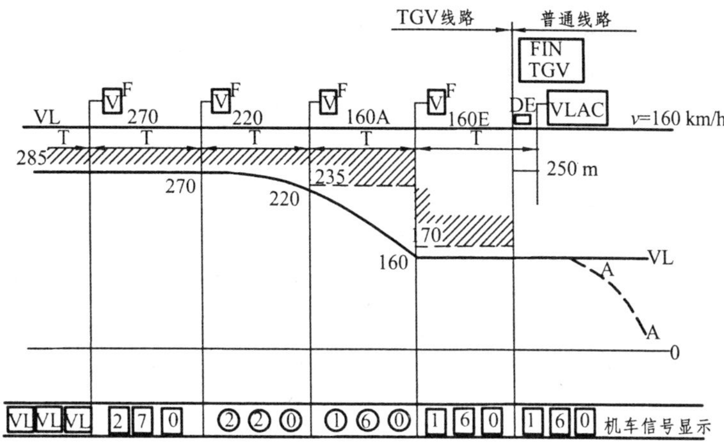

□DE 进入普通线点式信息

FIN TGV TGV末端标志

图 6.14 列车由 TGV 线到普通线时的速度控制

法国 TVM 列控系统与日本新干线 ATC 系统比较有以下几个特点：

(1) 采用电气谐振式无绝缘轨道电路代替使用机械绝缘的轨道电路，既有利于无缝线路的敷设又有利于牵引电流平衡回流。

(2) 采用 1.7 kHz～2.6 kHz 载频，FSK 或 FM 调制方式。用增大发送功率和提高接收端电平的方法改善抗干扰能力。

(3) TVM300 有 18 种 TBF，可以有 18 种速度信号，实际使用 14 种。TVM430 使用了报文方式，共有 21 位，其中速度编码为 8 位，共有 256 种速度信号。日本新干线采用双频组合方式，理论上可组成 36 种速度信号，实际上使用了 8 种。

(4) 法国采用“人控优先”的控制原则。列车正常运行由司机驾驶，只有在司机失误并可能出现危险的情况下列控设备才强迫列车制动。法国铁路认为这种人机关系有利于发挥司机的技术能力，加强其责任感。日本新干线 ATC 系统采用“设备优先”的控制原则。列车减速一般由设备完成，当列车速度减到 30 km/h 以下需要在车站停车时才由司机操纵以保证列车停在正确位置。

(5) 法国列控设备制动后，当列车速度低于目标速度后只给出允许缓解的表示，由司机进行缓解操作。日本新干线 ATC 当列车速度低于目标速度后自动缓解，这种方式要求列车制动系统连续多次制动后制动力不衰竭。

(6) 法国 TGV 线站间距长，每隔 25～30 km 设置了区间渡线。法国列控系统具有完善的区间渡线安全防护功能，在特殊情况下允许列车像单线自动闭塞那样组织反向行车。

(7) 法国 TGV 列控系统利用轨道内敷设的环线发送点式信号。TVM300 系统采用模拟环线信号共有 14 个点式信息。TVM430 系统采用 PSK（相移键控）数字环线信号。日本新干线点式信号为变频方式，信息量较少。

(8) 法国高速铁路采用“人控优先”的设计原则，系统采用双重冗余方式，比日本新干线的三重冗余所用设备少，造价也较低。

速度-距离模式曲线控制实现了一次制动方式，ATC 系统的车载设备为智能型设备，它根据目标速度、目标距离、线路条件、列车性能生成的目标-距离模式曲线进行连续制动，缩短了运行间隔，提高了运输效率，增加了旅行舒适度。为了实现这一方式，地面设备必须向列车发送前方列车的位置、限速条件等动态数据，以及线路条件等固定数据，数字 ATC 的地面设备以数据编码向列车传送信息，信息量明显增加，可靠性高。

德国 LZB 系统和日本数字 ATC 系统采用这种控制方式，速度-距离模式曲线控制不再对每一个闭塞分区规定一个目标速度，而是向列车传送目标速度、列车距目标的距离（和 TVM430 不一样，它可以包括多个闭塞分区的长度）的信息。列车实行一次制动控制方式。列车追踪间隔可以根据列车制动性能、车速、线路条件调整，可以提高混跑线路的通过能力。这种方式称为目标速度-目标距离方式（DISTANCE TO GO），是一种更理想的运行控制模式。

德国连续式列车自动控制系统 LZB 是由轨旁设备 LZB L72 和车载设备 LZB 80 构成。所有固定数据，如线路地理参数、局部的固定限速等，都储存在 LZB 中心。联锁系统向控制中心传送信息显示、道岔设置及其他数据的同时，系统范围内的列车也向控制中心传送它们的特殊数据，如列车长度、列车位置、实际速度，等等。区间列车占用情况检查是通过区间轨道电路或计轴设备等完成的。根据上述数据，控制中心确定每列列车的最大标称速度，指挥列车运行。德国 LZB 系统列车速度-距离方式示意图如图 6.15 所示。

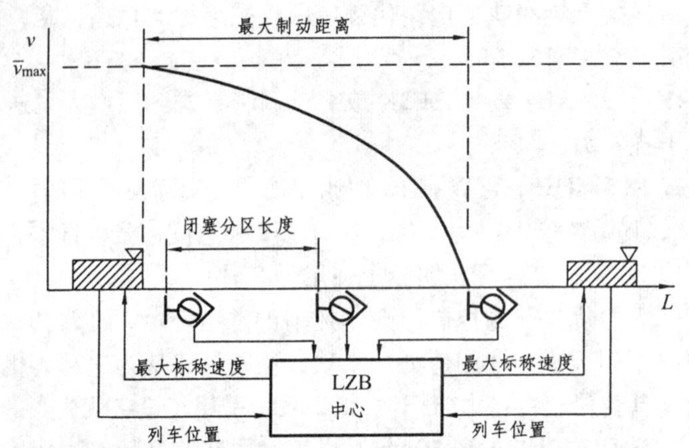

图 6.15　德国 LZB 列车速度-目标距离曲线控制方式示意图

在 LZB 系统中，地面和车上的信息是通过感应环线相互传送的。每个 LZB 地面控制中心最长可以控制 12.7 km 的环线，每个短回线发送接收单元的环线长度为左右各 300 m，环线，每 100 m 交叉换位一次，以对电气进行补偿，同时也用于确定列车的实际位置。

地面设备由控制中心和环线系统构成。控制中心与调度中心、微机联锁、相邻控制中心交换数据，并通过环线和列车交换数据，控制每一列列车运行。LZB 地面设备配置如图 6.16 所示。

20 世纪 90 年代，为进一步提高高速列车的速度和行车密度，日本新干线采用了最新的计算机技术和数字技术对 ATC 系统进行改进，增加了车-地通信数据。到 1993 年 3 月，山阳新干线（新神户至博多）全线都更换成为这种新的数字 ATC 系统。其制动曲线如图 6.17 所示。

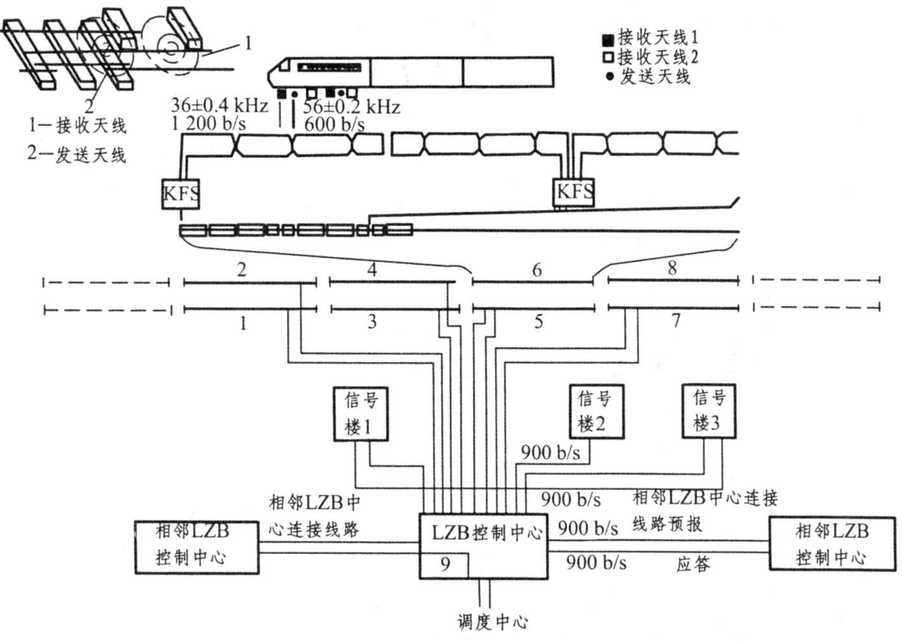

图 6.16 LZB 系统地面设备框图

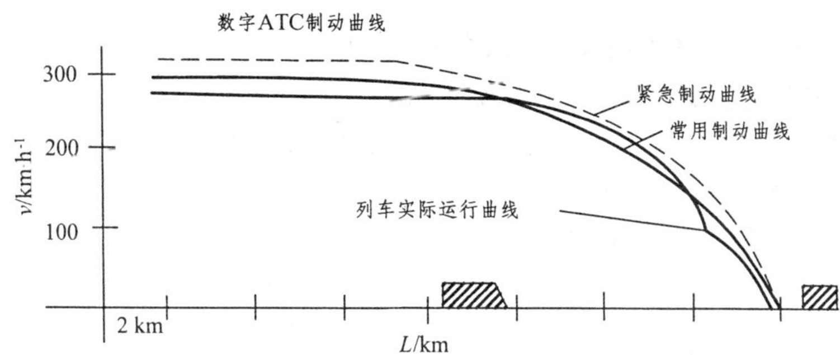

图 6.17 日本新干线数字 ATC 曲线控制方式示意图

根据增加的数据和车上线路数据结合起来，列车就可以知道自己现在处于什么位置、据前方停车点（或限速点）还有多少距离。列车根据这些数据，结合本身的牵引及制动性能，计算出最高允许速度，控制列车在允许速度以下运行。这种方式只是再增加数字信息发送设备，地面接收设备和原有车上设备可保持不变，新的车上设备可以接收数字信息，实现高速运行。

日本数字 ATC 系统采用这种方式有以下优点：

（1）由于根据数字信息可以知道距停车点的距离，所以，可以实现车上智能化，不同性能的列车可以根据自己的制动性能进行控制，实现不同速度、不同性能的列车混跑。

（2）列车能够实现一次模式曲线制动控制，常用制动分为最大常用制动和一般常用制动，提高了乘坐舒适度，缩短运行间隔。

点式列控系统从原理上可实现阶梯控制和曲线控制，这里只介绍速度曲线控制类型。点式列控系统造价低、维修工作少。

瑞典铁路采用的列车速度控制系统是 ABB 公司生产的点式列车自动防护系统。根据运营要求形成 EBICAB700、800 和 900 系列。EBICAB900 系统是适用于高速铁路的 ATP 系统，它可以监督列车运行情况和司机的操作，向司机提供有关的信号信息，帮助司机以最安全、最有效的方式驾驶列车。

EBICAB900 系统对目标速度监督采用模式曲线方式。系统考虑距离、速度、制动能力和坡道参数，通过计算在距离速度坐标平面得到一组检查曲线，该组曲线汇集到给定的目标点上。目标速度监督方式如图 6.18 所示。

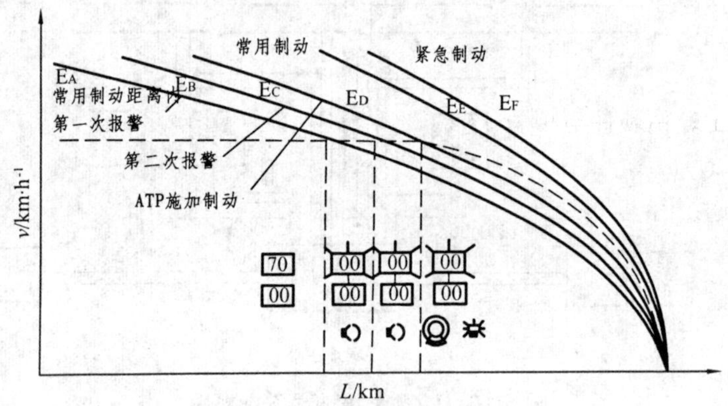

图 6.18　瑞典 EBICAB9000 列车目标速度监督方式

从图 6.18 可以看出，检查曲线组把速度距离平面分成若干个区域，记为 A～F。

A 区在通过应答器开始，在显示器上显示目标速度并鸣笛 0.5 s。

B 区在 ATP 制动曲线之前 8 s 开始，进入此区显示器闪光（120 次/min）并鸣笛。

C 区在 ATP 制动前 3 s 开始，如果司机仍未制动则鸣笛 2 次。

D 区在 ATP 制动曲线处开始，此时系统进行制动，“ATP 制动”灯点亮。

E 区在常用全制动曲线处开始，在此区将进行最大常用制动。

F 区在紧急制动曲线处开始，在此区将进行紧急制动。

这种制式不需要像入口阶梯控制那样要在停车信号前设置 P 点，也可以不设置出口阶梯控制所必需的保护区段。

点式系统的主要弱点是信号追踪性不佳。它只能在指定的信号点接收信息，如果列车经过某信号点之后，先行列车位置移动，地面信号发生了变化，车上控制系统不能立即知道，而必须等列车到达下一个信号点才能接收到。因此，点式列控系统限制了列车追踪间隔的进一步减少。

优先控制方式包括设备优先控制方式和人控优先方式。

设备优先的列控 ATP 系统在列车速度高于目标速度后立即进行制动控制，当列车速度低于目标速度后自动缓解，不必司机参与。其优点是能最大限度地减轻司机负担，有利于缩短列车追踪间隔。这种控制方式对设备本身的自动化程度及列车的制动缓解性能要求较高。

人控优先的方式只有在列车速度超过安全运行所允许的速度，设备才进行惩罚性的强迫制动。列车正常运行时设备不干预司机操作。人控优先的系统有助于加强司机的责任感，发挥其驾驶技巧。

第七章　高速动车组车辆设备

为实现与动车组载客运行相关功能而设置的设备称为高速动车组车辆设备。动车组车辆设备安装在车体上，由硬件与相关软件组成。

与普通铁路客车车辆设备相比，高速动车组车辆设备具有以下特点：

（1）满足动车组高速运行需要。运行速度高是高速动车组的基本特点，由此引起车辆对环境湿度、温度、气压等具有较高的要求，这需要通过高速动车组车辆设备来满足。如高速动车组必须采用密封性能好的车门、车窗和卫生系统，需要设置空调系统，车辆设备应该尽可能地布置在车辆下部以满足低重心要求等。

（2）设备可靠性高。对于高速动车组，应该通过冗余设计等途径确保各车辆设备可靠工作，避免由于设备原因影响车辆舒适性和安全性。

（3）设备维修性好。应该通过设计保证高速动车组车辆设备具有良好的维修性，尽量压缩由于设备原因造成的检修时间，提高车辆使用效率。

按所面向对象的不同，高速动车组车辆设备可分为车门、车窗等基本设备，由座椅、饮水卫生设备、空调系统等部分组成的旅客生活保障设备和包括司机室、动车组车辆故障监测与诊断设备等部分组成的列车行车设备三类。

第一节　高速动车组基本设备

与普通铁路客车一样，高速动车组同样需要设置车门、车窗、照明等设备，以满足旅客乘车的基本需要。动车组高速运行及通过隧道、列车交会将引起压力波动，气压波通过车辆缝隙传递到车内，将造成车体变形，旅客耳膜出现不适。因此，动车组基本设备必须满足车辆气密性要求和车辆外表平滑、美观，同时，照度等车内环境指标应该满足相关标准要求。

一、高速动车组车门

高速动车组车门主要包括用于旅客在车辆之间通过的端门，分隔车内独立空间的车内门和连接车辆内外的脚蹬门或侧门等结构形式。其中，脚蹬门是保证高速动车组车辆密封性能的关键环节。

塞拉门具有良好的隔声、隔热性能，关闭后其外表面与车辆侧墙平齐，可通过相应机构实现压力密封，适合高速动车组运行需要，故现代高速动车组脚蹬门均采用塞拉门。

按照具体结构的不同，塞拉门可分为外塞拉门和内塞拉门两种。外塞拉门指车门由车外塞入车门口处关闭，车门开启时，需要先移开门口一定距离后再沿车体外侧纵向平动的车门，外塞拉门被广泛应用于法国 TGV、德国 ICE 高速动车组。自 1995 年起，我国铁路的 25G、25K、25T 型客车和各型动车组先后装用了康尼、Bode、IFE 等厂商制造的外塞拉门。与外塞拉门不同的是，内塞拉门开启时则位于车辆侧墙内，主要应用于日本新干线高速动车组。

塞拉门一般采用电空控制。根据车门开启、关闭时驱动力的不同，塞拉门可分为手动、电动和气动塞拉门三种。

图 7.1 所示为德国 ICE 高速动车组用压力密封式塞拉门。如图所示，该塞拉门由门体、门锁、导轮、导轨、驱动装置、密封件，安全装置等部分组成。特殊的橡胶条结构能够满足车辆对密封性能的要求。

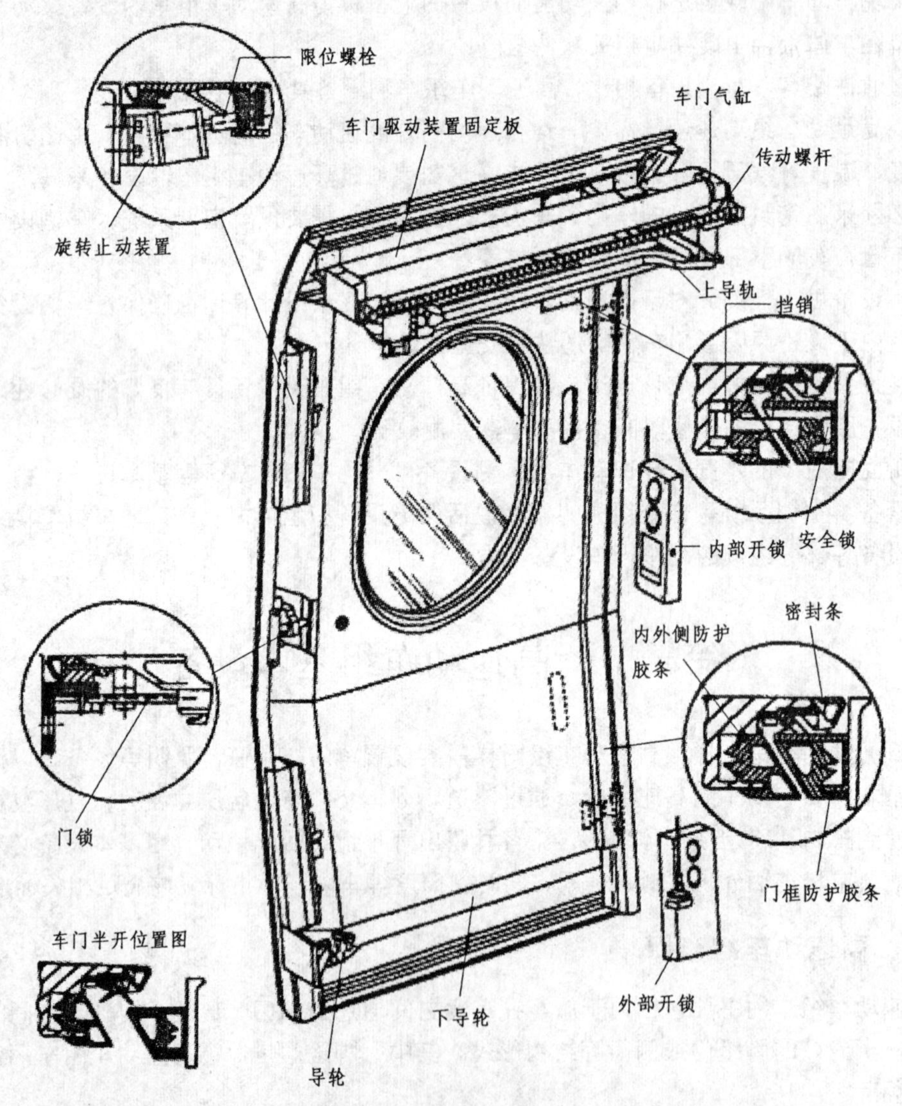

图 7.1　压力密封式塞拉门

密封设计是高速动车组塞拉门的主要环节，目前，各国均采取了相应措施解决该问题。如法国 TGV 动车组用塞拉门设置了充气胶圈，日本新干线动车组塞拉门通过液压压紧，保证了高速运行的车辆对气密性的要求。

为了提升车辆档次，高速动车组内端门一般采用自动感应门，我国部分动车组已经采用了该技术。

根据具体结构的不同，车内门可以是折页门或拉门结构。

二、高速动车组车窗

高速动车组车窗需要承受与车体同样大小的气动载荷，同时也必须满足气密性要求。与车门一样，各国在车窗处设计了密封结构，并采用新材料进行密封处理，如日本新干线高速动车组通过采用多硫橡胶或合成树脂密封材料保证车辆气密性。

图 7.2 所示为德国 ICE 动车组车窗结构。如图所示，夹层安全玻璃构成的隔热窗厚 37 mm。其中，外层隔热窗由 12 mm 叠层玻璃组成，内层为 9 mm 单层玻璃，中间带一层 0.76 mm 汽化喷镀薄膜，密封成 16 mm 厚空气间隙。隔热玻璃粘接在窗框上后，通过螺栓整体连接到车体上。

为使车辆美观，近年来高速动车组车窗还采用了窗带结构（见图 7.3），即车辆窗间立柱内凹，在立柱处安装与车窗同色的装饰盲窗，这样可以使车窗外观为通长整体。德国 ICE 动车组和我国“中华之星”、“长白山”动车组均采用窗带结构。

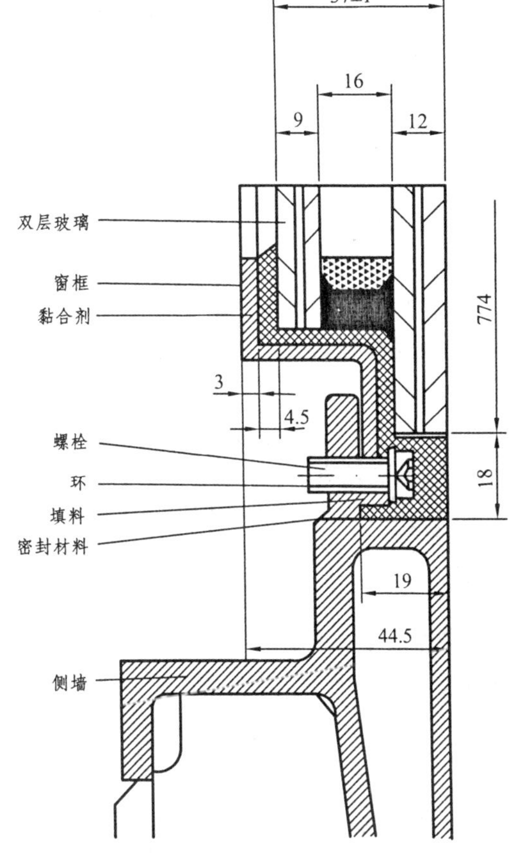

图 7.2　德国 ICE 动车组车窗结构

图 7.3　窗带结构

高速动车组车窗是不允许开启的，但为满足紧急情况需要，高速动车组需要设计安全窗。

当事故发生而车门无法开启时，乘客能及时打开安全窗，离开列车。安全车窗开启机构应该设置保护措施以避免意外开启，并需要设置明显标志。

车窗的尺寸应该综合考虑各种相关因素。较大的车窗可以提高旅客乘坐舒适性，但会降低车体强度和刚度，因此，设计时需要进行折中考虑。

三、高速动车组辅助供电系统

高速动车组辅助供电系统指为车辆设备提供电能的设备。不同的动车组模式具有与其相适应的辅助供电系统。

法国 TGV-A 动车组为动力集中模式，其辅助供电系统如图 7.4 所示。该动车组辅助供电系统共包括四部分：列车供暖系统由动力车通过整流提供 1 500 V 直流电；每台动力车经斩波或整流供应 500 V 直流电，通过母线贯通列车；从 500 V 直流电引向两台逆变器，输出 380 V，50 Hz 三相交流电，通过 380 V 的两条母线提供拖车空调系统和辅助电机用电；另外还有一个 72 V 直流网络，带两台 72V-cc 蓄电池组，以提供照明、供电控制系统用电。两充电器由 500 V 直流电网供电。这种辅助电路设计保证了较高的使用效率。其特点在于多路、多电压供电母线供电，不必在每车厢设置蓄电池组和电源变换设备，但车间连线较多，连接器芯数多，车端布置困难；主采暖采用直接供电方式，减少中间电压变换环节以提高效率；采用集中逆变方式以简化拖车设备，但不利于空调变频控制；制冷量调节采用 ON-OFF 方式；通风量调节采用串接电感方式。

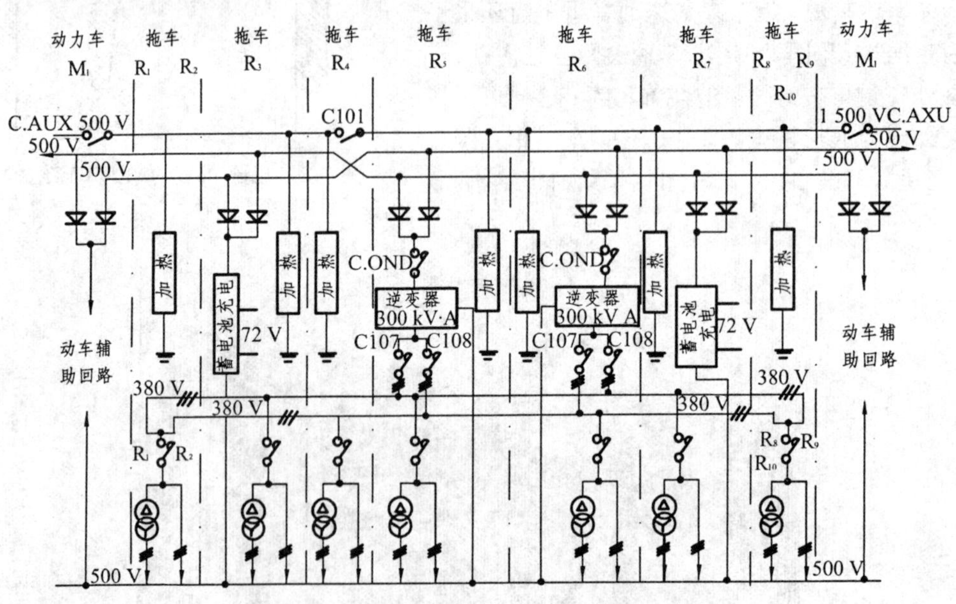

图 7.4　TGV-A 高速动车组辅助供电系统

德国 ICE3 高速动车组采用动力分散方式，其辅助供电系统如图 7.5 所示。如图所示，在每个牵引单元变压器车上设置两个 250 kV · A 辅助变频器，该变频器向 DC 670 V 列车母线供电，列车母线再通过独立分散的逆变器或可变频率向车辆各用电器供电。动车组每个牵引单元设置两台 250 kV · A 变频器（其中一台作为备用）、一个 60 kW 充电器、一组 DC 110 V 350Ah 蓄电池，通过 DC110V 母线向重要设备供电。每节车主要用电器包括滤波器、

40 kV · A VVVF 制冷逆变器、2 kV · A VVVF 新风风机逆变器、5 kV · A CVCF 备用逆变器、16 kV · A VVVF 通风逆变器、17 kV · A CVCF 水泵逆变器、DC600 V 25 kW 主采暖、20 kW 辅助采暖、32 kV · A CVCF 其他负载逆变器等。当列车一个牵引单元母线出现故障时，另一单元车载电源变频器可向整列车供电。该辅助供电系统中，逆变器独立地连接在列车母线上，提高了系统可靠性，但分散逆变无疑会增加列车质量和制造成本。

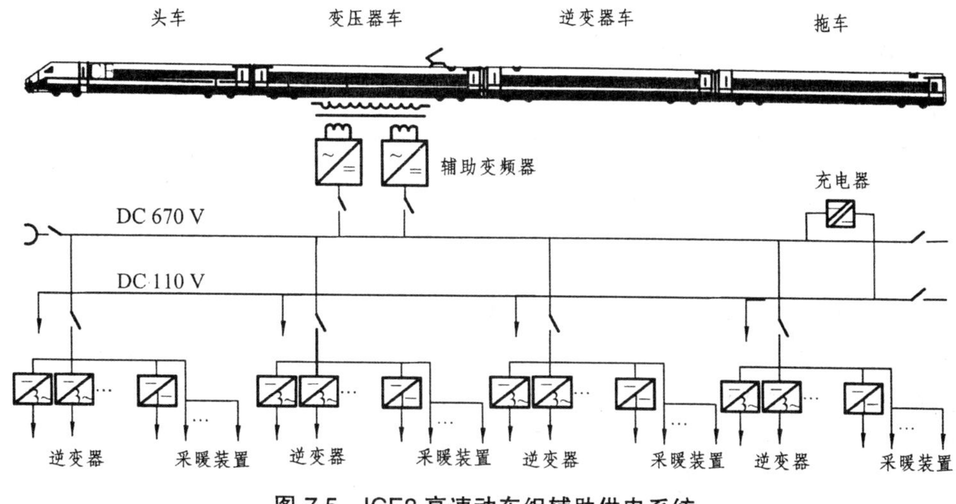

图 7.5　ICE3 高速动车组辅助供电系统

我国现有动车组产品辅助供电系统在参考国外成熟设计的基础上，针对我国铁路既有产品现状，采用了国内成熟的 DC600 V 供电系统。

高速动车组辅助供电系统必须根据国情需要出发，采用与本国铁路系统既有设备兼容的供电制式，并根据动车组模式的不同，合理进行辅助供电系统设计。由于辅助供电系统是高速列车系统的重要组成部分，因此，设计时应该通过合理的设计和设备布置，如采用供电母线直接供电的模式以减少中间变换环节等途径，减轻动车组重量。

四、高速动车组其他基本设备

除车门、车窗外，高速动车组基本设备还包括车内照明设备、脚蹬、电子线路牌等部分。

高速动车组要求采用光线柔和，发热小，防火性好的照明设备，车内照度必须满足相关标准要求。随着旅客对旅行质量要求的提高，除设置公共光源外，目前国外高速动车组还通过设置独立阅读灯等途径满足不同旅客的需要。

为使动车组能够适应不同的站台高度，高速动车组需要设置脚蹬。我国传统铁路客车脚蹬采用翻板结构，不能满足高速动车组的需要。为解决该问题，部分工厂参考国外同类产品，设计制造了气动升降脚蹬。该结构以压缩空气作为驱动力，升起时与车内地板面平齐，满足高站台需要；当动车组停靠普通站台时，压缩空气驱动脚蹬下降，形成两级台阶。该设计既满足了列车高速运行的需要，又较好地适应了铁路基础设施现状，已经在部分动车组上装车试验。

我国传统旅客列车采用外挂式铁制或不锈钢制线路牌，与高速动车组外表平滑的要求相矛盾。“中华之星”等动车组通过设置电子线路牌解决了该问题。

第二节　高速动车组旅客生活保障设备

高速动车组是旅客运输的载体。为满足旅客旅行生活需要，高速动车组必须设置旅客生活保障设备。生活保障系统的设计理念应该是“以人为本”，同时，应充分考虑高速动车组的特殊性，通过相关设备保证旅客旅行质量。

一、高速动车组基本生活设施

高速动车组基本生活设施包括座椅、行李架或行李间、餐饮设备等部分，是与旅客旅行生活联系最紧密的车辆设备之一。基本生活设备的设计需要从本国国情和铁路运输现状出发，并充分考虑不同层次旅客的需要，尽可能为更多的旅客提供舒适、满意的旅行环境。

与传统铁路客车相比，高速动车组车辆布置更加多样化。根据旅客的不同需求，可以通过设置透明玻璃间隔或内墙等途径将车辆分隔成多个独立空间，各独立空间可以设置成不同的风格，并可通过设置独立商务包间等措施满足不同层次旅客的需要。

图 7.6 所示为高速动车组座椅。高速动车组座椅应该按照人体相关尺寸设计，以保证其具有良好的舒适性。同时，座椅还应该根据所装用车辆等级的不同进行合理设计，如通过改变座椅尺寸、调节靠背倾斜角度，并设置扶手、可收起的小茶桌、报刊袋、脚靠、音频视频系统以及电源插座等附属设备，满足旅客需要。

图 7.6　高速动车组二等车座椅

1—扶手；2—可通过坐垫调节靠背倾斜角度；3—小茶桌；4—报刊袋；5—脚靠

与传统铁路客车不同，高速动车组大客室一般采用单向座椅。固定座椅可靠性高，但至多能保证 50% 的旅客在运行时面朝运行前方，无法解决列车向不同方向运行时旅客朝向问题。为此。部分高速动车组采用了旋转座椅，由相关工作人员在列车到达后改变座椅方向。旋转座椅能提高旅客乘坐舒适性，但也降低了设备可靠性，其应用局限性较大。

此外，高速动车组座椅还应该在保证坚固、耐用的前提下减轻质量，并具有良好的防火性和维修性。

基于整体减重和美化外观考虑，高速动车组用行李架主要采用铝合金、玻璃钢等轻型材料。其用材应该充分考虑高速动车组对阻燃性等方面的要求，并应该通过合理的结构设计保证车辆照明、通风良好。由于行李架受空间尺寸、承载能力等因素限制，部分高速动车组设置了大件行李室。

与传统铁路客车不同，高速动车组由于其运行时间较短，一般不设置餐车，车上只有简易设备以满足旅客基本餐饮需要，如仅在列车中设置配餐室，通过微波炉、冰箱等设备向旅客提供简单的餐饮服务。为保证旅客饮水需要，高速动车组必须设置饮水设备。

此外，高速动车组还需要设置垃圾回收装置等基本设备，以满足旅客生活需要。

二、高速动车组空调与采暖系统

为保证密封性能，高速动车组不允许采用开启车窗自然通风换气的方式调节车内环境，因此必须设置空调装置。空调装置必须综合考虑车辆定员、车辆运行环境等因素，通过合理的设计达到相关标准对高速动车组车内环境的要求。

高速动车组车内环境参数包括空气压力、湿度、温度、空气流速、噪声、空气洁净度等相关指标。各国根据自身实际情况，对高速动车组车内环境作出了严格限制，具体应符合以下要求：

（1）车内温度。我国《高速试验列车供水、采暖、卫生、密封等技术条件》中客车内、外设计计算参数需符合表 7.1 的规定。

表 7.1　客车内、外设计计算参数

<table>
<tr><th rowspan="2">季节</th><th colspan="2">车外空气</th><th colspan="4">客　室　内</th><th rowspan="2">洗脸间内平均气温 /°C</th><th rowspan="2">走廊和厕所内平均气温 /°C</th><th rowspan="2">供给每个旅客的新鲜空气量 /m³·h⁻¹</th></tr>
<tr><th>计算温度 /°C</th><th>计算相对湿度 /%</th><th>平均气温 /°C</th><th>沿高度和长度方向的气温差 /°C</th><th>平均相对湿度 /%</th><th>平均微风速 /m·s⁻¹</th></tr>
<tr><td>夏季</td><td>35</td><td>60</td><td>23～27</td><td>≤2</td><td>40～70</td><td>一等车≤0.25
二等车≤0.3</td><td>—</td><td>—</td><td>20～25</td></tr>
<tr><td>冬季</td><td>−14</td><td>—</td><td>18～20</td><td>≤2</td><td>≥30</td><td>≤0.2</td><td>≥18</td><td>≥14</td><td>15～20</td></tr>
</table>

（2）车内湿度。国际铁路联盟标准 UIC533 提出的温度-湿度相关图如图 7.7 所示。

（3）车内空气清洁度。UIC553 规定空气中 CO_2 容积浓度不大于 0.15%，含尘量不超过 0.5 mg/m^3；客室内人均新鲜空气量夏季为 15～20 m^3/h，冬季为 10～15 m^3/h；司机室内人均新鲜空气量夏季 30 m^3/h，冬季 25 m^3/h。

（4）车内空气流速。车内平均微风流速不超过 0.3 m/s，制冷系统工作时，气流流速需要大于 0.07 m/s，以免出现“静态区域”。

（5）噪声。列车车内噪声来源是多方面的，如车外噪声透射到车内、车体表面结构振动、车辆设备振动产生的噪声等。德国铁路规定列车运行速度为 250 km/h 时，其噪声一级（一等客车）不得超过 65 dB（A），二级（二等客车）不超过 68 dB（A）。

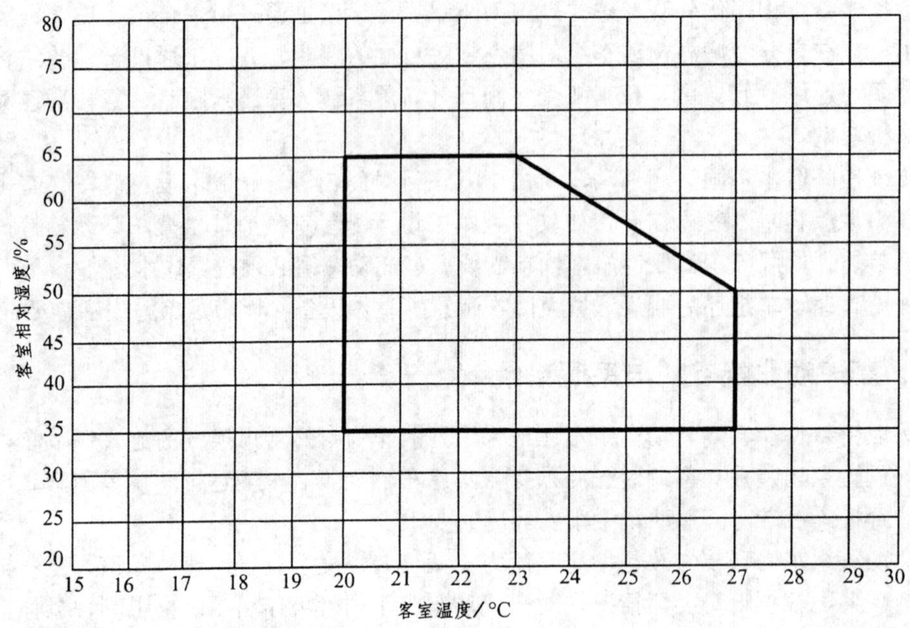

图 7.7 UIC533 推荐的温度-湿度关系图

(6) 气压变化。列车气压急剧变化将造成车体变形，旅客耳膜受到冲击出现不适。目前，各国一般通过最大压力变化和最大压力变化率来衡量车辆密封性能的优劣。如日本规定高速动车组最大压力变化不得超过 1 000 Pa，最大压力变化率上限新车为 200 Pa/s，旧车为 300 Pa/s。

高速动车组空调系统设计需要遵照以上指标执行，其原理与传统铁路客车完全相同。动车组空调系统由通风装置、空气冷却装置、空气加热装置、空气加湿装置和自动控制装置五部分组成。空调系统工作时，通风装置将车外空气滤清后与回风混合，通过风道输送进客室。同时，客室内的污浊空气则经过回风道、排风口排出。针对季节、地域的不同，自动控制装置控制冷却、加热和加湿装置工作，以满足车内环境参数稳定的要求。

为适应高速运行需要，高速动车组空调系统具有以下特点：

(1) 采取相应的压力保护措施。如日本新干线早期电动车组采用截止阀在列车进出隧道时控制新风、排风通道；现代高速动车组则采用高压风机抑制车内压力波动，采用这种方式可以保证车辆进、排风几乎不受外压影响。

(2) 改变空调安装方式。为满足高速动车组对车辆低重心的要求，其空调装置一般采取车下安装方式。

(3) 合理的气流组织。为保证旅客舒适性，需要对高速动车组客室内空气温度、流速的均匀性予以控制，这主要是通过合理的送风口、回风口和排风口数量、位置来保证的。图 7.8 所示为日本新干线 300 系动车组气流组织图。该动车组采用布置在车下的单元式空调机组，利用车窗立柱作为风道，冷风从车下送往车顶，又从车顶向地板流动，取得了较好的气流分布效果。

为满足冬季运行需要，高速动车组一般通过在空调系统或客室内设置电加热器采暖。

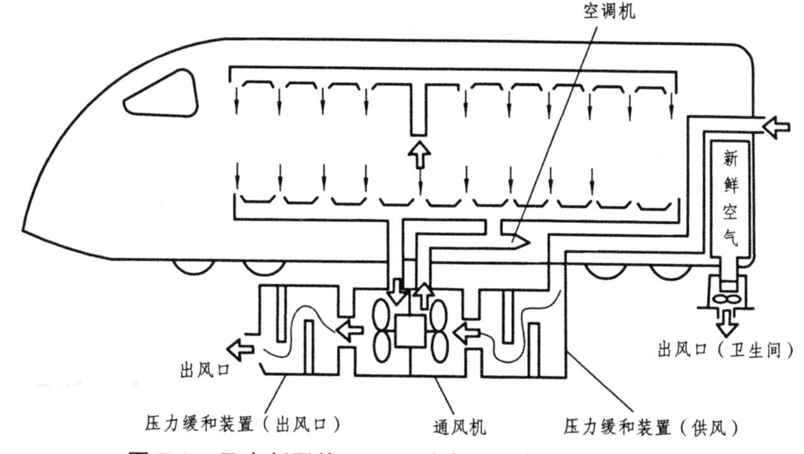

图 7.8　日本新干线 300 系动车组空调装置气流组织

三、高速动车组给水卫生系统

我国传统铁路旅客客车大部分采用直接排放式厕所。该方式不仅不能满足客车卫生和环保要求，带腐蚀性的污物还将缩短车辆和线路设备寿命。同时，为满足气密性要求，高速动车组必须采用密闭式厕所，实行污物集中处理。

全封闭式厕所在国外高速列车上已有很长的应用历史，其形式多样，按作用原理的不同可分为以下类型：

（1）循环式厕所。循环式厕所使用经过化学剂杀菌、漂白及过滤的污水作为循环冲洗水。冲洗水依靠重力排放到便池下方的污物箱中。该形式又可分为气动循环式和电动循环式两种。

（2）真空式厕所。真空式厕所在需要冲洗时，污物箱内为负压，污物被吸入隔离缸。高压空气通过限压阀进入隔离缸，将污物通过输送管阀压入污物箱的厕所，如图 7.9 所示。根据污物箱内负压的产生方法又分为由真空泵产生的负压和由压力空气喷射产生的负压两种。

（3）喷射式厕所。喷射式厕所利用压力空气罐，将供水管路的水压提高，洗涤时电磁阀开启，向便器喷射高压水，污物依靠重力流入污物箱。

（4）带有生物作用处理箱的净水冲刷厕所（半开放）。带有生物作用处理箱的净水冲刷厕所（半开放）系统是一种通过微生物对粪便污物进行分解、处理、消毒的厕所。

以上四种厕所曾被国外高速动车组采用，其中，循环式厕所和真空式厕所较为成熟。目前，世界各国更趋向于使用真空式厕所，其具有造价低、卫生、无环境污染、使用可靠及维修方便等优点。

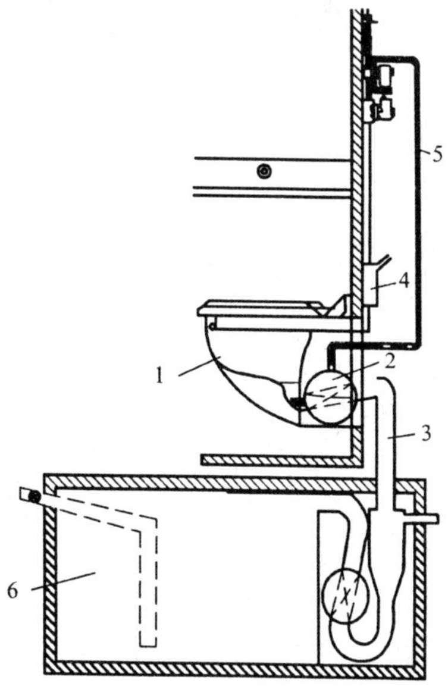

图 7.9　真空式厕所

1—便盒；2—排空阀；3—真空管；4—高压注水口；5—压缩空气管；6—污水箱

高速动车组需要根据车辆定员的不同，合理布置厕所的位置、形式与数量。同时，应该充分考虑诸如残疾人等特殊旅客的需要，设置相应设备。

高速动车组普通厕所、小便间、残疾人卫生间分别如图 7.10～7.12 所示。

为满足旅客需要，高速动车组需要设置盥洗室，如图 7.13 所示。

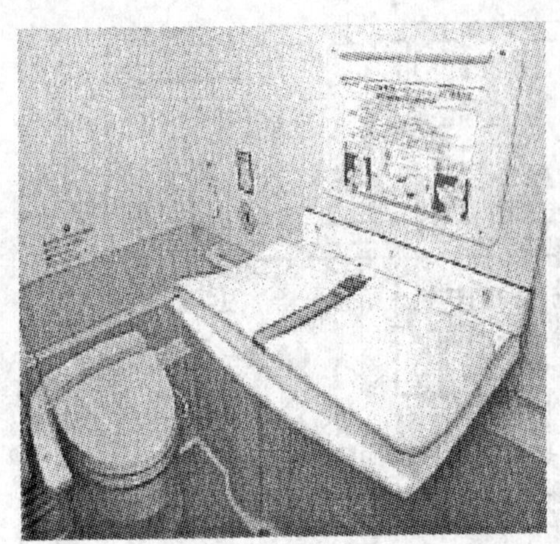

图 7.10　普通厕所

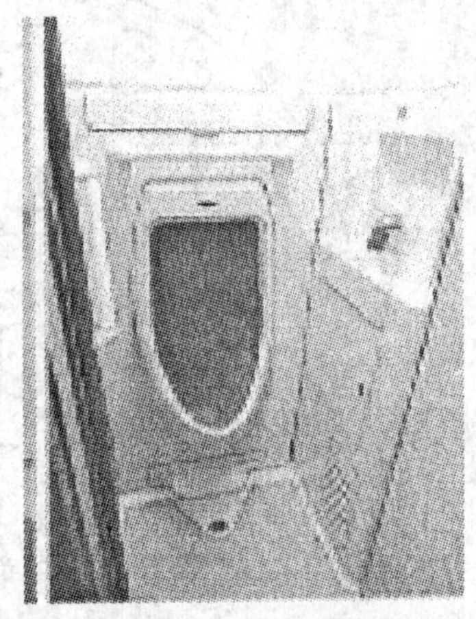

图 7.11　小便间

图 7.12　残疾人卫生间

图 7.13　盥洗室

高速动车组上的供排水系统是列车上为旅客洗涤、饮用及为车厢内有关部位提供所需用水并对洗涤等产生的污水进行处理的系统。该系统由水箱组件控制装置、污水箱组件等主要部件及导管、电器控制线路组成。

高速动车组系统用水必须经过预处理，并应符合生活用水卫生标准。其中，供饮水必须经过二次处理，并达到直接饮用卫生标准。

供水量多少的确定是保证列车运行的过程中，应向旅客和其他用水部位提供足够的水，一般应做到平均每位旅客不少于 0.7～0.8 L/h 的用水量。

为了适应车外空气压力变化，水箱、水封装置以及管路系统都达到了严格的密封要求。污水排放系统具有良好的密封能力，全系统能够保证车外压力在规定的变化范围内变化时，系统各部分不变形、不破坏，同时，还应该防止被飞起的道砟击坏。此外，高速动车组水箱还应该采取诸如车底加温等措施，防止冬季水冻结造成水箱冻裂。

四、高速动车组旅客信息系统

旅客信息系统是一个基于列车计算机通信网络平台，实现即时向旅客提供诸如列车当前到站、前方到站、正晚点情况、当前时间、运行速度、临时停车等相关信息的系统，主要由信息显示、车内标志、列车运行信息与自动报站、列车广播、电视、列车通话系统等部分组成。

高速动车组运行相关信息一般通过以下途径传递给旅客:

(1) 信息显示屏。高速动车组车辆端部通常设置信息显示屏，以将列车运行相关信息告知旅客。我国铁路 25K、25T 型客车已采用了该设备。信息显示屏具有直观、传递信息及时等优点，但其显示样式单调、信息量较小。

(2) 列车广播系统。与传统铁路客车一样，高速动车组设置列车广播系统。该系统通过音频向旅客传递信息，是铁路客车最常用的信息传递方式。

(3) 列车视频系统。列车视频系统将传统的信息视觉、听觉传递相结合，并可实现旅客点播等功能，信息传递效果好。但该系统的应用也使车辆设备投资大大增加，故目前仅在国内部分动车组头等车使用。

第三节　高速动车组行车设备

为满足行车控制与安全需要而设置的相关设备称为高速动车组行车设备，主要由控制列车运行的行车控制设备和保障车辆可靠性、安全性的行车保障设备组成。这部分设备仅面向高速动车组工作人员和车辆本身，不直接与旅客产生联系。

一、高速动车组行车控制设备

行车控制设备指为满足高速动车组操纵需要而设置的相关设备，分为人工控制设备和列车自动控制设备两部分。

动车组人工控制设备集中在位于动车组头部的司机室，由司机统一控制。CRH_2 动车组司机操纵台如图 7.14 所示。

图 7.14　动车组司机操纵台

如图所示，动车组司机操纵台按不同功能可分为制动控制区、牵引控制区、运行监视区、车辆设备控制区和车辆设备监视区等部分。不同部分相关操纵设备应尽量集中，并提供较大的操作视野，以便于司机操纵。

高速动车组司机操纵台设计应该充分考虑人体尺寸，运用人机工程学、工效学等相关理论，以方便司机操纵为基本出发点，为司乘人员创造良好的工作环境，从硬件上尽量减小误操作的可能。

列车自动控制系统已经在第五章详细介绍，本节不再赘述。

二、高速动车组行车保障设备

高速动车组行车保障设备包括车辆监测和诊断系统两部分。对高速列车实施车上监测和诊断的目的是提高其运营安全性和车辆运用率、优化运行管理并便于运用和维修作业。为此，行车保障设备需要完成的主要任务是识别部件磨耗和偶发性故障，并记录故障信息、故障发生的部位和功能范围，提示故障情况下运行方式和迅速排除故障的维修方式，并在确认必要时提示采取紧急制动作用。

为实现上述功能，高速列车除在司机室内装有显示各种机器动作状态和故障信息的显示装置以外，还有其他一些具有诊断功能的监测装置，按其系统结构和作用功能可以分为以下三类：

(1) 机器监测器。为分析故障原因，需要有故障发生时间（地点）和故障发生前后机器状态的信息记录。因此，在机器内装有经常监视机器动作状态的监测器，平时按几秒钟的间隔进行记录储存，当发生故障时触发使保护装置动作，从而可保持故障前后的详细记录，其数据采样时间为数十毫秒，在装置高速动作时的采样时间可精确到250 μs甚至20 μs，以便于分析故障。

(2) 带有传输功能的监测装置。机器监测器带有传输系统，能采集数据和故障显示，并具有表示故障处理顺序的制导显示，还有到站显示、自动广播等服务机器接受传输地面信息的例子。为了减少车辆连接线，传输系统采用串行传输，司机室的显示装置经由中央装置与终端装置连接。在一个有限范围也可设有月检功能与试运行功能。

(3) 带有运行控制的监测装置。该装置是带有传输功能的监测装置的进一步发展。由于司机室内主控制器及前后转换器等均为无接点化，使传输系统达到高速化及高可靠性，从司机室主控制器发出的牵引、制动指令也由传输系统传送到监测装置。在作月检查时除主控制器本身的检查外，不需要检查员操作主控制器，从司机室中央装置自动发出检查所需的模拟牵引、制动指令，可以有效地进行车内检查。

车载诊断系统将根据监测设备提供的信息，对车辆可能发生的故障作出判断。按照故障等级不同，诊断系统的结构分为下列三个层次。

(1) 部件诊断。由各计算机控制装置对其本身进行自诊断，并对被控对象进行监测诊断，然后按事先确定的编码将诊断数据输入控制单元。

(2) 单节车辆诊断。包括动车和拖车，各车的节点通过车厢总线或输出入口获取、分类、评估本车的诊断数据，并以断电保存的方式存储这些数据，按事先确定的单车诊断参数编码，传输到动力车主控单元中进行故障列表。

(3) 列车诊断。由列车安装在动力车上的主控单元（诊断中心）获取、分类、评估和存储列车的诊断结果，并在前导动力车上显示，同时可将这些信息存储在其他动车的主控单元中。上述各层诊断级应设有故障自诊断、故障信息保存、必要的故障自排除以及将重要故障信息向上一级传送的功能。各诊断装置还应配备有人机接口，以便维修人员从故障部件读取故障信息和对故障进行定位分析，并查知本车的诊断结果。列车诊断级的人机接口应包括彩色液晶显示屏、功能按键及蜂鸣警报器。

高速动车组故障诊断结果将根据所处运用状态的不同分别予以处理。行车过程中的诊断结果输入车载微机系统，并进行判断分类，然后向列车控制发出相关的主指令；在行车中或检修中将诊断结果送入列车状态数据存储装置或其他数据库，为维修提供信息。同时，该结果将在司机驾驶台的屏幕上显示或由维修人员使用便携机读出。

第八章　高速动车组运行性能与结构强度

与传统铁道车辆一样，高速动车组必须具有良好的动力学性能，即满足高速运行的直线稳定性要求和具有良好的曲线通过性能，并满足乘坐舒适性的要求；同时，为保证车辆运行可靠，高速动车组关键承载部件，如车体结构、转向架构架、轮对，必须满足相关强度要求。本章将对国内外高速动车组及机车车辆相关动力学、强度标准和试验进行介绍。

第一节　高速动车组运行性能

轮轨接触是铁路运输与其他交通方式最显著的区别之一，其接触状况以及轨道结构、特性是影响车辆动力学性能的重要因素。由于铁路轨道并非完全处于理想的刚性且平直状态，当车辆沿轨道运行时将激发轮轨之间的相互作用，产生各种垂向和横向作用力并引发车辆系统的各种振动。这种振动会使长时间乘坐在车辆中的旅客感到疲劳，并影响行车安全。因此，改善车辆运行性能是车辆设计、制造、检修和运用过程中的重要问题。

引起车辆振动的原因是多样的。就轨道方面而言，钢轨接头处的轮轨冲击、轨道垂向变形、轨道的局部和随机不平顺都是重要的激振源；铁道车辆车轮采用锥形踏面是车辆蛇行运动的直接诱因；此外，车辆车轮偏心、不均重、踏面擦伤等因素都将引起不同形式的车辆振动。

在动车组设计环节中，应该通过运用现代分析方法，合理设计结构和匹配参数，保证动车组良好的动力学性能。高速动车组转向架设计要综合考虑以下因素的影响:

(1) 高速运行的稳定性。高速运作的稳定性主要在于保证列车高速运行时不出现横向自激振动问题。车辆高速运行时出现蛇行失稳不仅影响列车的平稳性，而且还将导致脱轨，危及运行安全。

(2) 舒适性。即走行部振动平稳性对车辆内旅客的影响，它将反映在列车运行的所有线路和速度等级中。

(3) 走行安全性。走行安全性指轮轨间相互作用力超过限制而产生脱轨的可能性（一般出现在车辆通过曲线时）。

(4) 曲线通过性能。指车辆通过曲线时，对轨道和转向架产生的不利的静态和动态作用力。

随着计算机技术的飞速发展，在设计过程中采用数值计算方法预测车辆动力学性能成为可能。但是，车辆系统中存在较多的非线性环节，部分参数在设计时无法确定，故至今线路动力学试验仍然是各国机车车辆动力学性能鉴定的唯一依据。20 世纪 70 年代末，德国在世界上首次研制成功了机车车辆整车滚动振动试验台。该试验台为确定机车车辆的一些参数起到了一定积极作用，但基于台架试验与线路试验的根本差别，其对曲线、道岔以及部分工况无法进行模拟试验。我国动车组动力学性能试验应立足于我国国情与线路的具体情况，将设计过程中进行数值仿真与线路动力学试验有效结合，以保证高速动车组良好的动力学性能。

一般而言，车辆动力学性能须通过车辆运行平稳性、稳定性和安全性三方面评定。对于车辆动力学性能线路试验结果的评定，各国车辆设计、制造部门经过长期探索，均制订了符合本国实际需要的规范性文件。多年来，我国车辆动力学性能试验以 GB 5599—85《铁道车辆动力学性能评定和试验鉴定规范》为依据。在此基础上，基于高速动车组动力学性能试验的需要，先后制订了《200 km/h 及以上速度级电动车组动力学性能试验鉴定方法及评定标准》等暂行性规范，并及时对原有标准进行修订，使其适应车辆技术发展的需要。此外，国际铁路联盟等组织也制定了 UIC513《Guidelines for evaluating passenger comfort in relation to vibration in railway vehicles》、UIC518《Testing and approval of railway vehicles from the point of view of their dynamic behavior - Safety - Track fatigue - Ride quality》等规程，用于指导车辆动力学性能试验。我国于近年来开始逐步采用 UIC 标准评价车辆动力学性能指标。

一、车辆运行平稳性及评估标准

运行平稳性是列车在规定的线路条件下，以最高速度运行时不产生过大的振动，并尽量使旅客舒适，设备能平稳工作的基本性能。目前，世界各国主要通过以下途径评价车辆运行品质。

1. 动荷系数

动荷系数是车辆在运转时产生的动载荷幅值 P_d 与车辆静止时载荷 P_{st} 的比值，分为横向和垂向两种，即：

横向动荷系数：$K_{ld}=\dfrac{P_{ld}}{P_{st}}$

垂向动荷系数：$K_{vd}=\dfrac{P_{vd}}{P_{st}}$

式中，P_{st} 指车辆作用在转向架上的静载荷；P_{ld}、P_{vd} 指车体作用在转向架上的横向和垂向动载荷。

P_{ld} 和 P_{vd} 可通过计算或实测求得。若已知车体横向和垂向加速度 a_l、a_v，则动荷系数为：

$$K_{ld}=\frac{a_l}{g}，\ K_{vd}=\frac{a_v}{g}$$

有时也用弹簧动挠度求动荷系数，其值为：

$$K_{vd}=\frac{f_d}{f_{st}}$$

式中，f_{st} 指弹簧静挠度；f_d 指弹簧动挠度。

我国没有采用该方法评定高速动车组的运行平稳性。

2. 车体加速度幅值

车体垂向和横向加速度幅值大小 a_{zt}、a_{yt} 可表示车体垂向和横向动载荷，若振动为简谐振动，则：

$$a_{zt} = z_0\omega_z^2 \text{，} \quad a_{yt} = y_0\omega_y^2$$

式中，z_0、y_0 表示车体垂向、横向加速度振幅；ω_z、ω_y 表示车体垂向、横向振动圆频率。

由于车体加速度幅值可由计算或实测求得，故该方法是评定车辆运行平稳性的最为直接的方法。UIC518《Testing and approval of railway vehicles from the point of view of their dynamic behavior - Safety - Track fatigue - Ride quality》中规定了测量车辆车体振动加速度的方法和评定指标。根据该标准规定，车辆运行性能通过转向架中心地板面上的横向加速度 $\ddot{y}_q^*$ 和垂向加速度 $\ddot{z}_q^*$ 评定。我国《200 km/h 及以上速度级电动车组动力学性能试验鉴定方法及评定标准》也将其作为车辆运行品质的评价指标。一般认为车辆车体横向、垂向加速度均不得大于 2.5 m/s^2。

3. Sperling 平稳性指数

国际铁路联盟（UIC）采用 Sperling 提出的平稳性指数来评定车辆运行品质。Sperling 等人在大量单一频率振动试验的基础上提出影响车辆运行平稳性的两个重要因素，其中之一是位移对时间的三次导数，即 $\dddot{z} = \dot{a}$。在该式两边同时乘以车体质量 M_c，并将 $M_c a$ 之积改写为 F，则 $M_c\dddot{z} = \dot{F}$。由此可见，$\dddot{z}$ 在一定意义上代表力的变化率，F 的增减变化引起冲动的感觉。

如车体作简谐振动，则 $\dddot{z} = -z_0\omega^3 \sin\omega t$，其幅值为：

$$|\dddot{z}|_{max} = z_0(2\pi f)^3$$

影响平稳性指数的另一个因素是振动时动能的大小，车体振动时的最大动能为：

$$\frac{1}{2}M_c\dot{z}^2 = \frac{1}{2}M_c(z_0\omega)^2 = \frac{1}{2}M_c(z_0 2\pi f)^2 = E_d$$

所以
$$(z_0 2\pi f)^2 = \frac{2E_d}{M_c}$$

Sperling 在确定平稳性指数时，把反映冲动的 $z_0(2\pi f)^3$ 和反映振动动能的 $(z_0 2\pi f)^2$ 的乘积 $z_0^3(2\pi)^5 f^5$ 作为衡量标准来评定车辆运行品质。车辆运行平稳性指数的经验公式为：

$$W = 2.7\sqrt[10]{z_0^3 f^5 F(f)} = 0.896\sqrt[10]{\frac{a^3}{f}F(f)}$$

式中，z_0 代表振幅（cm）；f 为振动频率（Hz）；a 指加速度（cm/s^2），其值为 $a = z_0(2\pi f)^2$；$F(f)$ 为与振动频率有关的加权系数。

$F(f)$ 对于垂向和横向振动是不同的。对于垂向振动加权系数 $F(f)$：

当 $f = 0.5 \sim 5.9$ Hz 时　　$F(f) = 0.325 f^2$

当 $f = 5.9 \sim 20$ Hz 时　　$F(f) = \dfrac{400}{f^2}$

当 $f > 20\,\text{Hz}$ 时　　　　$F(f) = 1$

对于横向振动加权系数 $F(f)$：

当 $f = 0.5 \sim 5.4\,\text{Hz}$ 时　　　　$F(f) = 0.8f^2$

当 $f = 5.4 \sim 26\,\text{Hz}$ 时　　　　$F(f) = \dfrac{650}{f^2}$

当 $f > 26\,\text{Hz}$ 时　　　　$F(f) = 1$

以上平稳性指数只适用于一种频率一个振幅的单一振动，但实际上车辆在线路上运行时的振动是随机的，即振动频率和振幅都是按时间变化的。因此，一般在整理车辆平稳性指数时需要把实测的车辆振动加速度记录按频率分解，进行频谱分析，求出每段频率范围的振幅值，然后对每一频段计算各自的平稳性指数 W_i，然后求出全部频段总的平稳性指数：

$$W_{\text{tot}} = (W_1^{10} + W_2^{10} + \cdots + W_n^{10})^{0.1}$$

多年来，我国车辆设计、制造部门在评定车辆运行平稳性时，一直沿用 GB 5599—85《铁道车辆动力学性能评定和试验鉴定规范》中规定的 Sperling 平稳性指标法，《200 km/h 及以上速度级电动车组动力学性能试验鉴定方法及评定标准》也沿用了该方法，其规定的高速动车组平稳性等级要求如表 8.1 所示。

表 8.1　动车组平稳性指标等级

平稳性等级	平稳性指数 W		评　语
	客车、动车组车辆	机　车	
1 级	<2.5	<2.75	优
2 级	2.5 ~ 2.75	2.75 ~ 3.0	良好
3 级	2.75 ~ 3.0	3.0 ~ 3.45	合格
4 级	3.0 ~ 3.45	—	可以接受

该标准要求，对于速度在 200 km/h 及以上的动车组，客室平稳性指标 $W \leqslant 2.5$，司机室平稳性指标 $W \leqslant 3.5$。

但采用 Sperling 方法也存在一些问题，这主要体现在：没有统一的数据处理方法；频率计权函数与国际通用的（ISO2631）与人体有关的频率计权函数存在一定差异；没有综合各方向、各位置的测量值而得出综合评价尺度。

4. 舒适性指数

20 世纪 90 年代后期，国际铁路联盟对其 UIC513《Guidelines for evaluating passenger comfort in relation to vibration in railway vehicles》中一直沿用的通过 Sperling 平稳性指标评定车辆运行平稳性的方法进行了修正。修正后的标准中，车辆运行平稳性采用舒适度指标进行评定。舒适度指标以车辆运行过程中 5 s 期限上的振动加速度为基本参数，在计算出其加权均方根 RMS 值后进行选择统计分析得到。该值定义为：

$$a_{\text{RMS}} = \sqrt{\int_{0.4\text{Hz}}^{80\text{Hz}} G_{\text{ISO}}(f) \cdot A_{\text{ISO}}^2(f)\text{d}f}$$

式中，$G_{\text{ISO}}(f)$ 为根据 ISO 2631 定义的加权函数；$A_{\text{ISO}}(f)$ 为频域范围内的加速度值。

UIC513《Guidelines for evaluating passenger comfort in relation to vibration in railway vehicles》在该值的基础上，定义了车辆舒适度指标，并对试验过程中的测量、计算方法进行了严格规定。按照测试与计算方法的不同，车辆运行平稳性分为简化方法和完整方法两类，完整方法还考虑了旅客站立与坐姿时舒适度的不同。

站立与坐姿的简化方法只测定车辆运行过程中转向架几何中心上方和车体中央地板面上的纵向、横向和垂向加速度。舒适性指标按下式进行加权平均：

$$N_{\mathrm{MV}} = 6\sqrt{(a_{XP95}^{W_{\mathrm{d}}})^2 + (a_{YP95}^{W_{\mathrm{d}}})^2 + (a_{ZP95}^{W_{\mathrm{d}}})^2}$$

式中，$a_{iP95}^{W_{\mathrm{d}}}$（$i = X,Y,Z$）分别为车体纵向、横向和垂向振动加速度，该值概率分位点为95%。

除地板面上车体振动加速度外，对于坐姿时的完整方法还需要考虑椅盘和椅背处振动加速度的影响，采用站立完整方法时需要重新考虑地板面各向加速度的加权平均系数，其公式这里不再赘述。

我国在《200 km/h及以上速度级电动车组动力学性能试验鉴定方法及评定标准》中也采用了UIC513《Guidelines for evaluating passenger comfort in relation to vibration in railway vehicles》所规定的简化方法，并与Sperling指标法同时作为车辆运行稳定性的评定依据，其评定标准为客室$N_{\mathrm{MV}} \leqslant 2.0$，司机室$N_{\mathrm{MV}} \leqslant 4.0$。

但是，值得注意的是，我国相关规定中车体振动加速度测量位置与国际铁路联盟相关规定存在较大差异，《200 km/h及以上速度级电动车组动力学性能试验鉴定方法及评定标准》中规定加速度计对角安装在转向架几何中心偏向车体一侧1 000 mm处，对于其是否合理应在动力学试验中通过对比测试进一步予以考虑。

5. 列车通过曲线时对车辆运行平稳性的要求

列车通过曲线时，除线路上的各种不平顺作用外，车辆还受到线路曲线、缓和曲线和超高等因素的影响，从而影响旅客乘坐舒适性。

当列车通过曲线线路时，车辆和旅客都要承受离心力和离心加速度。离心加速度为：

$$a_{\mathrm{c}} = \frac{v^2}{R} \quad \mathrm{m/s^2}$$

式中，v表示列车通过曲线时的速度（m/s）；R表示曲线半径（m）。

离心加速度的量纲也可以用重力加速度的倍数表示，这时离心加速度可写为：

$$g_{\mathrm{c}} = \frac{v^2}{g_{\mathrm{n}}R}$$

式中，g_{n}表示重力加速度（$g_{\mathrm{n}} = 9.81\ \mathrm{m/s^2}$）。

设置曲线超高后，车辆及旅客本身所承受的重力存在一个横向分量，将能抵消一部分离心力。此时，旅客所承受的离心加速度为：

$$g_{\mathrm{c}} = \frac{v^2}{g_{\mathrm{n}}R} - \frac{h}{S}$$

式中，h表示外轨超高量（mm）；S表示轮对两滚动圆横向跨距（mm）。

在客货混跑的线路上，由于客货列车运行速度不同，在设置线路超高时要兼顾二者之间的速度差别，因此客车运行时往往会出现超高不足的现象，使离心加速度不能完全被平衡掉，造成旅客晕车等现象出现。对于未平衡离心加速度 g_c 有如下数据：

（1） $g_c < 0.04g_n$，旅客对未平衡离心加速度无明显感觉。

（2） $g_c = 0.05g_n$，旅客能察觉到存在未平衡离心加速度，但无不舒服的感觉。

（3） $g_c = 0.077g_n$，一般旅客能长时间承受这种未平衡的离心加速度。

（4） $g_c = 0.1g_n$，一般旅客能承受不频繁的这种未平衡的离心加速度。

我国铁路用限制欠超高的形式来保证列车通过曲线时的安全性和旅客舒适度。按铁路设计规定：

（1）在等级较高的线路上，旅客列车欠超高 $h_d < 70\,\text{mm}$。

（2）在一般线路上，欠超高 $h_d < 90\,\text{mm}$。

（3）在既有线路上提速时，某些线路的欠超高 $h_d \leqslant 110\,\text{mm}$。

车辆通过缓和曲线时，外轨上的车轮将逐渐上升，而内轨上车轮高度保持不变，如果不考虑弹簧的动态变形，则在缓和曲线上车体相对轨道平面的侧滚角将逐渐加大，其加速度也将影响旅客舒适度。尤其是车辆通过反向曲线，车体反复滚动对旅客舒适性影响最大。因此，我国利用该因素限制列车的曲线通过速度，并规定如下：

对于一般线路　$$v_{max} < \frac{l_s}{9h}$$

对于困难地段　$$v_{max} < \frac{l_s}{7h}$$

式中，v_{max} 表示列车通过曲线的最高速度（km/h）；l_s 表示缓和曲线长度（m）；h 为线路实设超高（mm）。

二、车辆运行稳定性及其评估标准

运行稳定性是衡量车辆最高运行速度的主要途径，高速动车组对车辆运行稳定性要求更为严格。由于车辆以接近蛇行运动临界速度运行时，车辆安全性指标可能超出相关标准限值，故相关标准对试验过程中车辆运行稳定性的评定标准不尽相同。目前，我国 GB 5599—85《铁道车辆动力学性能评定和试验鉴定规范》中并未对车辆运行稳定性的评定指标作出规定。《200 km/h 及以上速度级电动车组动力学性能试验鉴定方法及评定标准》中规定车辆运行稳定性以轴箱上方构架端部的横向加速度来评定，当该处加速度峰值有连续 6 次以上达到或超过极限值 8～10 m/s^2 即判定转向架横向失稳。与我国不同，UIC518《Testing and approval of railway vehicles from the point of view of their dynamic behavior - Safety - Track fatigue - Ride quality》则采用轮轨横向力作为车辆运行稳定性的判据。

三、车辆运行安全性质及其评估标准

安全性主要指车辆在不脱轨状态下沿轨道运行的能力。影响车辆运行安全的主要因素包括车体在弹簧上的倾覆、车辆倾覆和车轮脱轨等方面，世界各国均对车辆运行的安全性作出了严格的限制。

车辆沿轨道运行时将受到各种横向力作用，如风力、离心力、线路超高引起的重力横向分量以及横向振动惯性力等。这些横向力的作用将造成车辆一侧车轮减载，另一侧车轮增载。如在各种横向力作用下，车辆一侧车轮与钢轨间垂向作用力减小到零，车辆就具有倾覆的危险。

车辆在横向力作用下可能的倾覆程度用倾覆系数 D 表示，其定义为：

$$D=\frac{P_{\mathrm{d}}}{P_{\mathrm{st}}}=\frac{P_2-P_1}{P_2+P_1}$$

式中，P_{st} 表示无横向力作用时轮轨间垂向静载荷；P_{d} 表示在横向力作用下轮轨间垂向力的变化量；P_2 表示增载侧轮轨间垂向力；P_1 表示减载侧轮轨间垂向力。

当车辆的减载侧车轮上垂向力 $P_1=0$ 时，车辆已到达倾覆的临界状态，这时 $D=1$，即倾覆的临界值。为了保证车辆不倾覆，倾覆系数 D 不能超过临界值。

车辆沿轨道直线部分运行时，在正常工作条件下，车轮上的踏面部分与钢轨顶面相接触。当车辆进入曲线时，由于各种横向力的作用，如离心力、风力、横向振动惯性力等作用，使前轮对外侧车轮的轮缘贴靠钢轨侧面。如果轮对前进方向相对轨道有正冲角时，则轮轨接触点 A 不在过轮对中心线的垂向平面内，接触点 A 离开垂向平面有一个导前量，如图 8.1 所示。在接触点 A 处，车轮给钢轨的横向作用力为 Q，钢轨给车轮的横向反力称为导向力。在导向力作用下轮对连同转向架顺着曲线方向前进。如果在某种特定条件下，车轮给钢轨的横向力 Q 很大，而车轮给钢轨的垂向力 P 很小，以致车轮在转动过程中新的接触点 A' 逐渐移向轮缘顶部，车轮逐渐升高。如果轮缘上接触点的位置到达轮缘圆弧面上的拐点，即轮缘根部与中部圆弧联结处轮缘倾角最大的一点时，就到达爬轨的临界点。如果在到达临界点以前 Q 减小或 P 增大，则轮对仍可能向下滑动，恢复到原来稳定位置。当接触点超过临界点以后如果 Q、P 的变化不大，由于轮缘倾角变小，车轮有可能逐渐爬上钢轨直到轮缘顶部达到钢轨顶面而脱轨。车轮爬上钢轨需要一定时间，这种脱轨方式称为爬轨，一般发生在车辆低速情况。另一种脱轨方式发生在高速情况，由于轮轨之间的冲击力造成车轮跳上钢轨，这种脱轨方式称跳轨。另外，当轮轨之间的横向力过大，使轨距扩宽，车轮落入轨道内侧而脱轨。

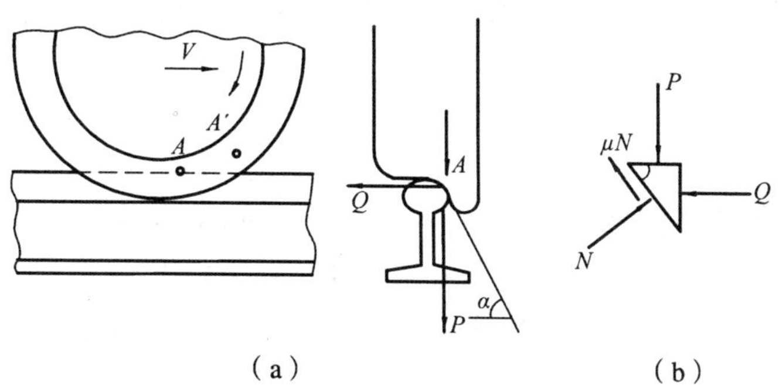

图 8.1　轮轨接触与作用力

评定轮对抗脱轨稳定性的标准是多样的，现分别介绍如下。

1. 根据车轮作用于钢轨的横向力 Q 评定车轮抗脱轨稳定性

设有一车轮，已经开始爬轨并达到临界点（即已经到达轮缘倾角最大点），为了简化分析不考虑轮对冲角和轮轨接触点提前量的作用。

取轮缘上轮轨接触斑为隔离体，见图 8.1。作用在接触斑上的车轮垂向力为 P，横向力为 Q，钢轨作用在接触斑上的作用力有法向力 N，阻止车轮向下滑动钢轨给接触斑的摩擦力为 μN。设轮缘角为 α。接触斑在以上各力作用下处于平衡状态，亦即车轮处于向下滑而不能滑动的状况。将作用于接触斑 A 上的力分解为法线方向和切线方向的分量后，可求得车轮爬轨的条件：

$$P\sin\alpha - Q\cos\alpha = \mu N$$

$$N = P\cos\alpha + Q\sin\alpha$$

式中，α 表示最大轮缘倾角（简称轮缘角）；μ 表示轮缘与钢轨侧面的摩擦系数。

解该方程可得：

$$\frac{Q}{P}=\frac{\tan\alpha-\mu}{1+\mu\tan\alpha}$$

上式表示轮对在爬轨临界点的平衡状态。如果 $\dfrac{Q}{P}$ 大于上式中右项，车轮有可能爬上钢轨，反之则向下滑。因此车轮爬轨的条件为：

$$\frac{Q}{P}\geqslant\frac{\tan\alpha-\mu}{1+\mu\tan\alpha}$$

比值 $\dfrac{Q}{P}$ 称为车轮脱轨系数，$\dfrac{\tan\alpha-\mu}{1+\mu\tan\alpha}$ 为车轮脱轨与不脱轨的临界值，简称车轮脱轨系数临界值。临界值的大小与轮缘角 α 和轮缘与钢轨侧面的摩擦系数 μ 有关。图 8.2 给出不同摩擦系数 μ 和不同轮缘角 α 时车轮脱轨临界值。

由图可见，轮缘角 α 越小，摩擦系数 μ 越大，越容易出现爬轨。我国标准锥形车轮的轮缘角为 69°12′，实测为 68°～70°，轮缘摩擦系数一般为 0.20～0.30，若取 $\alpha=68°$，而 $\mu=0.32$，则

$$\frac{\tan\alpha-\mu}{1+\mu\tan\alpha}=1.2$$

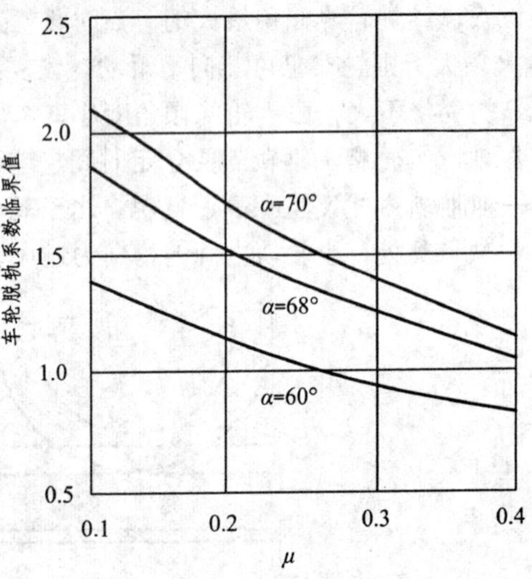

图 8.2　车轮脱轨系数临界值

2. 根据构架力 H 评定轮对抗脱轨稳定性

由于轮轨之间的横向力 Q 较难测量，在试验时往往采用轮对与转向架相互作用的构架力 H 来评定轮对的脱轨系数。

设有一轮对，其左轮正处于爬轨的临界状态，即轮对趋于向下滑而不滑动状态，这时左右钢轨给左右车轮的摩擦力的方向都是阻止轮对向右滑动的方向，如图 8.3 所示。分别取左轮接触斑 A、右轮接触斑 B 为隔离体，左轮作用在接触斑 A 上的垂向力和横向力分别为 P_1、Q_1，右轮作用在接触斑 B 上的垂向力和横向力分别为 P_2、Q_2。左轨作用在接触斑 A 上的力分别为法向力 N_1 和阻止车轮向下滑的摩擦力 $\mu_1 N_1$，右轨作用在接触斑 B 上的力分别为法向力

N_2和阻止车轮向下滑的摩擦力μ_2N_2。由于左右接触斑上的作用力平衡，可以根据μ_2N_2确定Q_2的方向，如图8.3所示。

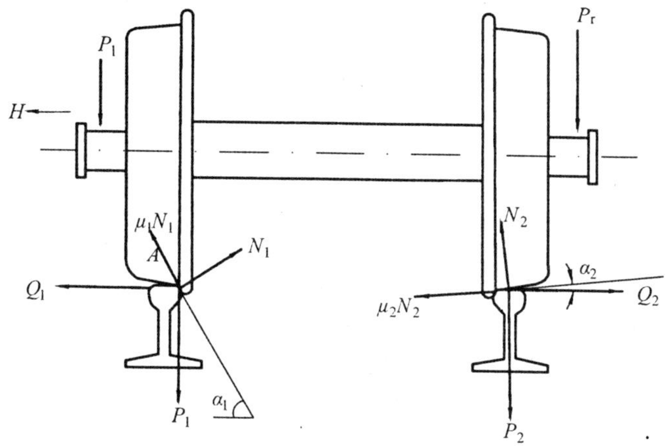

图8.3　轮对与轨道相互接触及相互作用力

根据左右轮轨接触斑A、B上各力平衡的条件可得：

$$\frac{Q_1}{P_1}=\frac{\tan\alpha_1-\mu_1}{1+\mu_1\tan\alpha_1}$$

$$\frac{Q_2}{P_2}=\frac{\tan\alpha_2-\mu_2}{1+\mu_2\tan\alpha_2}$$

式中，α_1、α_2分别为左轮轮缘角和右轮踏面倾角；μ_1、μ_2分别为左轮轮缘和右轮踏面与钢轨之间的摩擦系数。

左右车轮给左右接触斑的水平力Q_1、Q_2是由构架力产生的，由图8.3知，$H=Q_1-Q_2$，于是：

$$\frac{H}{P_1}=\frac{Q_1}{P_1}-\frac{Q_2}{P_1}=\frac{Q_1}{P_1}-\frac{P_2}{P_1}\cdot\frac{\tan\alpha_2+\mu_2}{1-\mu_2\tan\alpha_2}$$

$\tan\alpha_2$数值不大，可取$\tan\alpha_2\approx0$，于是可得轮对脱轨条件：

$$\frac{Q_1}{P_1}\approx\frac{H+\mu_2P_2}{P_1}\geqslant\frac{\tan\alpha_1-\mu_1}{1+\mu_1\tan\alpha_1}$$

$\frac{H+\mu_2P_2}{P_1}$称为轮对脱轨系数，我国规定μ_2取0.24。

3. 根据轮重减载率评定车轮抗脱轨稳定性

上面分析了轮轨横向力及构架横向力对轮对脱轨的影响，这种脱轨原因是横向力Q_1大而垂向力P_1小的结果，但实际运用中还发现，在横向力并不很大而一侧车轮严重减载的情况也有脱轨的可能。下面分析轮重严重减载情况。

如果构架力H很小，设$H\approx0$，而P_2很大，P_1很小，即$P_2\gg P_1$，由于某种原因，左轮轮缘已在轮缘角最大处与钢轨接触。由于右轮在很大的踏面摩擦力μ_2N_2的作用下，左轮仍旧可以保持脱轨的临界状态。

令式 $\dfrac{H}{P_1}=\dfrac{Q_1}{P_1}-\dfrac{Q_2}{P_1}=\dfrac{Q_1}{P_1}-\dfrac{P_2}{P_1}\cdot\dfrac{\tan\alpha_2+\mu_2}{1-\mu_2\tan\alpha_2}$ 中的 $H=0$，并将 $\dfrac{Q_1}{P_1}\geqslant\dfrac{\tan\alpha_1-\mu_1}{1+\mu_1\tan\alpha_1}$ 代入后得：

$$\frac{P_2}{P_1}\cdot\frac{\tan\alpha_2+\mu_2}{1-\mu_2\tan\alpha_2}\geqslant\frac{\tan\alpha_1-\mu_1}{1+\mu_1\tan\alpha_1}$$

并定义 $P=\dfrac{1}{2}(P_1+P_2)$，$\Delta P=\dfrac{1}{2}(P_2-P_1)$，则可得到：

$$\frac{\Delta P}{P}\geqslant\frac{\dfrac{\tan\alpha_1-\mu_1}{1+\mu_1\tan\alpha_1}-\dfrac{\tan\alpha_2+\mu_2}{1-\mu_2\tan\alpha_2}}{\dfrac{\tan\alpha_1-\mu_1}{1+\mu_1\tan\alpha_1}+\dfrac{\tan\alpha_2+\mu_2}{1-\mu_2\tan\alpha_2}}$$

式中，P 为左右车轮平均轮轨垂向力，即轮重；ΔP 称为轮重减载量；$\dfrac{\Delta P}{P}$ 即轮重减载率。

当
$$\frac{\Delta P}{P}=\frac{\dfrac{\tan\alpha_1-\mu_1}{1+\mu_1\tan\alpha_1}-\dfrac{\tan\alpha_2+\mu_2}{1-\mu_2\tan\alpha_2}}{\dfrac{\tan\alpha_1-\mu_1}{1+\mu_1\tan\alpha_1}+\dfrac{\tan\alpha_2+\mu_2}{1-\mu_2\tan\alpha_2}}$$

时，其值称为轮重减载率临界值。

当轮重减载率超过其临界值后，轮对有可能脱轨。若用不同的 α_1、μ_1、$\mu_2\left(=\dfrac{\mu_1}{1.2}\right)$ 及 $\alpha_2\left[=\tan^{-1}\left(\dfrac{1}{20}\right)\right]$ 代入轮重减载率临界值公式中，可得到轮重减载率临界值与 μ_1 的关系曲线，如图 8.4 所示。

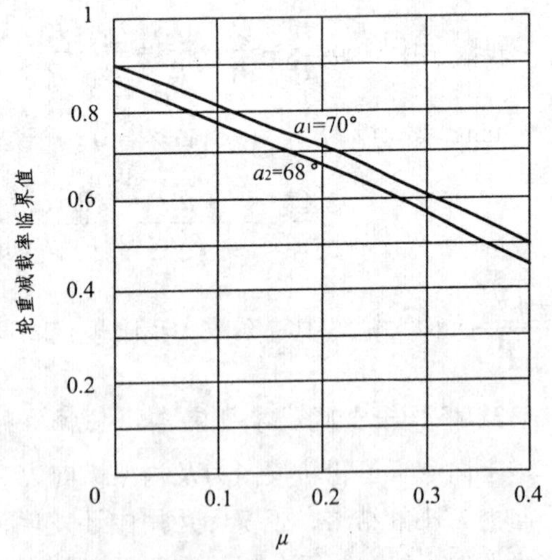

图 8.4　轮重减载率临界值与 μ_1 的关系

脱轨系数和轮重减载率都是根据轮对爬上钢轨必要条件出发而导出的结果。从爬轨过程来看，轮对爬上钢轨轮缘必需贴靠钢轨，轮对与轨道应有一定正冲角并且爬轨过程需要一定的时间。实测中发现，脱轨系数和轮重减载率都已超过规定限度而并未出现脱轨，这是因为其他条件不具备的缘故。尤其是轮重减载率并不能直接反映轮缘与钢轨贴靠情况。

4. *车轮跳轨的评定标准*

我国对轮轨瞬时冲击而造成车轮跳上钢轨的脱轨系数无明确规定。国外规定，当轮轨间横向作用力的作用时间小于 0.05 s 时，容许的脱轨系数：

$$\frac{Q_1}{P_1} \geqslant \frac{0.04}{t}$$

式中，t 为轮轨间横向力作用时间（s）。

轮轨间最大横向力 Q 的标准。轮轨间横向力过大时会造成轨距扩宽，道钉拔起或引起线路严重变形，如钢轨和轨枕在道床上横向滑移或挤翻钢轨等。轮轨间最大横向力应当限制，其标准 Q 如下：

（1）道钉拔起，道钉应力为弹性极限的限度：

$$Q \leqslant 19 + 0.3P_{st}$$

（2）道钉拔起，道钉应力为屈服极限的限度：

$$Q \leqslant 29 + 0.3P_{st}$$

（3）线路严重变形的限度：

木轨枕　$$H \leqslant 0.85\left(10 + \frac{P_{st1} + P_{st2}}{2}\right)$$

混凝土轨枕　$$H \leqslant 0.85\left(15 + \frac{P_{st1} + P_{st2}}{2}\right)$$

式中，Q 表示轮轨横向力（kN）；H 为轮轴横向力（构架力，kN）；P_{st}、P_{st1}、P_{st2} 分别为车轮平均、左轮、右轮静载荷（kN）。

车轮脱轨是铁路运输中的一项重大事故，它直接影响人民生命财产的安全，影响铁路全线的运输工作。预防脱轨事故的发生是铁路运输中十分重要的工作。影响车辆脱轨的因素很多，有线路的原因、车辆的原因以及列车编组及运用中的原因。但从前面的理论分析可见，影响脱轨的原因是轮轨间的横向力过大和垂向力减载。如果轮轨横向力大的一侧又出现垂向力减少和车轮处于正冲角状态时，脱轨的可能性增大。因此，在分析车辆脱轨的原因时应从以上原因着手并采取积极的防治措施。

此外，国外还采用柔度系数等方式评定车辆运行安全性。

我国 GB 5599—85《铁道车辆动力学性能评定和试验鉴定规范》和《200 km/h 及以上速度级电动车组动力学性能试验鉴定方法及评定标准》主要通过脱轨系数、轮重减载率、横向力允许限度、倾覆系数等指标进行评定。其中，对于最高运行速度在 200 km/h 以上的高速动车组，其脱轨系数 $Q/P \leqslant 0.8$；准静态轮重减载率应不大于 0.65，动态轮重减载率应不大于 0.8；轮轨最大垂向力不得大于 170 kN；轮轴横向力评定按下式进行：

$$H_{lim} = \beta\left(10 + \frac{P_0}{3}\right)$$

式中，P_0 为车辆静轴重；对于动车组，系数 $\beta = 1$。

与我国相关标准不同，UIC518《Testing and approval of railway vehicles from the point of view of their dynamic behavior - Safety - Track fatigue - Ride quality》规定更为详细，该标准中注明了车辆脱轨系数为 2m 轨道上的滑动平均值，轮轨垂向力则根据车辆最高运行速度的不同而作了更为明确的规定。对于不同的评定目的和评定手段，该标准中对轮轴横向力的要求也有所不同。此外，该标准还允许通过测量车体和转向架的振动加速度来评定车辆运行安全性。值得注意的是，该标准中并未将轮重减载率作为车辆运行安全性的评定指标，而根据 ORE B55/RP8 报告的建议，轮重减载率仅作为车辆在半径为 150 m，顺坡率为 1/900 的小曲线上运行时的减载性能予以参考。

四、车辆动力学试验

在通过计算确定车辆系统参数后，车辆产品在正式投入运用前还需要进行动力学试验。常见的车辆动力学试验包括台架试验、环行线试验和正线试验等形式。其中，线路试验最接近于车辆运行的真实环境，能完整地对相关被试车辆动力学性能进行验证，是车辆动力学试验的最终手段。自 20 世纪 90 年代初我国铁路实施提速战略以来，先后在铁道科学研究院环行线、京秦线、沪宁线、郑武线、遂渝线和秦沈客运专线进行了大量的客车提速和高速试验，并组织了环行线 120 km/h 货车提速可靠性试验，大大提升了我国铁道车辆动力学性能。

通过列车动力学性能试验测得的相关数据与运行线路的条件、状况有十分密切的关系。UIC518《铁路机车车辆验收与运行技术试验》和 UIC513《铁路车辆内旅客振动舒适性评价准则》两项标准对车辆动力学性能、行车安全性、轨道破坏作用和运行品质试验的条件作了较详细的规定。

首先，为了试验的完整性和所测得数据满足统计分析所需的量的要求，必须对列车运行试验速度、通过曲线半径和欠超高等多种综合极限条件给予规定。试验区段必须包括至少 25 个线路分段，这些线路分段可以彼此相邻或相间但不能重叠，每个线路分段的长度对于直线区段或曲线区段以及不同列车速度应有最短长度限制。针对最高运营速度在 200 km/h 及以上的高速动车组，列车动力学性能试验的具体规定如下。

1. 运行试验条件

（1）直线区段。

试验速度：$v = 1.1v_{\lim} \pm 5$ km/h（$v_{\lim}$ 指列车最高运行速度）；

欠超高：$h_d < 70$ mm；

线路分段数：$N \geqslant 25$；

每一线路分段长度：$l = 500\times(1\pm 10\%)$ m；

所有分段线路总长度：$L = N \cdot l \geqslant 10$ km。

（2）大曲线半径区段。

试验速度：$v_{\lim} - 5\ \text{km/h} \leqslant v \leqslant 1.1v_{\lim} + 5\ \text{km/h}$；

欠超高：$h_{adm} \leqslant h_d \leqslant 1.15h_{adm}$，式中 h_{adm} 指高速列车的允许欠超高，当 200 km/h$< v \leqslant$250 km/h 时，$h_{adm} = 150$ mm；当 250 km/h$< v \leqslant$300 km/h 时，$h_{adm} = 130$ mm；

圆曲线分段：

线路分段数：$N_1 \geqslant 20$，$0.7h_{adm} \leqslant h_d \leqslant 1.1h_{adm}$；

$N_2 \geqslant 5$，$1.05h_{adm} \leqslant h_d \leqslant 1.15h_{adm}$；

每一线路分段长度：$l = 500$（$1\pm 10\%$）m（$v_{\lim} > 200$ km/h）；

$l = 250$（$1\pm 10\%$）m（140 km/h$< v_{\lim} \leqslant$200 km/h）；

所有分段线路总长度：$L = N \cdot l \geqslant 10$ km。

缓和曲线分段：

应包括所选所有曲线的缓和曲线；

每一个缓和曲线作为一个单独的线路分段；

数据处理：计算每一缓和曲线置信度为 0.15% 和 99.85% 的最大值。

关于小曲线半径试验是指半径 $R \leqslant 600$ m，速度 $v \leqslant 120$ km/h 的情况，高速列车可不进行小曲线半径试验，如果需要可参照相关规定。

（3）特殊试验条件。

直线段运行试验时，轮轨游间≤10 mm 的轨道至少有 2 km 长；以线路规定的最大速度通过道岔。

线路分段数：$N_1 \geqslant 20$，$0.7h_{adm} \leqslant h_d \leqslant 1.1h_{adm}$；

$N_2 \geqslant 5$，$1.05h_{adm} \leqslant h_d \leqslant 1.15h_{adm}$；

每一线路分段长度：$l = 500$（$1 \pm 10\%$）m（$v_{lim} > 200$ km/h）；

$l = 250$（$1 \pm 10\%$）m（140 km/h $< v_{lim} \leqslant$ 200 km/h）；

所有分段线路总长度：$L = N \cdot l \geqslant 10$ km。

2. 选择试验分段的轨道几何和轮轨接触几何条件

试验线路应该在营业性运营线路中选择。

（1）轨道几何条件。

由于至今的认识水平尚不可能在轨道几何形态和车辆动力学性能之间建立一个简单的关系，因此，在进行车辆试验（或验收）时，轨道几何质量则以轨道维修标准并分为以下三个质量等级来限制：

QN_1——需要对轨道进行观测或正常的作业计划内维修；

QN_2——需要采取临时性维修措施；

QN_3——采取了维修措施也不能达到正常作业所规定的几何状态质量。

如果轨道几何状态质量超出了该等级，则在该线路分段上所得到的测量资料不能采用。

UIC518 建议每一试验区段内各线路分段的轨道几何质量比例大约应为：

① 分段内 50% 的线路具有 $\geqslant QN_1$ 的质量水平；

② 分段内 40% 的线路具有 QN_1 和 QN_2 之间的质量水平；

③ 分段内 10% 的线路具有 QN_2 和 QN_3 之间的质量水平；

④ QN_1、QN_2 级线路的纵向高低不平顺和方向不平顺的标准差值及单个不平顺峰值分别列于表 8.2 和表 8.3。表中的数值是由荷兰（NS）轨检车提供，对于其他铁路的轨检车进行测量时，应加以修正。UIC518 中提供有对若干国家的修正系数值。

表 8.2　轨道纵向高低和方向不平顺的标准差值

纵向高低标准差	QN_1/mm	QN_2/mm	轨道方向标准差	QN_1/mm	QN_2/mm
$v \leqslant 80$ km/h	2.3	2.6	$v \leqslant 80$ km/h	1.5	1.8
80 km/h $< v \leqslant$ 120 km/h	1.8	2.1	80 km/h $< v \leqslant$ 120 km/h	1.2	1.5
120 km/h $< v \leqslant$ 160 km/h	1.4	1.7	120 km/h $< v \leqslant$ 160 km/h	1.0	1.3
160 km/h $< v \leqslant$ 200 km/h	1.2	1.5	160 km/h $< v \leqslant$ 200 km/h	0.8	1.1
200 km/h $< v \leqslant$ 300 km/h	1.0	1.3	200 km/h $< v \leqslant$ 300 km/h	0.7	1.0

表 8.3　轨道纵向高低和方向不平顺的单个最大值

纵向高低标准差	QN_1/mm	QN_2/mm	轨道方向标准差	QN_1/mm	QN_2/mm
$v \leqslant 80$ km/h	12.0	16.0	$v \leqslant 80$ km/h	12.0	14.0
80 km/h $< v \leqslant$ 120 km/h	8.0	12.0	80 km/h $< v \leqslant$ 120 km/h	8.0	10.0
120 km/h $< v \leqslant$ 160 km/h	6.0	10.0	120 km/h $< v \leqslant$ 160 km/h	6.0	8.0
160 km/h $< v \leqslant$ 200 km/h	5.0	9.0	160 km/h $< v \leqslant$ 200 km/h	5.0	7.0
200 km/h $< v \leqslant$ 300 km/h	4.0	8.0	200 km/h $< v \leqslant$ 300 km/h	4.0	6.0

三角坑：试验线路应尽可能包括达到 ERRI B55 极限值的地段；

轨距：在直线试验分段，要在某些轨距小于 1 435 mm 地段进行最高速度运行试验，在曲线试验分段必须包括轨距至少 1 455 mm 的地段。

三角坑和轨距不作为划定轨道几何质量等级的参数。

(2) 轮轨接触几何学。

在直线和半径 $R \geqslant 2\,500$ m 的曲线上，等效锥度应不超过下列最大值：

0.4，$v < 200$ km/h（暂定值）

0.30，$v \geqslant 200$ km/h（暂定值）

等效锥度应根据试验车辆实际车轮踏面［见下述车辆条件之 (3)］和试验线路的实际钢轨断面计算。计算中，可假定轮对横向运动为 ±3 mm。

3. 车辆条件

(1) 力学性能（静态和动态）。

验收试验必须采用已被检验并被认可满足批量生产的车辆来进行。

要进行初步的试验台试验以校验主要参数（刚度、摩擦力矩、减振器标定等）和维修公差检测。

试验结果应在试验报告中给出。

(2) 载荷条件。

机车车辆必须进行下述试验：

① 机车和动车组运行试验；

② 客车在标准载荷和空车情况下的运行试验。

(3) 车轮踏面。

验收试验必须在下列条件下完成：

① 运营中形成的磨耗型踏面；

② 轨底坡为 1/40，等效锥度≥0.15 的理论状态（标准的钢轨断面，轨距 1 435 mm），或轨底坡为 1/20，等效锥度≥0.10 的给定情况。试验只在这种典型的轨道条件下进行。

对于磨耗型踏面尚为未知的新车，可以采用一个新的车轮踏面进行临时验收，只有在采用磨耗型踏面进行了新的试验之后才能完成最终验收。

4. 其他应满足的条件

(1) 车辆在列车中的位置。

如果是拖车，应将其放置在列车后部，车钩处于放松状态。

如果是动车，应在牵引工况下试验，必要时也进行顶推状态下的试验。

如果是电力牵引机车编组或是某种固定的编组，则必须指明被测车辆的技术参数及其在列车中所处的位置。

（2）运行方向。

可能时，试验应在两个运行方向上进行。如不能，则行车方向应按使安装有测量装置的转向架处于在初步试验中已确认的最不利位置的原则来确定。

（3）钢轨条件。

轨面必须干燥，在试验报告中必须注明钢轨条件、大气条件和试验时间。

转向架结构形式和悬挂参数对动车组车辆动力学性能有着直接的影响。现代高速动车组一般采用具有两系悬挂装置的无摇枕转向架。从总体上看，转向架的设计需要兼顾车辆的乘坐舒适性、直线稳定性和曲线通过能力。在研制和发展我国的高速动车组转向架时，需要根据国情和具体使用情况，借鉴国外先进技术，对转向架结构形式和悬挂参数进行优化，以期获得最佳的动力学性能。

第二节 转向架结构对车辆动力学性能的影响

一、转向架总体结构对车辆动力学性能的影响

转向架总体结构形式必须与车辆运行要求相适应。高速动车组转向架首先应该满足高速运行的平稳性和稳定性。

如图 8.5 所示，较大的固定轴距能够显著提高车辆蛇行运动临界速度。但是，对于不具有轮对径向调节的传统转向架而言，固定轴距的增大将使车辆在通过曲线时产生较大的轮轨冲角，造成列车通过曲线时的噪声和轮轨力增大、轮缘磨耗加剧等不利影响，同时，也增大了转向架重量。高速铁路曲线半径大，最小曲线半径在 4 000 m 以上。因此，高速动车组转向架可以采用较大的固定轴距，该值通常应不小于 2 500 mm。

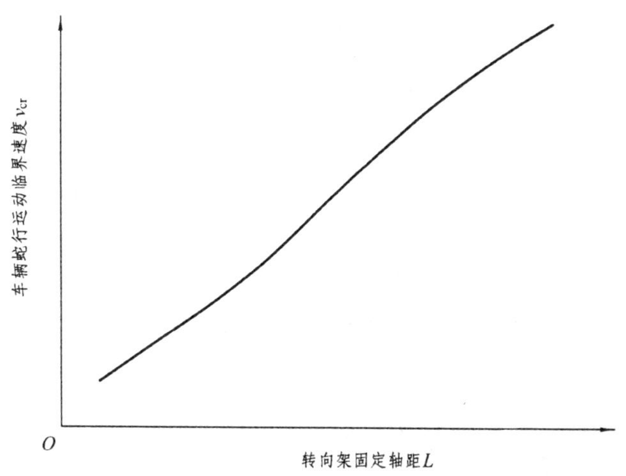

图 8.5 车辆蛇行运动临界速度与转向架固定轴距的关系

转向架构架质量较轻时，车辆蛇行运动主要表现为转向架同向蛇行运动，其临界速度随

构架质量的增加而上升；但在其上升到一定值后，车辆蛇行运动则受车体的蛇行运动所限制，其临界速度随构架质量的增加而缓慢下降。较大的摇头惯性半径对车辆蛇行运动临界速度有一定的不利影响。高速动车组采用轻量化焊接构架，综合考虑以上因素的作用，可认为在常用范围内车辆蛇行运动临界速度随构架转动惯量的增加而缓慢上升，但其对提高蛇行运动临界速度意义不大，二者之间的关系如图 8.6 所示。

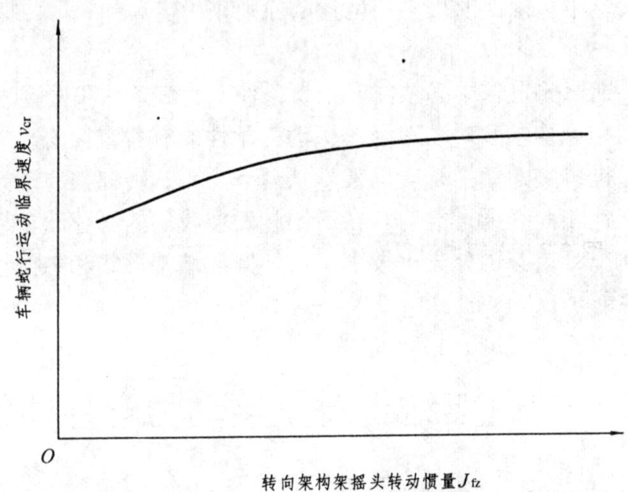

图 8.6　车辆蛇行运动临界速度与转向架构架摇头转动惯量的关系

车辆轴重和簧下质量的增加将使轮轨作用加剧，影响列车运行速度的提高。因此，高速动车组一般通过采用铝合金或不锈钢车体等途径降低轴重。我国铁路主要技术政策规定，时速大于 200 km/h 的动力分散型高速动车组动力转向架轴重不得大于 17 t。为降低车辆的簧下质量，高速动车组一般采用牵引电机架悬或体悬，并采用小轮径车轮、空心车轴、合金轴箱等新技术与新工艺。但研究也表明，与传统结构相比，轻量化承载结构动态刚度的降低加剧了自身弹性振动，使其动应力水平提高，应该在设计过程中予以注意。

二、轮对对车辆动力学性能的影响

相对于锥形踏面而言，磨耗形踏面有利于减少车轮与钢轨之间的磨耗，高速动车组轮对应当采用磨耗形踏面。磨耗型踏面由多段曲线构成，车辆系统动力学定义轮对横移时两车轮滚动圆半径差之半与轮对横移量的比值为踏面等效斜率，即：

$$\lambda = \frac{|r_1 - r_2|}{2y}$$

式中，r_i（$i=1$，2）为两车轮滚动圆半径；y 为轮对横移量。

如图 8.7 所示，一般可近似地认为车辆蛇行运动临界速度 v_{cr} 与踏面等效斜率 λ 的平方根成反比关系，即 $v_{cr} \propto \frac{1}{\sqrt{\lambda}}$。较小的踏面等效斜率有利于车辆的直线稳定性，但这也将使其在曲线上的轮轨作用加剧。相对于锥形踏面而言，磨耗形踏面直线稳定性虽略有下降，但其有利于车轮磨耗，高速动车组轮对应当采用磨耗形踏面。近年来，我国高速客车采用 LM_A 磨耗形踏面、新轮轮径为 ϕ915 mm 的整体辗钢车轮。

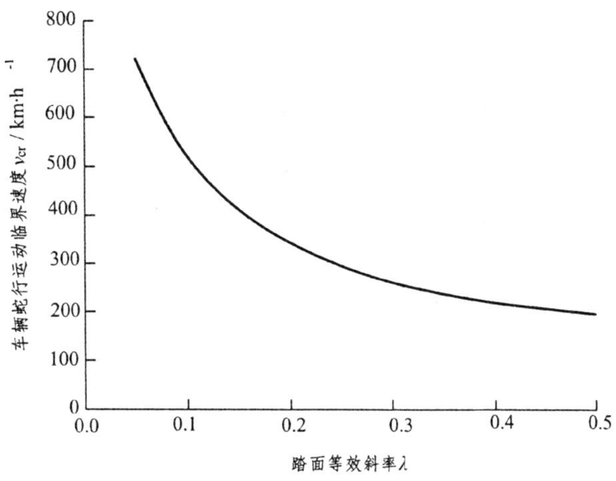

图 8.7　车辆蛇行运动临界速度与踏面等效斜率的关系

增加轮对内侧距将使轮轨游间减小。对于采用锥形踏面的车轮，增加其轮对内侧距不影响踏面等效斜率，较小的轮轨游间能够减小轮轨横向力和轮对横向振动加速度，改善车辆动力学性能。但对于采用磨耗形踏面的车轮而言，单纯增大轮对内侧距而踏面形状、钢轨轨头形状和轨底坡不变将增大轮轨接触的等效锥度，车辆蛇行运动临界速度有所降低。

三、悬挂系统对车辆动力学性能的影响

动车组转向架轮对定位刚度对车辆直线稳定性有重要影响。当轮对定位刚度较小时，车辆蛇行运动主要表现为车体蛇行运动，这时可以认为车辆蛇行运动临界速度随其轮对定位刚度的增加而上升。但当轮对定位刚度增加到一定幅度后，车辆蛇行运动由转向架反相蛇行运动决定，继续增大轮对定位刚度则会引起车辆蛇行运动临界速度下降，二者之间的关系如图 8.8 所示。就动车组轴箱（一系）悬挂而言，其对铁道车辆动力学性能的影响主要体现在轮对纵向、横向定位刚度的匹配上，该数值的决定与车轮踏面斜率、摇头阻尼有关。国内外经验表明，时速在 200 km/h 以上的高速动车组转向架轮对横向定位刚度一般为每轴 7 MN/mm～15 MN/mm，而纵向定位刚度则为每轴 20 Mn/mm～30 MN/mm。国外高速动车组转向架，如装用于德国 ICE3 动车组的 SF-500 型、日本新干线 500 系采用的 WDT205 型和法

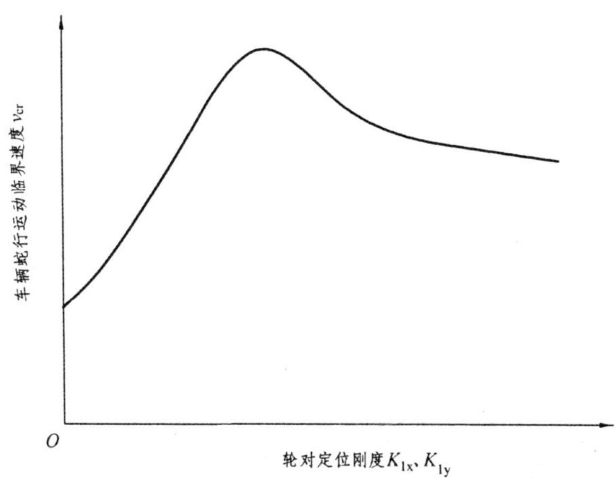

图 8.8　车辆蛇行运动临界速度与转向架轮对定位刚度的关系

国 TGV 动车组用 Y237 型，一般采用转臂式轴箱定位装置。这种轮对定位方式的优点在于其纵向、横向定位刚度可通过橡胶关节的设计进行选择，能较好地满足高速动车组转向架的运用要求。我国高速动车组转向架可采用这种轴箱定位方式。

轴箱弹簧垂向刚度对车辆蛇行运动临界速度影响不大，但较大的垂向刚度在提高车辆抗倾覆性能的同时也将增大转向架扭转刚度，造成车辆轮重减载性能和垂向平稳性下降。

转向架一系垂向阻尼不能改变车辆垂向振动的自振频率，但合适的阻尼值能够减小构架垂向振动加速度，如图 8.9 所示，并有效衰减轨道局部不平顺引起的过大瞬态振动。高速动车组转向架应设置轴箱减振器以改善车辆垂向动力学性能。

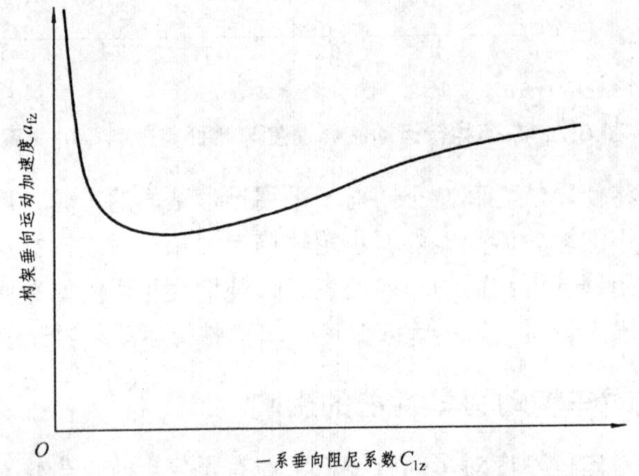

图 8.9　构架垂向运动加速度与转向架一系垂向阻尼的关系

在常用范围内，中央（二系悬挂）弹簧的横向刚度对车辆直线稳定性影响较小。如图 8.10 所示，较大的中央弹簧横向刚度提高车辆蛇行运动临界速度的作用并不明显。但是，中央弹簧横向刚度的增加将引起车辆横向平稳性的急剧下降。因此，设计时并不采取提高中央弹簧横向刚度的方法提高车辆蛇行运动临界速度。为降低中央弹簧横向刚度，传统铁路客车采用摇动台结构。随着现代橡胶工业的发展，空气弹簧在铁道车辆上得到大规模运用，客车转向架结构逐渐简化。空气弹簧具有大变位、小刚度和吸收高频振动性能好等优点，且其刚度可

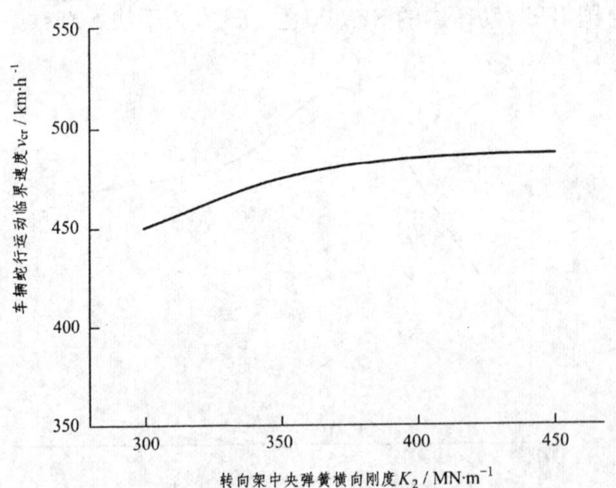

图 8.10　车辆蛇行运动临界速度与中央弹簧横向刚度的关系

随车辆质量进行调节，以保持车辆地板面高度和固有振动频率不变。高速动车组转向架中央弹簧应首先考虑选用空气弹簧，且应通过合适的刚度选择使车体横向、垂向自振频率保持在 1 Hz 左右。与欧洲国家不同，日本高速动车组转向架一般采用空气弹簧中设置节流孔作为二系垂向阻尼，这样可以避免在转向架上设置二系垂向减振器，但同时也带来了车辆垂向平稳性随激扰频率变化敏感，衰减低频激扰能力不足等缺点。

适当的摇头阻尼有利于提高车辆蛇行运动临界速度，其关系如图 8.11 所示。传统高速动车组转向架，如装用于德国 ICE1 动车组的 MD530 型，通过旁承回转阻力矩抑制车体与转向架的相对摇头运动。由于摇头阻尼能够有效转化转向架与车体之间相对摇头运动的能量，因此，现代高速动车组无摇枕转向架上均通过设置抗蛇行减振器提高车辆蛇行运动临界速度，但设计时需要兼顾车辆曲线通过能力。

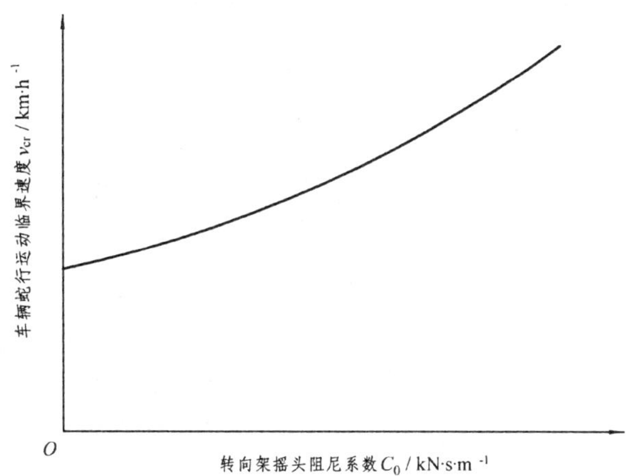

图 8.11　车辆蛇行运动临界速度与转向架摇头阻尼系数的关系

二系横向阻尼对车辆横向平稳性有较大影响。增大二系横向阻尼将减小车体相对于转向架的横向运动行程，车体横向运动加速度则在减小到最低值后变为持续上升，如图 8.12 所示。为保证车辆具有较好的横向平稳性，应通过选择合理的二系横向阻尼保证车体具有较低的横向加速度。

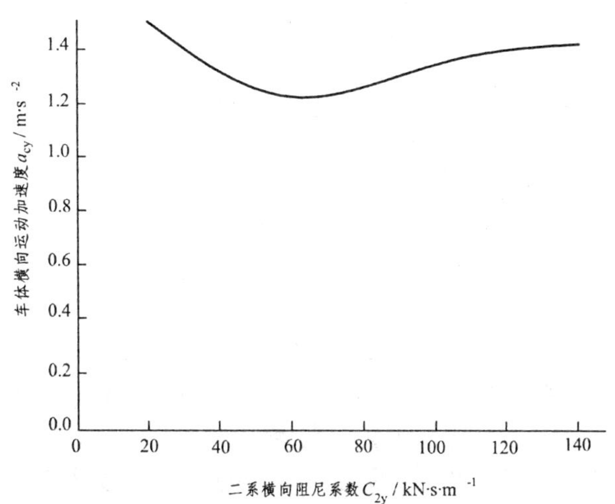

图 8.12　车体横向运动加速度与转向架二系横向阻尼的关系

高速动车组转向架采用大柔度空气弹簧作为中央弹簧，在受到较大的轨道横向或随机不平顺激扰时将造成车体侧滚运动。为降低侧滚运动带来的不利影响，日本一般采用增加中央弹簧横向跨距的方法来提高车辆抗侧滚稳定性，而欧洲国家则在转向架上设置抗侧滚扭杆装置。设置扭杆装置虽然增加了车辆部件的数量，但其时滞性则大大优于采用中央弹簧外侧悬挂的方式，合理选择扭转刚度将降低其对车辆脱轨系数和平稳性指标带来的不利影响。因此，高速动车组转向架应该设置抗侧滚扭杆装置。

动车组转向架结构参数与车辆动力学性能之间的定性关系如表 8.4 所示。

表 8.4　转向架结构参数与车辆动力学性能的定性关系

参数＼性能	直线稳定性	轮重减载	轮轨横向力	车辆抗倾覆性能	舒适性	对轨道的影响
固定轴距	○		×			×
踏面等效锥度	×		◎			
轴箱纵向定位刚度	◎		×			×
轴箱弹簧刚度		△		○	×	
中央弹簧垂向刚度		△		◎	×	
中央弹簧横向刚度		△		◎	×	
转向架回转力矩	◎		×			×
转向架簧间质量	△				△	
转向架簧下质量	×	×	×			×
转向架转动惯量	×		×			×

注：表中符号意义如下：◎表示参数越大越有有利影响；○表示参数越大，有一定好处，但差别不大；△表示参数越大，有一定不利影响，但不明显；×表示参数越大，性能越差；空格表示二者间关系不大。

第三节　高速动车组结构强度及强度试验概述

随着运行速度的提高，现代机车车辆主要承载结构，如车体、转向架构架和轮对等，所承受的载荷更为复杂。为保证机车车辆运行安全，必须在设计阶段就对这些结构进行强度计算。机车车辆强度计算的目的是为了确定机车车辆承载部件在运用载荷作用时具有的承载能力，保证其在使用期间内具有安全性和可靠性。同时，应尽可能减小机车车辆及其部件的结构自重，充分发挥结构的整体承载能力。此外，为进一步保障车辆运行安全，机车车辆主要承载结构还应该进行相应的强度试验。

从强度破坏的不同形式来看，机车车辆强度计算可分为静强度计算、刚度计算、疲劳强度计算和碰撞分析等不同方式。

就设计流程而言，机车车辆强度计算的内容包括：

(1) 确定计算载荷与载荷工况。根据相关的结构强度设计和试验鉴定标准确定机车车辆在运行中承载部件所承担的各种载荷的大小、作用方式、作用位置以及各种载荷的组合情况等。

(2) 计算。在上述计算载荷作用下，确定相关承载部件的强度、刚度和碰撞安全性。

(3) 计算结果评定。对于静强度和疲劳强度，根据计算应力及其应力变化规律分别评价；刚度由结构变形和自振频率评价；但对于碰撞安全性的评价目前尚无统一的方法，主要是考察关键区域变形是否危及乘员安全。

目前，机车车辆承载部件强度计算方法主要采用经典的力学方法和有限元法。对于结构简单的零部件（如车轴）用材料力学方法即可获得准确的计算结果；对于结构复杂的零部件（如机车车辆车体结构、构架、摇枕、侧架和轴箱等）则用商业有限元软件进行分析计算，采用的软件主要有 ANSYS、MSC/Nastran 等，这种方法在现代机车车辆承载结构设计中已得到广泛应用。图 8.13、图 8.14 分别为轮对有限元模型和转向架焊接构架应力云图。某动车组非动力转向架焊接构架一、二阶模态如图 8.15 所示。

图 8.13　机车轮对有限元模型

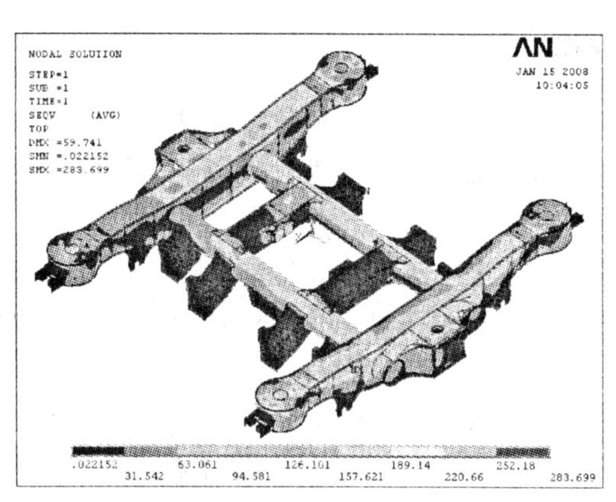

图 8.14　转向架焊接构架应力云图

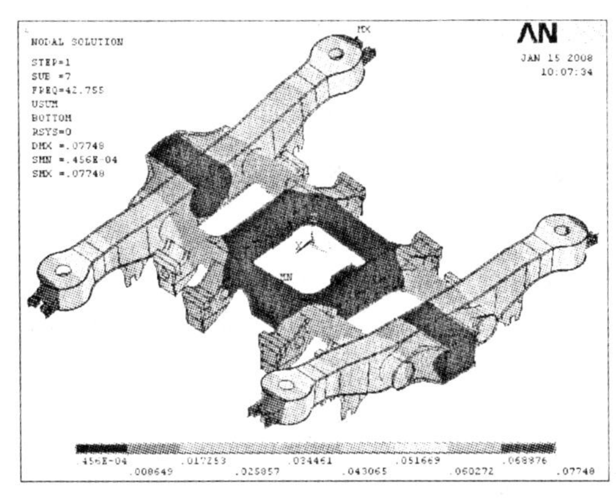

（a）第一阶：构架反扭

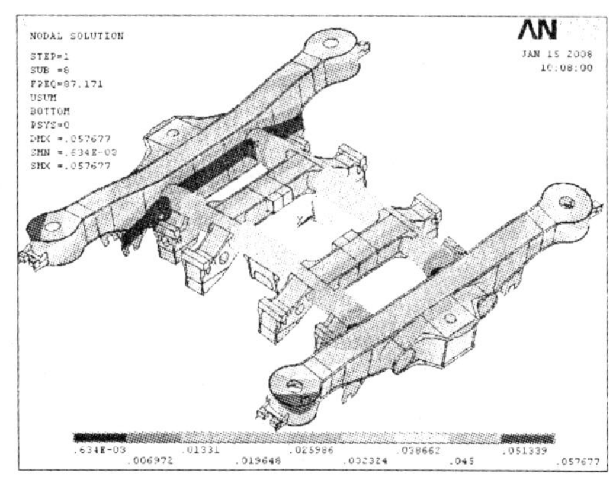

（b）第二阶：垂直弯曲

图 8.15　转向架焊接构架模态

强度规范是机车车辆结构设计、强度计算和试验的准则，可分为机车、客车和货车三类。强度规范的作用是保证机车车辆的运行性能和使用安全。规范对机车车辆结构必须满足的载荷和环境条件以及对设计、制造、试验、维护和使用的要求作出了规定。强度规范多由各国政府的相应机构（如铁道部、交通部等）颁布。制定强度规范时，不仅针对机车车辆在发展中不断遇到的新问题，反映解决这些问题的最新科学技术成就，而且应符合本国的政策和实际情况。因此，各国的规范不尽相同，并且每隔几年修订一次。

机车车辆强度规范规定了对机车车辆结构的实际要求、载荷和环境条件以及研制程序。

在最早提出的静强度规范中，主要规定各种典型的实际载荷情况，内容包括载荷大小和分配，有时还规定详细的载荷分布。强度规范对机车车辆结构设计规定三级载荷：使用载荷、试验载荷和设计载荷。使用载荷或称为限制载荷，是机车车辆正常运行时可能承受的最大载荷；试验载荷是使用载荷与载荷系数的乘积，它介于使用载荷和设计载荷之间；设计载荷或称为极限载荷，是使用载荷与安全系数的乘积。根据强度规范中对安全系数和载荷系数的规定可以算出载荷的大小。静强度规范还对结构的刚度特性提出了要求。

强度规范的内容除静强度外，还涉及动强度、疲劳与断裂等，其中疲劳与断裂分析的载荷条件称为载荷谱。强度规范对保证操纵系统和控制系统的可靠性提出了要求，对强度设计程序和结构试验内容与安排作出了规定，最后还规定了应提供的数据和报告的种类、格式和内容。

目前，与铁道车辆技术发达国家相比，我国的机车车辆强度规范涉及的范围和内容还很不完善，特别是在高速铁道车辆领域，强度规范几乎是空白，今后需进一步加大强度规范制定力度并完善强度规范内容及范围。

在机车车辆强度计算中，目前主要使用的标准有：

（1）TB/T 1335—1996《铁道车辆强度设计及试验鉴定规范》。

（2）TB/T 2368—2005《内燃、电力机车转向架构架静强度试验方法》。

（3）TB/T 2395—1993《机车车轴设计与强度计算方法》。

（4）TB/T 2705—1996《车辆车轴设计与强度计算方法》。

（5）UIC 510-3 《Wagons - Strength testing of 2 and 3-axle bogies on test rig》

（6）UIC 515-4 《Passenger rolling stock - Trailer bogies - Running gear - Bogie frame structure strength tests》.

（7）UIC615-4 《Motive power units : Bogies and running gear - Bogie frame structure strength tests》.

（8）BS EN 13103《Railway applications—Wheelsets and bogies—Non-powered axles—Design method》.

（9）BS EN 13104 《Railway applications—Wheelsets and bogies—Powered axles—Design method》.

（10）UIC 510-5 《Technical approval of solid wheels》.

（11）UIC 566 《Loadings of coach bodies and their components》.

（12）UIC 515-3 《Rolling stock - Bogies - Running gear - Axle design calculation method》.

（13）UIC 615-1 《Tractive units : Bogies and running gear - General conditions applicable to component parts》.

（14）ERRI B12/RP17 《Standardisations of wagons》.

以国际铁路联盟标准 UIC515—4/1993《客车/转向架-走行部/转向架构架强度试验》为例，该标准就用于铁道客车非动力转向架构架静强度评定的超常载荷工况、用于转向架构架疲劳强度评定的模拟运营载荷以及强度评估方法等内容作出了严格的规定，以满足转向架构架强度计算的需要。该标准还就车辆转向架构架强度试验进行了规定。按照该标准规定，客车转向架构架强度试验应该包括超常载荷静强度试验、模拟运营载荷的疲劳试验和刚度试验几部分。

近年来，国外机车车辆工业企业还进行了旨在保护乘员安全的机车车辆碰撞安全性计算和模拟实验。

参 考 文 献

[1] 钱立新主编. 世界高速铁路技术[M]. 北京：中国铁道出版社, 2003.

[2] 铁道科学研究院高速铁路技术研究总体组. 高速铁路技术[M]. 北京：中国铁道出版社，2005.

[3] 铁路机车车辆科技手册编委会. 铁路机车车辆科技手册（第二卷 铁道车辆）[M]. 北京：中国铁道出版社，2000.

[4] 内田清五. 日本新干线列车制动系统[M]. 陈贺，李毅，杨弘译. 北京：中国铁道出版社，2004.

[5] 鲍维千，杜怡主编. 铁路机务[M]. 成都：西南交通大学出版社，1998.

[6] 钱仲侯主编. 高速铁路概论（第二版）[M]. 北京：中国铁道出版社，1999.

[7] 季令，叶玉玲主编. 高速铁路与摆式列车[M]. 北京：中国铁道出版社，2001.

[8] 本书编委会. 中国铁道百科全书 机车车辆与电气化[M]. 北京：中国铁道出版社，2006.

[9] 孙翔编译. 世界各国的高速铁路[M]. 成都：西南交通大学出版社，1992.

[10] 米彩盈. 铁道机车车辆结构强度[M]. 成都：西南交通大学出版社，2007.

[11] 米彩盈. 高速动力车承载结构疲劳强度工程方法研究[D]. 西南交通大学博士研究生学位论文. 2006.

[12] 李芾，傅茂海. 高速客车转向架发展模式[J]. 交通运输工程学报. 2002，2（3）：7-14.

[13] 李芾，傅茂海. 高速客车转向架发展及运用研究[J]. 铁道车辆. 2004，42（10）：1-7.

[14] 李芾，安琪. 国内外高速动车组的发展[J]. 电力机车与城轨车辆. 2007，30（5）：1-5.

[15] 李芾，安琪，傅茂海，黄运华. 高速动车组转向架的发展及其动力学特性综述[J]. 铁道车辆. 2008，46（4）：5-9.

[16] 米彩盈，安琪，李芾. 高速列车驱动车轴动态特性分析[J]. 交通运输工程学报. 2007，7（4）：1-5.

[17] 李芾,黄运华. 独立旋转车轮动力学特性分析[J]. 交通运输工程学报. 2001，1（3）：11-14.

[18] 陈凯 陈海. 铁道车辆车端阻尼装置[J]. 国外铁道车辆，2004（4）

[19] 陈厚嫦，黄体忠，王群伟，等. 轮对内侧距对机车车辆动力学性能影响的试验研究[J]. 中国铁道科学，2006，27（5）：99-103.

[20] 张洪，吕任远，王志春，等. 空气弹簧转向架减振形式分析[J]. 铁道车辆，2006，44（8）：1-6.

[21] 陆冠东. 抗蛇行减振器在高速列车上的应用[J]. 铁道车辆，2006，44（8）：6-8.

[22] 刘建新，王开云，封全保，等. 横向减振器对机车平稳性能的影响[J]. 交通运输工程学报，2006，6（3）：1-4.

[23] 中华人民共和国铁道部. 铁路主要技术政策[S]. 北京：中国铁道出版社，2004.

[24] GB5599-85 铁道车辆动力学性能评定和试验鉴定规范[S].

[25] TB/T2360-1993 铁道机车动力学性能试验鉴定方法及评定标准 [S].

[26] 200km/h 及以上速度级电动车组动力学性能试验鉴定方法及评定标准[S].

[27] UIC513 Guidelines for evaluating passenger comfort in relation to vibration in railway vehicles [S].

[28] UIC518 Testing and approval of railway vehicles from the point of view of their dynamic behavior - Safety - Track fatigue - Ride quality [S].

[29] BS EN 14363:2005 Railway applications-Testing for the acceptance of running characteristics of railway vehicles-Testing of running behaviour and stationary tests [S].

[30] BS ENV 12299:1999 Railway applications-Ride comfort for passengers-Measurement and evaluation [S].

[31] ERRI B55/RP8: Final Report: Conditions for negotiating track twists: Recommended values for the track twists, Caculation and Measurement of the relevant vehicle parameters, Vehicle testing [R].